두덕지 지식 클럽

두더지 지식 클럽
지식 비평가 이재현의 인문학 사용법

초판 인쇄 2010년 9월 1일
초판 발행 2010년 9월 5일

지은이 이재현
펴낸이 김상윤, 씨네21(주) 대표
편집 이성욱 김희선
디자인 공중정원 박진범
표지 일러스트 노키드
마케팅 정윤성

펴낸 곳 씨네21(주)
출판등록 2005년 3월 25일 제313-2005-000054호
주소 서울시 중구 예장동 1-52 씨네21(주)
전화 02)6377-0500
팩스 02)6377-0505
전자우편 book@cine21.com
홈페이지 www.cine21.com

가격 14,500원
ISBN 978-89-93208-87-0 03300

두덕지 지식 클럽

… 이재현 지음

지식 비평가 이재현의 인문학 사용법

씨네21북스

좌빠+자빠를 위한 키워드 세상 읽기

난 '좌빠'다. 최근 유행하는 식으로 딱지 붙이자면 그렇다는 얘기다. 십수 년 동안 겪은 정치적 환멸에도 불구하고, 혹은 그 환멸이 깊으면 깊을수록 더욱더 좌파 이념을 믿어왔다. 그런데 솔직히 말해서 이제 나는 내 믿음대로 세상이 확 뒤집어지거나 혹은 방향을 확 바꿔 굴러갈 거라고는 생각하지 않는다. 그러니까 지금 내가 믿고 있는 바는, 옛날식으로 표현해서, '숨은 신'이다.

요즘 '죽은 개' 취급을 당하는 어떤 철학자는 딱 160년 전에 유명한 명제를 통해 세계의 해석보다는 세계의 변혁이 중요하다고 말했다. 그 말을 처음 접한 이십대 초반의 나는 얼마나 가슴이 뛰었던가. 하지만 지금은 일단 세계를 해석하는 것, 즉 단지 '다양하게 해석' 하는 것 중에서 하나라도 제대로 해내는 것도 결코 쉽지 않음을 잘 안다. 독일어로 '다양하게' 란 말은 '죽은', '서거한' 이란 뜻도 지닌다. 그 말이 어원상 칼로 무언가를 갈라서 분리한다는 뜻에서 비롯된 탓이다. 한데 세계를 바꾸기는커녕, 내 나름대로 세계를 이리저리 갈라보며 분별하는 것도 매우 힘에 부치는 일이었다. 아니, 그보다 먼저 재빠르게 세계의 변화가 나를 베어버렸다.

좌파와 달리 좌빠의 좋은 점은, 세계의 칼에 베여도 결코 죽지 않는다는 거다. 세계는 나를 바꾸지도 못하고 심지어 나를 해석하지도 못한다. 내 쪽이야말로 흐르는 강이므로 세계는 같은 나를 두 번 건널 수 없다는 식이다. 이거야말로 환멸과 상처를 십수 년 이상 견디고서 얻은 나름의 지론이다.

나는 한쪽으로는 세상의 변화를 잽싸게 읽어내려고 애써 노력해 온 반면 다른 쪽으로는 '없이', 둔하게 살아왔다. '없이' 살아왔다는 건, 내게 없는 세 가지로 설명할 수 있다. 첫째, 해외에 한 번도 나가 보지 못했다. 못 한 거냐 안 한 거냐, 라고 묻는다면 둘 다, 라고 답해야 맞을 것이다. 둘째, 차도 없고 면허도 없다. 돈도 없고 시간도 없어서다. 면허를

딸 여유가 있다면 차라리 영어 작문이나 회화 공부를 하는 게 더 낫다고 생각한다. 마지막으로, 신용카드를 가져본 적이 없다. 특별한 직업이나 기술이 없는 나로서 신용불량자가 되지 않는 유일한 길이었다.

좌빠로서 세상을 건디며 사는 방식은 여러 가지가 있겠지만, 그렇게 나는 살아왔다. 또 멍청하고 둔하게도, 이렇듯 내게 없는 세 가지를 내심으로는 자랑스럽게 생각해 왔다. 안에 틀어박혀 있지만 책과 신문과 인터넷이면 충분해. 배기가스로 공기를 더럽히거나 주차 문제로 열 받아 싸우지는 않아. 카드를 안 쓰니 거대 전자관리 시스템이 내 사생활 정보를 속속들이 알 수는 없어. 뭐, 이런 식으로 말이다.

세계가 나를 변질시키기 전에 내가 먼저 세상의 변화를 읽고 쓰는, 새로운 길을 찾는 과정에서 나는 과거의 친구나 동지들로부터 많은 비난을 받은 적이 있고, 지금도 간간이 그러하다. 나로서는 어처구니가 없는 일이지만, 문학평론을 때려치우고 만화평론'이나' 한다든가 또 요즘에는 그 만화평론'도' 하지 않고 있다든가 하는 비난이 그것이다. 대학에서 보따리 장사를 해서 최저생계비의 일부를 벌기 위해, 내가 늦깎이로, 예컨대 만화 및 사진을 포함한 이미지의 역사나 문화이론 등을 힘들게 공부해 가는 게 옛 친구들로서는 이해될 리 없었던가 보다. 그런데 나이 먹은 좌빠로서 이런 분야들을 새로 공부하는 것은 어려움도 크지만 즐거움도 많다. 제대로 공부해보자고 맘을 먹으면 신이 나서 뇌에서 엔

돌핀, 즉 마약이 마구 분비되는 것이다.

　난 '자빠'이기도 하다. 자빠로서 나는 신자유주의와 싸우는 걸 중
요한 임무로 삼는다. 대한민국에서는 제대로 된 자유주의가 있어본 적
이 없다고 생각하므로 자유주의 앞에 '신'자를 붙인 채 사기를 치는, 낡
아빠진 자본주의 세계 체제가 사람들을 착취하고 수탈하고 기만하는 것
에 대해서, 나는 늘 '전투 모드'로 임해서 매번 '보스전'을 벌인다. 물론
나의 전투는 거리에서의 몸싸움은 아니고 말이나 글로 싸우는 거지만.
　지금 우리 현실에서 자유주의를 말하는 것은 여러모로 곤혹스러운 일
이다. 1970년대와 80년대에 내가 놀던 동네에서 자유주의자라는 것은
심한 욕이었으므로, 자빠로서 내가 말해 온 것은 고전적, 혹은 역사적 자
유주의가 아니라 자유해방주의^{libertarianism}라고 변명을 해보기도 한다. 하
지만 정치, 사회 영역에서든 문화 영역에서든 자유해방주의를 제대로
실천하려면 난봉꾼이 되어야 하는 법인데 자기 자신을 망가뜨리기에는
나는 너무 약하고 소심하다.

　좌빠든 자빠든 간에 학삐리로서 말이나 글로 싸우다 보니까 모국
어의 쓰임새에 늘 민감하다. 남한에서 최초로 일본어 등에 의존하지 않
고 본격적, 전면적으로 모국어로 배우고 생각하고 느끼고 표현한 최초

의 세대가 문학 쪽의 4.19 세대일 것이다. 모국어를 쓰는 데 있어서, 이제 칠십을 바라보는 4.19 세대와 지금의 내가 다른 점은 무엇일까? 나는 80년대 대학가의 대자보를 그 정치적 활력에 압도된 채 경이롭게 따라 읽어간 적이 많다. 그러면서 동시에 저렇게 글을 거칠게 쓰면 어쩌나 하는 아쉬움을 느낀 것이 그 첫 번째 차이다. 그리고 최근에는 인터넷 게시판의 글, 댓글, 답변들이 그렇다. 나를 자주 '낚기'도 하지만 생각이나 표현이 너무 거칠고 파괴적이어서 마치 단세포 동물의 단말마로 느껴지는 짧은 글들, 더 정확히는 글이자 동시에 말이니까, 그 글·말들의 황폐함에 이래저래 속이 아주 상한다.

사회적으로 모국어가 거칠게 쓰인다는 것은 다른 쪽에서 보자면 우리의 모국어가 아직 어리고 여리다는 뜻이다. 4.19 세대를 출발점으로 삼는다면 겨우 50년밖에 안 되는 것이다. 우리 모국어의 역사에는 아직 라블레도 없고 셰익스피어도 없고 괴테도 없지만, 없다는 얘기는 얼마든지 앞으로 나올 가능성이 있다는 것이기도 하다. 거칠게 쓰이고는 있지만 우리 모국어는 싱싱하고 파릇파릇하다. 모국어의 감옥이 나는 좋다.

그러니까 나는 육칠십대와 일이십대가 서로 마주보고 있는 사회적, 언어적 계곡 사이에 위태롭게 걸려 있다. 몇 가닥 밧줄로 엮인 구름다리인 셈이어서, 매순간 출렁이기는 하지만 두 세대를 이어준다는 자부심이 있다. 이 자부심은 지극히 주관적이라 냉정한 눈으로 보자면 헛다리 짚는 걸로 보이기도 할 것이다. 그렇지만, 그래도 끊어지지 않고 계속 허공에 걸려 있는 게 어디냐며 자위하며 살아간다.

그리고 말하고 듣고 쓰는 영어를 열심히 공부해야겠다. 앞서 말한 철학자는 만 51세 되는 해 정월 초하룻날에 할아버지가 되었고 그해 가을부터 러시아어를 새로 배우기 시작했다. 나는 그분보다는 더 오래 살 작정이니까, 새로 시작하는 공부도 그분에 비해서는 아주 빠른 편이 될 것이다.

이재현

1

연결하기 connecting

MERCE
Y

001

마리안
Marianne
혁명 정신

"자유, 사랑하는 자유의 신이여 적과 싸우자"

마리안^{Marianne}, 자유, 평등, 우애의 프랑스 혁명 정신과 프랑스 공화국 이념을 상징하는 여성상. 18세기말부터 프랑스의 회화와 조각에서는 혁명 정신을 담아내는 인물로 여성을 택했는데, 주로 프리지안 보닛 ^{Phrygian bonnet, 원추형 두건 형태의 모자}을 쓰고 창을 든 자유의 여신으로 표상되었다. 이런 표상을 대표하는 작품이 낭만주의 화가 들라크르와의 '바리케이드에서 민중을 이끄는 자유의 여신'이다. 프랑스 국민이 미국 독립 100주년을 기념해서 기증한 '자유의 여신'이나 영국이 의인화된 '브리태니어' ^{Britannia}도 같은 계열에 속하는 상징적 이미지다.

마리안이라는 이름은 혁명 이념에 반대하는 수구파 귀족들이 경멸적인 의미로 붙여줬다는 설이 있다. 즉, 공화국이 보통 사람들의 것이라고 한다면 마땅히 그 이름도 평범하고 대중적인 마리^{Marie}—안^{Anne}이 되어야 한다고 했다는 것이다. 프리지안 보닛은 고대 로마 시절에 해방된 노예가 제국의 시민임을 나타내기 위해 썼던 모자인데, 특히 빨간색은 18세기 이래 유럽과 미국에서 혁명을 통해 성취한 자유의 상징이기도 했다. 칼 마르크스는 《루이 보나파르트의 브뤼메르 18일》$^{1851-1852}$의 한 구절에서 1840년대 말 프랑스의 반혁명 사태를 묘사하면서 "혁명의 붉은 유령이 프리지아 모자 대신 질서의 바지를 입고 나타나다"는 식으로 서술하고 있다.

마리안은 오늘날 프랑스 곳곳에서 공화국 이념의 상징 조형물이 되어 있다. 프랑스 제5공화국에서는 유명한 실존 여성에게 마리안 역할을 맡기는 관행이 만들어졌는데, 배우 브리지트 바르도, 가수 미레유 마티유, 배우 카트린 드뇌브, 슈퍼모델 레티시아 카스타, 토크쇼 사회자 에블린 토마스 등이 지금까지 그 역할을 맡아왔다.

■

이재현(이하 현) 생각했던 것보다 훨씬 미인이시군요. 그런데 마드모와젤과 마담 중에서 뭐라고 불러야 하나요?

마리안 고마워요, 그냥 마리안이라고 하세요.

현 어려서 들라크르와의 그림에서 마리안을 처음 본 이후로 언젠가는 꼭 한번 데이트를 해야지, 하며 벼르고 있었지요. 〈개구쟁이 스머프〉라는 애니메이션을 볼 때에도 모자 생김새 때문에 늘 마리안을 떠올리고는 했어요. 아 참, 그 전에 우선, 그동안 마리안 역할을 맡았던 사람들 가운데 누가 제일 맘에 들던가요?

마리안 글쎄요, 굳이 꼽자면 미레유 마티유나 카트린 드뇌브 두 사람 중에 하나인데…….

현 네에 마리안, 당신은 프랑스 공화국 이념의 화신인데요, 프랑스는 2005년부터 계속 세계를 깜짝 놀라게 만들고 있어요. 2005년 5월의 유럽헌법안 국민투표 부결과 그해 가을 파리 교외의 가난한 무슬림 청년들의 소요 사태 말예요.

마리안 세 사건 모두 신자유주의 세계화에 대한 프랑스 민중의 대응이라는 점에서 공통점이 있지요. 투표만으로는 안 되니까 이제 거리로 나선 거지요. 지금은 앞으로 프랑스 사회가 어디로 갈 것인가를 결정하는 아주 중요한 상황이에요. 그러니 저도 마냥 손을 놓고 있을 수는 없게 되었어요.

현 ‘최초고용계약CPE’은 26세 미만 젊은이를 취업 2년 이후에는 자본가 마음대로 해고할 수 있다는 내용이지요. 젊은 비정규직 노동자 입장에서는 쓰고 버리는 일회용품이 되어버리는 거구요.

마리안 저는 ‘노동의 유연성’이란 표현이 특히 맘에 들지 않아요. 대개 유연성이란 좋은 느낌을

주는 말인 반면에 그 표현은 실제로 자본가들이 노동자들을 마구잡이로 해고할 수 있다는 뜻이잖아요? 예컨대, '유연한 강간'이라는 표현을 상상해 보세요. 얼마나 끔찍해요? 신자유주의를 선호하는 자본가들이야 그런 표현을 즐긴다고 하더라도 다른 사람들은 그래서는 안 되겠지요. 자본주의 체제에 영미식 자본주의나 신자유주의만 있는 것은 아니랍니다.

현   최근 아이슬란드 화산폭발로 유럽에 항공대란이 났을 때도 파업 중인 프랑스 철도노조가 파업을 멈추지 않는 걸 보면 대단하다는 생각이 듭니다.

마리안   대의를 위해서 불편은 감수해야 한다는 게 프랑스인들에게 체질화된 거죠.

현   프랑스도 청년실업 문제 때문에 골치 아프죠?

마리안   2006년에 빌팽 총리가 '16세~25세 사이의 노동자의 고용 2년 후 해고는 특별한 사유 없이 가능하다'는 최초고용계약제CPE를 실시하려다가 학생들의 격렬한 저항으로 법안이 철폐된 거 아시죠?

현   그 당시 빌팽 총리는 CPE가 고용을 창출하기 위해서라고 하던데요?

마리안   고용을 창출하는 것은 경기호황이지 왜곡된 고용 형태가 결

코 아니에요. 프랑스에서는 지금 졸업해도 일자리가 없는 상황인데, 일자리 창출이라는 거짓말을 내세워 젊은이들을 일

방적으로 희생시키려고 하니까 그 당시 학생들이 들고 일어난 거지요.

현 그때 사건을 계기로 한국의 일부 보수 일간지에는 엉뚱하게도 프랑스의 평등교육이 문제라는 칼럼이 나오기도 했는데요.

마리안 그건 프랑스 교육제도를 잘 몰라서 하는 얘기랍니다. 프랑스의 대학교육은 그랑제꼴과 같은 특권화된 엘리트 교육기관과 나머지 대학으로 이원화되어 있답니다. 후자에 대해서는 평등교육이란 말을 쓸 수 있을지 몰라도 전체 대학교육을 다 그렇게 부르는 것은 무식의 소치지요.

현 네, 그랑제꼴은 고등사범학교라든가 국립행정학교ENA, 에콜 폴리테크닉 등과 같은 엘리트 대학을 통칭하는 거지요? 그 중에서도 ENA는 고급 공무원이나 정치인들이 될 테크노크라트를 배출하는 곳이구요.

마리안 대통령을 지냈던 시락과 총리를 지냈던 빌팽이 바로 ENA 출신이지요. 1960년대 이후로는 대개 내각의 3분의 1 이상은 ENA 출신이 차지해 왔어요. 그랑제꼴에 들어가기 위해서는 예비학교에서 2년 정도는 준비를 해야 하는데 가난한 무슬림 젊은이들은 이 예비학교의 입학 자체가 거의 불가능해요.

현 나머지 대학은 바칼로레아라는 시험만 통과하면 아무나 갈 수 있는 거지요, 마리안?

마리안 네, 바로 여기에 프랑스 공화국 특유의 평등 이념이 작동하는 거랍니다. 부모가 누구든 프랑스에서 태어난 아이들은 교육을 받을 권리가 있다는 거지요. 한국과는 달리 프랑스에서는 대학 학비를 거의 내지 않지요.

현 CPE 발표에 노동자들이 파업으로 학생들과 연대하는 이유는 뭐지요?

마리안 그 당시 20인 이하의 사업장에 대해서는 CPE와 같은 내용의 법안이 만들어졌어요. 노동자 입장에서는 이번에 밀리면 머지않아 나이 제한을 불문하고 무차별적이고 일방적인 해고가 자행되고 비정규직이 확산되니까 결국 노동자 계급 전체에 해악을 미칠 거라고 예상했기 때문이지요. 통합유럽 헌법안 건도 본디 신자유주의 공세라고 다수의 프랑스 유권자들이 판단했던 거랍니다.

현 프랑스는 '혁명의 어머니' 라든가 '정치투쟁의 클래식한 국가' 라고 불려 왔는데 역시 프랑스답군요.

마리안 빌팽이나 현 대통령인 사르코지는 둘 다 신자유주의 입장에 서 있어요. 다만 빌팽은 상대적으로 합리적이라는 인상을 주려고 애썼는데 반해서 사르코지는 노골적으로 자본가들의 이익을 대변하면서 극우 세력에 가까이 서 있죠.

현 2010년 3월의 프랑스 지방선거는 집권 우파의 완패, 좌파의 압승으로 끝났지요? 사르코지 정권에 현혹된 프랑스 유권자들이 뒤늦게 정신을 차렸다고 볼 수 있는 거 아닌가요?

마리안 그래요. 사르코지 정권은 집권을 위해서 극우 정책과 인종차별 정책을 시행했지요. 프랑스 국민들 상당수가 여기에 속았었지만 이제는 사르코지의 정체를 꿰뚫어보게 된 거랍니다. 일본에서도 과거에 고이즈미 총리가 한쪽으로는 북한과 대화를 해나가면서도 다른 한편으로는 납치 문제와 미사일 발사 문제 등으로 인한, 북한에 대한 일본 사람들의 공포를 이용해서 정치를 했던 것과 마찬가지예요. 선진국의 우파 정권들은 사회경제적으로는 신자유주의이고, 정치적으로는 내셔널리즘과 포퓰리즘이라는 공통점을 갖는다고 봐야지요.

현 하지만 프랑스 사회에서도 중산층 백인 출신 젊은이와 가난한 흑인 무슬림 젊은이는 서로 처지가 다르지 않습니까? 정치적·사회적 차별이라든가 교육 및 고용에서 기회가 완전히 차단되어 있다는 점에서요.

마리안 독점자본가 계급이라든가 신자유주의 체제를 향해야 할 분노가 이슬람계 이민 2세, 3세 젊은이들 쪽으로 돌려져 있다는 게 프랑스 사회의 큰 문제지요. 정치·사회적 굴절 현상이자 이데올로기적 착시 현상이라고 해야 하겠지요. 2002년 프랑스 대선의 1차 투표 결과가 그 대표적인 현상이랍니다.

현 총리가 되기 전에 내무장관이었던 사르코지는 무슬림 청년들을 '인간 쓰레기'라고 불렀지요?

마리안 프랑스의 지배계급은 그런 식으로 사회경제적 모순을 가장 힘이 약한 사회 집단에게 전가시켜 왔답니다. 계급 모순을 피부색의 문제로 슬쩍 바꿔치기하는 거죠. 그에 비해 미국은 더 직접적으로 처리하고 있지요. 주로 유색인종인 200만 명의 젊은이들을 감옥 안에 가두어

놓는 것으로 사회적 문제를 해결하고 있으니까요. 하지만 허리케인 카트리나가 이런 미국의 실상을 폭로한 바 있지요.

현 그렇다면, 마리안 당신은 본래 백인 가톨릭이 아니었던 건가요?

마리안 지네딘 지단이나 니콜라 아넬카와 같은 프랑스 축구 선수들은 나를 흑인이나 혼혈로 생각하고 있을 수도 있겠지요. 그런데 2006년 내무장관이었던 사르코지가 경찰의 과잉 폭력 진압에 대해 사과를 하기는커녕 이슬람 사원인 모스크에 최루탄을 던져 넣는 바람에 프랑스 무슬림들이 나를 수호신으로 삼는 아주 힘든 상황이 되어버렸어요.

현 오늘 예정된 파업 현장에서는 엄청 바쁘시겠어요.

마리안 1968년 이래로 모처럼 하루하루를 알차고 보람있게 보내는 거지요. 오늘 시위에서는 사람들을 이끌고 파리 외곽의 방리유로 가려고 해요. 가난한 무슬림들이 방치되어 있는 것을 사람들 눈으로 직접 보게 하려구요.

현 프랑스의 싸움은 신자유주의에 반대해서 싸우는 전 세계 민중의 희망입니다.

마리안 이번 일이 끝나면 포도주 파티나 함께해요. 제국주의 시절의 프랑스가 약탈해 간 한국의 문화재 반환 건도 논의하면서, 음악을 크게

틀어놓고 밤새 춤추며 놀자구요. 드레스 코드는 19세기 전반 스타일_{들라}

_{크르와의 그림에서처럼 가슴을 드러내는 스타일}이에요.

현　저야 좋지요. 마리안, 모든 한국 사람과 더불어 당신의 승리를 기원합니다. 이곳에서도 '라 마르세에즈'를 부르면서 응원하겠습니다.

마리안　프랑스 국가 라 마르세에즈, 가사가 예술이죠? '시민이여! 무기를 들어라, 무장하라 전사들이여, 전진하라! 전진하라! 적의 더러운 피가 우리 들판을 흐를지니 조국의 신성한 수호신! 우리 복수심에 불타는 군대를 보살피고 지켜줄지니 자유, 사랑하는 자유의 신이여 적과 싸우자……'

현　(함께)……자유, 사랑하는 자유의 신이여 적과 싸우자.

002

아부 바크르
Abu Bakr

헤지라

"디아스포라의 시선으로 세계를 보라"

헤지라^{Hijra 또는 Hegira}, 이슬람의 예언자인 무함마드^{Muhammad}가 박해를 피해서 서기 622년에 메카에서 메디나로 이주한 사건을 가리키는 말. 아랍말의 원 발음에 가깝게는 '히즈라' 라고 표기해야 하지만 통상 헤지라라고 한다. 헤지라를 기원으로 해서 이슬람력^曆이 만들어졌기 때문에 이슬람력을 헤지라력이라고도 한다. 예언자 무함마드가 메카를 떠난 날은 헤지라력 원년 2월 26일 목요일^{서력 622년 9월 9일}이며, 예언자는 추적자들을 피해서 메카 근처 남쪽 사우르 산의 동굴에서 동반자인 아부 바크르^{Abu Bakr}와 사흘 동안 숨어 지냈다. 이후 고된 여행 끝에 무함마드는 헤지라력 원년 3월 8일 월요일^{서력 622년 9월 20일} 메디나 근처의 쿠바에 도착

25

하게 되고 여기에 이슬람 성회당^{모스크}의 기초를 마련한다. 마침내 예언자는 헤지라력 원년 3월 12일 금요일^{서력 622년 9월 24일}에 메디나를 방문해서 역사적인 금요일 예배를 인도했다. 한자말로 성천^{聖遷}이라고도 일컫는 이주가 이루어진 다음 17년 뒤에 가서 이 해를 헤지라력의 원년으로 삼게 되었다. 무슬림들은 매년 헤지라력 1월 1일을 '헤지라의 날'로 기념한다. 그런데, 헤지라력 원년 1월 1일은 서력, 그러니까 율리우스력으로는 622년 7월 16일에 해당한다. 이렇게 서로 차이가 나게 된 것은 우선 헤지라력이 태음력인데다가, 헤지라의 첫 해와 예언자 무함마드의 마지막 메카 순례^{헤지라력 제10년} 사이에 윤달을 삽입하는 게 〈꾸란〉에서 금지되었기 때문이다^{제9장 37절}. 태음력인 헤지라력에서 매달은 30일과 29일이 교대되므로 1년은 354일이 된다. 실제 달의 공전 주기는 29.53일이라서 한 달에 0.03일의 오차가 생기므로, 30년에 11번씩 윤년을 넣게 되고 윤년에는 연말에 1일을 더한다. 이렇듯 헤지라력을 서력으로 환산하는 일은 조금 복잡한 계산이 필요하며, 그렇기 때문에 무슬림에게는 초승달을 처음 목격하는 일이 매우 중요하다. 헤지라력에서 각 달은 고유한 이름을 갖는 바, 1월은 무하르람^{Muharram}, 2월은 사파르^{Safar}, 3월은 라비 알라왈^{Rabi' al-awwal} 등과 같이 불린다. 아부 바크르는 초기 무슬림 신봉자들 중의 대표적인 인물들 중의 하나이며, 무함마드가 서거한 뒤 무슬림들에 의해 칼리파라는 직함을 가진, 공동체의 이맘^{예배 인도자}으로 추대되었다. 이슬람 공동체의 정치적 수장이며 샤리아^{이슬람 법}의 보호자이며 운영자였던 칼리파는 예언자의 후계자로서 정통성을 갖는다. 칼리파의 어원상 의미는 '대행자'인데, 최초의 짧은 시기에는 무슬림 공동체에서 합의를 통해 선출하였지만 이후 우마이야 왕조 때부터는 세습되었다. 아부 바크르는 최초의 정통 칼리파에 속한다.

■

이재현(이하 현)　앗쌀라~무 알라이꿈(평화가 당신께 있기를).

아부 바크르　와 알라이꾸뭇 쌀람(그리고 당신께도 평화가)~.

현　헤지라 얘기를 듣고자 아부 바크르님을 찾아뵙게 되었습니다. 예언자님을 직접 만나 뵙고 말씀을 듣는 게 옳은 일이겠지만, 그렇게 하지 않은 까닭은 제가 무슬림의 관습을 잘 모르는 터라 만에 하나 실수라도 하면 불경을 저지르게 될까 봐서 이런 자리를 마련했습니다.

아부 바크르　예의가 무척 바르시군요.

현　2006년에 덴마크 등 유럽 일부 국가가 무함마드가 폭탄 모양을 한 터번을 쓴 만평을 신문에 실어서 예언자님을 모독한 적이 있지 않았습니까? 모르면 조심해야지요. 더구나 상대방을 존중한다면 더욱 그래야 하구요.

아부 바크르　오호! 예의만 바르신 게 아니군요. 한국에도 당신처럼 우리 무슬림을 이해하려고 노력하는 사람이 있군요. 표현의 자유를 외치면서 만평 사건을 정당화하려는 논리는 너무 일면적이고 편협한 것이지요. 우리의 종교적, 문화적 전통과 관습을 전혀 이해하려고 하지 않은 거

27

니까요. 우리를 존중한다면 우리 신앙의 근본 바탕을 존중해 줘야지요. 서로의 차이를 인정할 때만 평화와 공존이 가능한 겁니다.

현 한국의 무슬림 수가 14만 명에 이르지만 무슬림에 대한 의식은 부정적입니다.

아부 바쿠르 부정적이라뇨?

현 얼마 전 이슬람에 대한 호감도를 조사했는데 호감을 갖고 있다는 의견이 9%에도 못 미쳤습니다. 예전에 개봉했던 〈300〉이란 영화는 페르시아 황제의 100만 대군을 단 300명의 스파르타 군대가 무찌르는 이야기인데, 이런 영화들도 마치 이슬람을 괴물로 묘사하곤 합니다.

아부 바쿠르 아직도 이슬람을 '오른손에 꾸란, 왼손에 칼'로, '폭력 종교'로 오해하고 있군요. 이슬람이 폭력 종교로 왜곡된 이유는 미국을 비롯한 유럽 국가들의 석유 침탈 욕망에서 비롯된 겁니다. 폭탄 모양의 터번을 두른 무함마드 그림은 이슬람에 대한 경멸입니다.

현 최초에 만평을 실은 덴마크의 신문 〈율란츠 포스텐〉은 우파 계열의 신문으로 알고 있습니다. 다른 나라에 비해 상대적으로 정치적, 문화적 관용의 역사적 전통을 자랑하던 북유럽에서도 다른 나라에서 온 이민자를 차별하는 풍조가 생기고 있다고 들었습니다. 특히 피부 색깔과 종교가 다른, 못사는 지역에서 온 이민자들을 노골적으로 차별하는 게 유럽 우파 파시스트들의 노골적인 정치 이념이 되어가고 있지요. 결국 그 관용이라는 것도 잘 사는 백인들끼리만의 관용에 불과한 것이었다는 게 드러난 셈이지요.

아부 바쿠르　그렇죠. 2010년에 소말리아 무슬림 청년이 덴마크 신문의 만평 작가 베스터 가르트를 응징하려다 실패하기도 했어요.

현　덴마크 정부에서는 그 청년을 알 카에다와 깊은 관련이 있다고 보도했는데요?

아부 바쿠르　유럽 국가들은 이슬람계 이민자들을 차별하고, 그에 따라 발생한 사회문제를 늘 알 카에다와 연결시키려 하지요. 마치 악의 화신인양……

현　그와 일맥상통하는 게 유럽에 무슬림 이민자가 늘어나면서 얼마 전 벨기에 하원에서 부르카burka, 이슬람계 여성들이 입는 통옷 착용금지 결정을 내린 거 아세요? 신원확인이 힘들어 테러에 이용될 수 있다는 거지요.

아부 바쿠르　이는 종교의 자유를 넘어서는 인권탄압입니다. 부르카로 얼굴을 가리는 것과 공공안전이 무슨 상관이 있습니까? 이민자 문제는 유럽뿐만 아니라 북미 대륙에서도 심각하지요. 2006년에 미국에서는 이민법 문제로 매우 시끄러웠어요. 미국은 종교의 자유를 찾아서 험난한 순례를 했던 '필그림 파더Pilgrim Fathers', 즉 이민자들이 세운 나라인데, 이제 와서는 거꾸로 피부색과 종교가 다른 이민자들을 차별하고 억압하고 있는 겁니다.

현　맞습니다. 영화 〈갱스 오브 뉴욕〉을 보면 뉴욕에 이주해온 아일랜드 이주민들에게 '남북전쟁'에 지원하면 시민권을 주겠다고 하는 장면이 나옵니다. 1840년대 뉴욕

슬럼가를 배경으로 한 이 영화를 보면 뉴욕이라는 도시가 '아메리칸 드림'을 꿈꾸는 다양한 인종들의 피와 투쟁으로 만들어졌다는 걸 알 수 있습니다.

아부 바쿠르 헤지라도 그런 면으로 볼 수도 있어요.

현 그러네요. 예언자 무함마드께서는 동족인 메카의 꾸라이시 부족 사람들로부터 계속해서 박해와 탄압을 받았던 것으로 알고 있습니다. 심지어 암살자의 살해 위협까지 있었구요. 그래서 헤지라를 택하신 건데 헤지라를 오늘날 관점에서 일종의 이산, 그러니까 디아스포라Diaspora로 이해해도 될까요?

아부 바크르 디아스포라는 유태인들의 역사적 체험에서 비롯된 개념이지요. 유태인들이 자신들이 살던 땅에서 쫓겨나 수천 년 동안 세계 이곳저곳을 방랑하는 과정을 가리키던 말입니다. 그런데, 어렵게 나라를 세운 이스라엘이 오늘날에는 거꾸로 군사적 폭력과 갖가지 정치적, 경제적 수단을 통해 수많은 팔레스타인 사람들을 자신의 땅과 집에서 내쫓아 디아스포라 상태로 내몰고 있는 거지요.

현 이산민 혹은 난민의 역사적 체험은 우리 한국 사람들에게도 있답니다. 해방과 동시에 이루어진 분단 때문에 일본, 중국, 러시아, 사할린 등의 동포는 물론이고 지난 몇 년 사이에는 북한으로부터 많은 탈북자들이 생겨나고 있는데, 우리 한국 정부는 이 문제를 제대로 다루

지 못하고 있답니다. 정치적인 고
려를 떠나서 무엇보다 인도주의적
인 관점에서 접근해야 하는데 그렇
게 하지 못하고 있는 거지요.

아부 바크르   서로의 차이를 인정하고 대승
적으로 접근하는 게 아쉽지요. 모든 걸 정치
적인 계산에 따라서 처리하려고 하니. 정치
얘기는 하면 할수록 답답하니까 그만 두고,
헤지라 얘기나 다시 해보지요. 그 때 거미가 동굴 입구에 거미줄을 치고
야생 비둘기가 나무 위에 앉아 추적자들의 관심을 돌리는 바람에, 우리
가 동굴에 은신했던 것을 추적자들은 알아채지 못했지요. 무슬림이 아
닌 사람들이 보기에는 나중에 만들어진 설화라고 여기겠지만요.

현   그러니까 아부 바크르님께서는 그 때 예언자님과 단 둘이 동굴에
숨어 계셨던 거지요?

아부 바크르   무장한 많은 추적자들이 우리를 쫓고 있는 반면에 우리는
단 두 사람뿐이어서 매우 불안했어요. 그래서 동굴의 갈라진 틈으로 아
침 햇살이 들어왔을 때 내가 이를 걱정하자 예언자님께서는 이렇게 말
씀하셨답니다. "걱정마시오. 아부 바크르! 우리는 둘이지만 지금 우리
사이에 알라^Allah께서 계시니 셋이요." 이 말을 듣자마자 나는 마음의 평
안을 얻게 되었답니다. 결국 알라께서 우리를 안전하게 보호하시어 마
침내 메디나에 이르게 된 거랍니다.

현 그렇다면 분쟁과 갈등 때문에 극심한 공포와 불안에 빠지게 되는 상황에서는 늘 알라께서 모든 사람과 함께하실 수 있는 겁니까? 심지어 무슬림이 아닌 사람들도요?

아부 바크르 알라는 우리 무슬림들이 일컫는 하나님의 이름이고, 모든 사람들은 자기 나름의 하나님께 의지함으로써 평화와 안전을 얻을 수 있겠지요. 어떤 고통과 시련의 상황에서도 각자의 하나님께서 함께하시게 되는 겁니다.

현 예언자님 말씀처럼 얼마 전 돌아가신 법정스님도 똑같은 말씀을 하셨습니다. 법정스님한테 학자금 도움을 받았던 가난한 대학생이 종교를 자기가 믿던 가톨릭에서 불교로 개종하겠다고 말하자 법정스님께서 "믿고 있는 그 신을 계속 믿으라"고 하셨답니다.

아부 바크르 이슬람교에서는 종교를 강요하지 않습니다.

현 하지만 모든 종교는 자기의 종교만을 참된 종교라고 생각하고 참된 종교와 무신앙 사이에 분단선을 긋고 있지 않습니까? 그런 배타적이고 공격적인 태도는 어떻게 해야 극복이 되는 건가요?

아부 바크르 서로의 차이를 인정하고 그 차이를 이해하려는 노력이 먼저 선행되어야 합니다. 물론, 서로의 차이란 처음부터 쉽게 극복할 수는 없는 것이겠지요. 하지만, 상대에 대한 무지와 몰이해는 늘 적대로 발전하게 됩니다. 그런데 적대의 가장 극단적이고 폭력적인 형태인 전쟁을

〈꾸란〉은 원칙적으로 인정하지 않아요. 먼저 도발하는 쪽이 책임이라고 되어 있지요. '이슬람 = 테러 집단'이라는 공식은 전쟁광인 부시가 만들어낸 새빨간 거짓말이고, 흔히 오해되고 있는 것과는 달리, 지하드^{성전}란 원래 신앙을 위해서 어떠한 박해 속에서도 재산과 생명을 바칠 정도로 헌신하는 무슬림의 노력을 뜻하는 거랍니다. 오사마 빈 라덴은 신자유주의 세계화의 부산물일 따름이지요. 모든 무슬림은 평화를 원하고 사랑합니다.

현 그렇군요, 예언자께서도 늘 평화를 먼저 원하셨지요. 그럼, 인샬라(신이 원하신다면)!

아부 바크르 인샬라!

003

이시와라 간지
石原莞爾
만주국

"너희가 동아시아를 아느냐?"

이시와라 간지石原莞爾, 1889~1949, 제국주의 일본군 장교. 그는 일본 육사와 육군대학 출신의 엘리트였다. 중좌였던 1928년에는 관동군 작전주임 참모, 1931년에는 작전과장을 지내면서 그의 선임자이자 직속 상관인 관동군 참모 이타가키 세이시로板垣征四郎와 함께 만주전쟁일본측 호칭으로는 만주사변을 일으켰다. 이시와라는 젊은 시절부터 나폴레옹과 독일 프리드리히 대왕 등의 전기를 탐독했고 1921년에 독일에 유학한 적이 있다. 그는 육군대학 창설이래 일찍이 없었던 두뇌를 가졌다고 말해지기도 했는데, 괴뢰국 만주국 건국에서는 소위 '오족협화'의 슬로건을 제시했다. 여기서 오족이란 일본족, 중국 한족, 조선족, 만주족, 몽고족을 가리

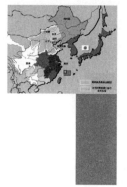

킨다. 만주사변을 일으키고 만주 괴뢰정부를 만든 이들의 이데올로기적 환상 속에서 만주는 '동양의 아메리카' 혹은 적어도 '동양의 서부'였다. 1937년 중일전쟁이 시작됐을 때 이시와라는 일본군 본국 참모본부^{대본영}에서 작전부장을 맡고 있었는데, 전선이 확대되면 늪에 빠질 것이라고 예견하여 전쟁 불확대의 방침을 제창했다. 도조 히데키東條英機는 1935년에 관동군 헌병대장을 거쳐 1937년에 중장으로 관동군 참모장이었고, 1941년에는 일본군 참모총장이 되었는데, 도조와 대립하던 이시와라는 도조에 의해서 파면되어 예비역에 편입된다.

■

이재현(이하 현)　이시와라 상, 아직 한국 사회는 여러 가지 점에서 박정희 대통령을 넘어서고 있지 못한데, 박정희 대통령에 대해서 생각할 때마다, 그러니까 역사적 상상력을 발휘해서 박정희 대통령의 정신적 내면 세계로 들어갈 때마다, 당신은 박정희 자신이 모델로 삼고 있었던 인물들 중의 하나라는 생각이 듭니다. 우선 관동군에 대해 설명을 좀 해주시죠.

이시와라　리李상, 당신은 쇼와昭和 시대 초기1920년대 후반의 우리 대일본

제국 지도를 본 적이 있습니까? 그 지도에는 우리 본토와 한반도, 대만, 남태평양 일부, 그리고 뤼순旅順과 다롄大連을 중심으로 한 요동 지역이 같은 색으로 칠해져 있습니다. 우리 대일본제국은 일로전쟁, 앗! 그러니까 당신네 용어로는, 러일전쟁 이후 러시아로부터 요동반도와 남만주철도의 부속지를 획득했습니다. 이 지역을 관할하기 위해 배치된 부대가 관동군의 전신이고, 1919년에 관동군이란 이름을 얻었습니다.

현 관동關東이란 이름은 산하이관山海關 동쪽이란 뜻이라고 알고 있는데요. 산하이관은 만리장성 동쪽 끝에 있는 관문이지요. 전통적으로 중국 한족의 입장에서는 산하이관 바깥은 오랑캐들이 사는 곳이란 통념이 있었고요. 산하이관을 지키던 오삼계吳三桂, 1612~1617가 청나라에 항복해서 명나라가 망하게 된 것이고요. 결국 관동 지역은 중국의 동북 지방, 즉 만주 전체를 가리키는 셈인데요.

이시와라 우리 관동군은 중일전쟁 발발 직전에는 4개 사단 및 독립수비대 5개 대대를 거느렸고 1941년에는 14개 사단으로 증강되었다가 한때에는 74만 명 이상의 병력을 거느리기까지 했습니다. 물론 1943년부터는 남태평양에서 전력을 빼내가는 바람에 약해지기는 했지만요.

현 당시 한반도에는 어느 정도의 군 병력이 주둔하고 있었나요?

이시와라 그건 때에 따라 다른데, 아마 조선 주둔 일본군은 많아야 대충 2개 사단 병력이었을 것입니다.

현 70만 명이 넘는 병력이라면 당시 계산으로 70개 이상의 사단이 만주에 주둔하고 있었다는 얘긴데 그 많은 병력이 왜 필요했지요?

이시와라 만주와 몽고 지역에 대한 대일본제국의 경략^{經略} 필요성 때문입니다. 우선은 한반도에서의 원활한 통치를 위해서는 만몽 지역의 정치·군사적 안정이 필요했고, 나중에는 대공황으로부터 일본 자본주의 체제가 빠져나오기 위해서 전형적인 식민지 시장, 즉 원자재 및 상품 시장이 필요했던 것입니다. 다른 한편으로는 적색 국가인 소련에 대한 끊임없는 경계의 필요성, 또 다 알다시피 중국 침략을 위한 배후 지역 노릇을 한 게 바로 만주입니다. 만주는 한반도와 더불어서 우리 대일본제국이 중국, 러시아 및 서구 열강들과 19세기부터 지역의 패권을 위해 경합한 곳입니다. 종전 직전에 소련이 참전하기 이전에 우리 관동군은 1938년의 장고봉 전투, 1939년의 노몬한 전투를 통해 국경 문제로 소련과 교전한 적도 있어요. 물론 노몬한 전투에서는 우리 관동군이 대패를 하기는 했지만요.

현 이시와라 상은 운 좋게도 종전 직후 전범재판을 면했지요? 도조와 이타가키는 A급 전범으로 교수형을 당했는데요.

이시와라 도조는 '빠가야로^{바보 자식}'라 중일전쟁을 밀고 나갔던 거얏! 중국은 너무 넓어서 우리 일본군이 군사적으로 다 장악할 수 없었는데 말이얏! 내 구상대로 만주에서는 주로 소련군만을 견제하면서 곧 다가올 미국과의 최종 대전을 준비했어야 했는데. 결국 파죽지세로 밀려오는 소련군을 당해내지 못하고 우리 관동군 수뇌부가 포로가 되지 않았느냐 말이얏!

현 (갑자기 반말로 바뀐 일본 '군바리' 특유의 기세에 움찔해서) 포로라고 하시면요, 한국에 잘 알려진 이로는 세지마 류조瀨島龍三 중좌가 있는데요. 세지마는 종전 직전에 대본영 참모로 태평양전쟁의 작전을 담당하다가 1945년 7월에 소련과의 협상을 위해 관동군으로 파견되었다가 시베리아에 11년 간 억류되었던 사람이지요?

이시와라 응. 세지마 군은 나 못지않게 머리가 좋아서 육사를 2등, 육군대학을 수석으로 졸업한 후배야. 귀환해서는 1958년에 이토쮸 상사에 입사해서 종합상사의 비즈니스맨으로 크게 성공했지. 나카소네 수상의 브레인 역할을 하기도 했고. 한국에서도 세지마 군을 모델로 한 소설 《불모지대》가 1970년대에 번역되어서 인기를 끈 적이 있었다고 들었네만. 아 참, 자네는 자꾸 태평양전쟁, 태평양전쟁 하는데, 그거 잘못된 말이야. 대동아전쟁이라고 해야지.

현 그게 뭐가 틀립니까?

이시와라 대동아전쟁은 대동아공영권을 만들고 지키기 위한 전쟁이란 뜻이고 대일본제국 어전 각의에서 명명된 거야. 태평양전쟁이란 말은 맥아더사령부가 대동아전쟁이란 말을 금지시키면서 공식적으로 사용하라고 결정한 거고. 그러니까 대동아전쟁이 '당근' 맞지.

현 으음……아무튼요, 세지마 류조 자서전 등에 의하면, 박정희가 제일 숭배한 사람이 세지마 류조고 세지마한테 가르침을 받은 것은 박정희만이 아니고 전두환, 노태우도 마찬가지라고 하던데요. 전두환이 쿠데타를 할 때 안가에서 일본대사한테 미리 통보를 했고, 노태우는 심지어 퇴임할 때 세지마에게 "대통령 관두면 뭘 할까요?", 이렇게 묻기까지 했다는 소문이 한때 떠돌았는데요.

이시와라 그렇게 사소한 것에 집착하지 말고 크게 보란 말이얏! 너희 조센징들은 지금 세계 무역대국 10위 안팎이라고 자랑하지만 동아시아에 대해 '좆도' 모르고 있어. 1930년대 만주 지배의 두 축은 우리 관동군과 남만주철도주식회사^{만철}였는데, 만철 조사부만 하더라도 만철 설립 다음 해인 1907년에 만들어진 건데, 당시 동아시아 최대의 싱크 탱크였어. 이미 100년 전 얘기란 말야. 만주, 중국은 물론이고 남태평양에 이르기까지 종합적인 지역 연구를 했다구. 너희 조센징들 일부가 동아시아 담론을 꺼낸 지 10년이 넘어가지만 연구해서 쌓아 놓은 게 뭐 있어? 만철 조사부는 제자 논문을 표절하거나 같은 논문으로 돈을 두 번씩 타먹지는 않앗! 만주국 정도는 우리 관동군의 대좌와 중좌들이 좌지우지했었다구.

현 (혁) 공부시켜주시는 김에 당시 만주 인맥에 대해 소개해주시죠.

이시와라 옛날에 만주 5인방 하면, 군대에서는 도조 히데키, 그리고 만철 이사와 일본 외무상을 지낸 마쓰오카 요스케^{松岡洋右}, 만주국 국무원 총무장관을 지낸 호시노 나오키^{星野直樹}, 닛산 자동차와 히다치 제작소 설립자이고 1937년에 닛산을 만주국으로 옮겼던 아이카와 요시스케^{鮎川義介}, 그리고 만주국 산업부 차장으로 만주개발 5개년 계획을 입안했던 기시 노부스케^{岸信介}를 들 수 있지. 이들 모두가 너희 오카모도^{일명 다카키 마사오, 혹은 박정희} 군의 스승인 셈이지. 기시 군은 나중에 총리대신^{수상}을 지내기도 했지. 기시의 친동생 사토 군도 수상을 지냈고. 다섯 명 모두 전범

용의자였고 이 중 네 명은 A급 전범으로 재판에 처해졌는데 도조만 처형당하고 정치인과 기업인은 맥아더가 풀어줬지. 그런 맥아더를 너희 조센징들은 '졸라' 존경하고 좋아하더구먼.

현 이시와라 상은 본디 저의 적이지만 오늘은 초대손님이시니 마지막으로 한 말씀 해주시지요.

이시와라 한반도가 해방된 것은 우리 대일본제국이 태평양전쟁에서 패배한 덕분이야. 결국 우리 대일본제국 대신 동아시아 지역에 미국이 들어온 거구. 대동아공영권이 너희 현대사의 망령이라 싫다면 한미 FTA도 비판하는 게 논리적으로 맞는 거야. 하지만 너희 조선은 힘이 약하니까 우리 대일본제국에 붙던가 아니면 미국에 붙던가 둘 중에 하나를 선택하는 게 현실적으로 맞겠지.

현 저는 친미파는 싫은데요.

이시와라 역시 자네는 듣던 대로 오카모도 군이 만들어낸 '시대의 아들' 이로구먼. 하지만 일본의 조선 식민지 지배가 불가피했다고 말한 안병직이나 한승조는 자네를 결코 같은 편이라고 생각하지 않아. 그렇다면, 도대체 자네는 어느 쪽에 붙을 건가?

현 고종의 아관파천이 바로 이와 비슷한 환경에서 이루어졌던 겁니다. 그럼, 이만.

師団長

石原莞爾

奥田鑛一郎

矢来書房

004

밴 플리트
Van Fleet

코리아 소사이어티

"우리를 키운 8할의 바람"

밴 플리트James Alward Van Fleet, 1892~1992, 제2차 세계대전과 한국전쟁 때 활동했던 미 육군 장군. 뉴저지 출생으로 1915년에 미 육사를 졸업했는데, 클래스메이트로는 나중에 대통령이 된 아이젠하워가 있다. 그가 소대장으로 참가한 최초의 주요 작전은 퍼싱Pershing 장군 밑에서 멕시코의 로빈훗 내지는 임꺽정이라고 해야 할 판초 비야Pancho Villa를 체포하기 위한 것이었는데, 이 작전은 미군이 제멋대로 멕시코를 침공해서 벌인 것이다. 1차대전에는 미 원정군의 대대장으로 참전했다. 2차대전 때 밴 플리트는 일시적으로 진급에 어려움을 겪었는데, 당시 미 육군 원수였던 마샬Marshall이 그를 알코올 중독자로 여겼기 때문이었다. 밴 플리트는 미 육군

제4사단 소속 제8연대 연대장
으로 노르망디 상륙작전에 참

가했다. 당시 미 육군 제4단에 배속된 사람 중에는
소설 ≪호밀밭의 파수꾼≫의 작가 샐린저도 있었
다. 또 노르망디 전투에는 언론을 통해 '노르망디
의 조선인'로 알려진 무명의 불운한 조선 사람 포로들도 독일군이 되어
억지로 참전했다. 미 육군 제4사단은 이라크 전쟁에서 후세인을 체포하
기도 했는데, 미군의 전략적 유연성에 관한 설명에서 덩치 큰 사단 단위
부대를 이동이 쉽고 빠른 '모듈형 스트라이커 여단'들로 분할·편성한
다고 할 때, 그 사례로 종종 언급되고 있는 아주 전통 있는 부대이다.
1946년 밴 플리트는 그리스로 파견되어 좌파 민중봉기의 진압에 관여
했다. 그 후 50년~51년 미2군 사령관을 맡았고 51년~53년 리지웨이
Ridgway의 뒤를 이어 미8군 및 주한 유엔군 사령관을 맡는다. 한국전쟁 때
공군 비행기 조종사였던 아들을 잃기도 했던 밴 플리트는, 미8군 사령관
으로서 한미재단을 설립하고, 한국 육군사관학교 건물을 신축하는 등의
과정에서 큰 역할을 수행했다. 새로 건립된 육사 건물은 당시로서는 가
장 최신식 학교 건물이어서, 심지어 경기중학교 등의 학생들이 단체 견
학을 가곤 했다고 전해진다. 그의 동상이 한국 육사 교정에 서 있는 이유
도 바로 그 때문이다. 퇴역 후 밴 플리트는 〈코리아 소사이어티〉의 창립
멤버가 되었고, 1992년부터 코리아 소사이어티는 그를 기리는 취지에
서 '밴플리트상'을 제정, 시상해왔다. 2005년 수상자는 아버지 부시 전

미 대통령이었는데 당시 방미 중이던 노무현 대통령이 만찬에 참석해 직접 상을 주었다. 2006년 9월 19일 〈코리아 소사이어티〉의 연례 만찬에서는 이건희 삼성그룹 회장이 상을 받았다. 〈코리아 소사이어티〉는 '미국 내 한국에 대한 이해 증진 및 한미 관계 개선을 위해 활동'을 하는 단체로 언론에 소개되고 있다. 당시 〈코리아 소사이어티〉 회장이었던 도널드 그레그의 대표 경력은 주한 미대사로 돼 있지만, 그는 이미 그 전에 만 31년 동안 미 CIA에 근무하면서 주로 아시아 지역 비밀공작을 담당해 왔다. 그는 미얀마, 일본, 베트남에서 암약했으며 특히 '불새 공작 Operation Phoenix'에 참가했다. 불새 공작은 1960년대와 1970년대 초반에 미 CIA가 베트남 독재정권을 지탱시키기 위해 수행한 것인데 여기에는 요인 암살 등이 포함돼 있다. 그레그는 그 밖에도 이란 콘트라 스캔들에 연루되기도 했고, 니카라과 콘트라 스캔들에서는 핵심 인물로 활약을 했다. 2006년 이건희 회장이 밴플리트상 수상을 이유로 출국해버리자 검찰은 삼성 에버랜드 편법증여 사건과 관련하여 이회장을 소환하지도 못했다. 〈코리아 소사이어티〉 웹사이트에 따르면, 그때 연례 만찬의 티켓 가격은 최저 350달러이고 최고 4만 달러였다. 삼성 측 관계자가 중앙일보에 밝힌 바에 따르면, 이 회장의 수상 이유는 "이 회장이 한국의 대표적 기업인인 데다 그 동안 삼성이 〈코리아 소사이어티〉를 물심양면으로 지원해온 점이 인정됐기 때문"이라고 한다.

밴 플리트는 아이젠하워 대통령의 특사로서 1954년에 한국과 일본 등을 방문한 뒤에 보고서를 제출하였는데 Report of Van Fleet mission to the Far East,

¹⁹⁵⁴, 이 보고서는 30년 간 특급 비밀로 분류되어 공개되지 않았다가, 2006년에야 겨우 한국 언론에 의해 그 내용의 극히 일부가 보도되었다. 이 보고서는 6.25 이후 한국군의 전력 증강 시도에 대한 미국의 거센 반대, 어업 문제 및 이승만 라인 등을 둘러싼 한일 간의 정치ㆍ경제적 갈등 등을 다루고 있다. 특히 이 보고서의 압권은 독도 문제에 대한 미국의 입장이다. 해당 부분을 요약하면 다음과 같다. "미국 정부는 독도가 일본 땅이라고 믿는다. 하지만 실효적 점유를 하고 있는 한국 정부가 독도 문제로 일본과 논쟁하지 않기를 미국은 바란다. 그런데 미국은 독도 문제에 관한 미국의 이런 입장을 공식적으로 밝히지 않고 다만 비밀리에 한국 정부에 이런 입장을 통보할 뿐" 이라는 것이다.

■

이재현(이하 현) 장군, 한국과 관련해 가장 기억나는 일이 무엇입니까?

밴 플리트 1952년 초에 육사 11기생의 입교식에 귀빈으로 참석한 것하고, 같은 해 7월에 이승만 대통령과 함께 군 지프를 타고 제주도를 순시했던 것이 아직 기억에 생생하네요. 내게 단체로 경례를 올려붙인 육사 신입생도들 중에서 대통령이 두 명씩이나 나올 줄 당시에는 전혀 몰랐지만요, (므흣한 얼굴로) 허허.

현 제주도 지프차 순시는 사진으로 접한 적이 있습니다. 제주4.3연구소가 처음 공개한 사진들 중 하나인데, 그 사진 말고 제주 4.3사건 당시 국군경비대가 벌인 총살 현장에 미군들이 입회했던 사진이 제게는 더 인상적이었어요. 제주 4.3사건 때 미군이 직접 개입해서 한국의 민간인을 마구 학살한 것 맞죠?

밴 플리트 우리 미군은 결코 그런 적이 없습니다. (하지만 사진들 앞에서 움찔하며) 아니, 노 코멘트no comments입니다.

현 1946년에는 그리스의 좌파 민중봉기를 무참히 진압했죠?

밴 플리트 노 코멘트라니까요.

현 그렇다면 당신 동상이 한국 육사 교정에 서 있는 것에 대해 어떤 생각입니까? 작전권을 환수하기 전에 먼저 당신 동상부터 빨리 철거해야 한다는 게 대다수 한국 사람들 생각입니다. 국토를 지키는 게 기본 사명인 국군, 그 중에서도 장래의 엘리트 지휘관을 양성하는 육사 교정에 감히 '독도는 일본 땅'이라고 보고서를 낸 사람의 동상이 서 있다니요. 철거되면 당신은 어떤 기분일까 궁금합니다.

밴 플리트 (머뭇거리다가) 뭐, 맥아더와 같은 거겠지요. 그런데 그 대다수라는 게 과연 몇 명입니까?

현 한국 성인 중에 아이큐가 세 자리 넘는 사람들을 말합니다.

밴 플리트 한국에서 영어 선생님도 했던 캐슬린 스티븐스 주한 미대사 얘기로는 그렇지 않다고 들었습니다.

현 장군을 심문하는 자리는 아니니까 그렇게까지 수세적으로 나올 필요 없습니다. 부디 진실을 말해주십시오.

밴 플리트 저는 한국전쟁 때 아들을 잃었습니다. 그 소식을 듣고도 아들을 찾는 수색작전을 중지할 것을 명령했습니다. 그 정도로 저는 한국의 은인입니다.

현　미국 분이라 농담을 아주 잘 하시는군요. 중국의 마오쩌둥 주석도 한국전쟁 때 아들을 잃었습니다. 마오 주석은 아들 시신을 찾고 나서도 그 시신이 중국으로 돌아오는 것을 허락하지 않았습니다. 그래서 마오 주석 아들 무덤은 북한에 있습니다. 당신 아들은 B26 조종사였지요? 마오 주석 아들이 죽은 것은 미군의 폭격 탓이라고 합디다. 그렇다면 당신 아들이 마오 주석 아들을 죽인 것일 수도 있어요.

밴 플리트　하지만…….

현　한국전쟁 때 자식이 죽은 것은 당신만이 아닙니다. 당신 아들은 군인으로서 전사한 것에 불과하지만, 수십만의 남북한 민간인 부모들은 미군의 무차별 폭격, 오인 사격 및 의도적인 민간인 학살 탓에 어린 아들과 딸을 잃었습니다. 아들 얘기는 하면 할수록 당신에게 불리한 겁니다.

밴 플리트　나를 자꾸 이상한 사람으로 모는데 1944년 노르망디 상륙작전, 발지 전투를 지휘해서 2차 세계대전을 끝나게 만든 전쟁영웅이라고요.

현　발지 전투 얘기 잘했습니다. 발지 전투를 다룬 미국 10부작 드라마 〈밴드 오브 브라더스〉를 보면 전투 중에 수많은 젊은이들이 목숨을 잃습니다. 드라마 중간 중간에 그 당시 상황을 증언하는 군인들이 나오는데 그들을 보면 다 민중의 아들입니다. 당신처럼 전쟁영웅이 되고 싶은 사람들 때문에 미국 민중의 아들들이 소중한 목숨을 뺏긴 겁니다.

밴 플리트　미스터 리, 당신은 왜 그렇게 비뚤어졌나요, 왜 그리 극단적인 반미주의자입니까?

현　천만에요. 저는 대표적인 친미주의자입니다. 제 대학 전공이 영어입니다. 또 미국의 록과 블루스 CD를 몇 백장 갖고서 수시로 즐긴답니다. 스콜세지 감독 영화에서 카메라가 뉴욕 거리를 조금만 보여주어도 제 가슴은 마구 뜁니다. 제가 강의하는 과목 중에 〈세계사진사〉가 있는데 그 중에 절반 이상이 미국 사진들입니다. 저는 고이즈미 일본 수상이 지독하게 싫지만 그래도 단지 그가 엘비스 프레슬리를 좋아한다는 이유 하나만으로도 아주 조금은 봐주고 있는 편입니다. 미국이 없는 저란 상상할 수가 없답니다. 어느 한국 시인이 자기를 키운 건 8할이 바람이라고 했는데, 제 경우 그 8할의 바람이 바로 미국에서 불어온 거지요.

밴 플리트　친미주의에 대한 당신의 설명을 도저히 이해할 수 없군요. 나는 직업 군인이라서 문화나 예술은 잘 모른답니다.

현　그럼, 독도 얘기나 해보시지요.

밴 플리트　1952년에 미국과 일본이 맺은 샌프란시스코 강화조약에는 일본 영토에 관한 조항이 있습니다. 거기서 일본의 강력한 요구 때문에 독도 문제는 일본 편을 들어 처리했어요. 일본의 입장은 독도를 일본 영토에서 절대로 배제하지 않겠다는 거였고 미국은 이를 수락했지요. 즉 독도는 일본의 영토라는 게 미국의 입장이었던 거지요. 또 1954년 9월에 일본은 독도 문제를 국제사법재판소에 제소하자고 제안한 적이 있는데 한국 정부는 이를 거부했죠. 제 보고서는 단지 이런 과정을 둘러싼 미국의 입장을 다시 한번 확인한 것일 뿐입니다.

현　당시 미국은 독도에 관한 입장을 한국에 분명히 밝히되 이를 공식화하지 않고 단지 비밀리에 한국 정부에 통고했다는데요, 결국 영토 문제로 인해서 한일 간의 시끄러운 논쟁이 벌어지면, 독도는 일본 땅이라는 미국의 입장이 폭로되는 것을 미국 정부로서는 두려워했던 것이지요?

밴 플리트　노 코멘트.

현　2006년에 당신 이름이 붙은 상을 이건희 회장이 타게 된 이유는 신문 기사에 의하면 결국 삼성이 그동안 〈코리아 소사이어티〉에 막대한 자금을 지원한 공로 때문이라는 건데요. 그때 이건희 회장이 밴플리트상을 받겠다고 출국해 검찰 수사를 피한 걸 생각하니 최근에 당진 군수 민종기가 온갖 비리혐의를 받고 출국하려다 실패한 게 생각나네요. 당진 군수 민종기도 밴플리트상을 줬으면 무난히 출국했을텐데요.

밴 플리트　밴플리트상을 너무 비하하지 마십시오. 이 상은 한미 관계 발전에 기여한 인물들에게 수여하는 상입니다

현　한미 관계 발전이요? 그러면 다시 한번 묻겠는데 전직 CIA 고위 공작원이 회장을 맡아왔던 미국의 조직과 탈세 혐의를 받고 있는 한국의 삼성 그룹 사이에 사전에 무슨 교감이라도 있었던 건가요?

밴 플리트 설령 있었다고 하더라도 그것은 한국 검찰이 알아서 파헤칠 문제입니다.

현 검찰에 맡긴다구요?

밴 플리트 네.

현 한국 검찰이 '떡검'이라고 불리는 건 아시지요?

밴 플리트 '떡검'이 뭐죠?

현 영어를 전공한 제가 '떡검'을 영어로 알려드리죠. '떡검'은 '스폰서 검사', 유 노You Know?

밴 플리트 스폰서요?

현 스폰서라는 말은 본래 라틴어 'spondere'에서 유래한 말인데 이탈리아 귀족가문들이 서로 앞다퉈 학자와 예술가들을 후원한 것을 말합니다. 그 덕분에 미켈란젤로, 레오나르도 다빈치 같은 사람들이 나올 수 있었죠.

밴 플리트 '떡검'은 무슨 후원이죠?

현 이해관계가 얽힌 업자들한테 검사들이 떡값으로 술접대, 성접대 향응을 받는 걸 말하죠. 그런 검사들이 당신이 말한 문제를 잘 파헤칠까요?

밴 플리트 노 코멘트.

현 진실 앞에 입을 다무는 당신한테 나도 더 이상 할 말이 없습니다. 끝내겠습니다.

005

클리오
Clio

역사의 심판

"돌고, 돌고, 돌고~"

클리오^{Clio}, 뮤즈들의 하나로 역사와 영웅시를 관장한다. 헤시오도스의 〈신통기〉에 의하면 뮤즈들은 제우스와 기억의 여신 므네모시네 Mnemosyne 사이에서 태어난 딸들이며 님프의 신분이다. 뮤즈들은 서사시, 서정시, 비극, 희극, 음악, 춤, 역사, 기하학, 천문학, 점성술 등을 담당하며 헬리콘 산 꼭대기에서 아폴로 신을 따라다니며 함께 춤추고 노래한다. 바로 이 뮤즈에서 뮤직과 뮤지엄이란 말이 파생되었다. 어원상 뮤직은 뮤즈의 기예란 뜻이고 뮤지엄은 뮤즈를 위한 장소란 뜻이다. 서구 문학사의 시적 전통에서 뮤즈들은 시인의 수호신으로 상정되어 있어서, 호머에서 버질과 단테를 거쳐 밀턴에 이르기까지, 시인들은 시적 영감을 기원하면서 뮤즈들을 불러내곤 했다. 그리스 신화에서 뮤즈는 통상 9명이지만, 처음에는 3명으로 출발했고 그 이름도 오늘날과는 달랐다. 뮤즈에 대한 신앙 내지는 신화적 믿음 자체가 상당 기간 동안 여러 층위에 걸쳐서 축적되면서 이루어진 탓이다. 그리스 신화에서 클리오는 히아신스Hyacinth와 히멘Hymen의 어머니이기도 한데, 히아신스는 아폴로와 경기를 하다가 죽어서 꽃이 된 신적인 영웅이고 히멘은 결혼의 신이다. 회화에서 재현될 때 클리오는 양피지 두루마리나 서판書板 혹은 책을 들게 된다. 17세기 네덜란드의 화가 베르메르가 그린 '회화 예술'이란 작품에 등장하는 클리오는 머리에 월계관을 쓰고 있고 오른손에는 트럼펫을, 왼손에는 두꺼운 책을 들고 있다. 여기서 트럼펫은 선언자 내지는 포고자로서 클리오의 신분을 나타내는 것이다. 함께 어울려 다니는 뮤즈들이 '기억의 여신'의 딸들이라는 말은, 고대 서구의 경우 학문이나 예술이라는 것이 결국 신과 인간의 이야기를 '기억'하기 위한 방식이고 틀이라는 점을 뜻한다. 클리오가 함축하고 있듯이, 서구에서 근대적 역사과학이 대두하기 전까지, 역사에 대한 이야기로서의 역사학은 크게 보아서 문학의 한 갈래로 생각되었던 것이다.

■

이재현(이하 **현**) 클리오님 안녕. 요즘 동네가 너무 시끄러웠는데 낼 모레면 이제 조용해질 테니까 다행입니다. 선거 로고송으로 쓰인 뽕짝, 동요, 대중가요, 응원가 때문
에 낮에 너무 힘들었어요.

클리오 선거판의 열기가 식기도 전에 역
사를 생각해본다는 거 너무 상투적이 아닌
가요? 조금 지나면 다시 월드컵 때문에 뜨
거울 텐데요.

현 선거 때문만은 아니구요. 역사의 시계바늘이 거꾸로 돌아가는 느
낌예요. 자유민주주의의 기초는 표현의 자유인데 누구보다도 이를 옹호
해야 할 언론의 일부가 스스로 검열을 받아들이고 있는 게 너무 어처구
니가 없어요.

클리오 우리 뮤즈들도 경쟁에서 심판 역할을 하곤 했지요. 아폴로와
마르시아스가 음악 경쟁을 할 때 말예요. 마르시아스Marsyas는 반인반수
의 존재인 사튀로스satyrs의 하나로서 갈대 피리 연주를 아주 잘했지요.
경쟁에서 진 마르시아스는 산 채로 껍질이 벗겨지는 형벌을 받았어요.
신에게 도전을 한 오만함에 대한 대가를 치른 거지요. 경쟁에서 지는 쪽
은 아주 괴롭답니다. 표심에 의해 심판을 받는 선거의 경우는 특히 더하
겠지요.

현 앗, 마르시아스는 저도 알아요. 한국 소설가 중에 마르시아스라는
예명을 쓰는 이가 있거든요. 그 신화는 아폴로와 디오니소스 사이의 상
징 투쟁을 암시하는 거라고 할 수 있을 텐데, 그렇다면 저는 마르시아스
편이랍니다. 인간이 신에게 도전할 수준의 예술적, 문화적 기량을 쌓을

수도 있다는 거잖아요. 저는 인간에게 불을 훔쳐다 주었다는 프로메테우스처럼 절대적인 권위에 도전하고 반항하는 이가 좋답니다. 쇠사슬에 묶인 프로메테우스는 이렇게 단호하게 내뱉었지요. "제우스에게 굴복하느니 차라리 이대로 바위에 묶여 있겠다."

클리오 설령 경쟁에서 진다고 해서 그냥 개죽음으로 끝나는 것만은 아니겠지요. 내가 마케도니아 왕과의 사이에서 낳은 아들인 히아신스는 어느 날 아폴로와 원반 던지기 경기를 하며 놀다가 그만 원반에 머리를 맞아 죽었지요. 일설에 의하면 서풍의 신 제피로스가 질투심 때문에 바람을 일으켜 원반의 방향을 바꿔놓았다고 하지요. 히아신스를 지극히 사랑했던 아폴로가 히아신스를 땅에 묻자 거기서 아름다운 꽃이 피어나게 되었고 그 꽃을 히아신스라고 부르게 된 거지요.

현 그래서 히아신스의 꽃말인 승부, 비애 등이 생겨나게 된 거로군요. 백합과인 히아신스의 색에는 붉은색 계통, 푸른색 계통, 연분홍색 계통이 있다던데 저는 보라색 히아신스가 젤로 좋아요. 비록 히아신스와 같은 꽃은 잘 키우기가 힘들지만요.

클리오 심판에는 여러 가지가 있는데, 예컨대 법원에 의한 것, 선거에 의한 것 말고도, 스포츠나 연예 비즈니스에 의한 것도 있지 않겠어요? 축구나 야구, 혹은 골프나 쇼트트랙처럼 한국 사람들을 주기적으로 열광시키는 스포츠 게임과 같은 것도 있고. 연예 비즈니스도 결국은 팬들의 심판을 받는 거라고 할 수 있겠지요. 갈래에 따라서 판사나 배심원, 유권자, 팬 등처럼 그 갈래에 관련된 사람들이 심판을 맡는 거지요.

현 그럼, 이번 한국의 지방 선거에서는 어떤 심판이 내려질까요?

클리오 한국에는 정치 얘기를 하지 말라는 충고를 받았어요. 워낙 민감한 문제라나요.

현 저는 이번 선거운동 기간에 지하철에서 사람들이 다투는 것을 목격하기도 했답니다. 서로 다른 정당 지지자들이 큰 소리로 싸우더군요. 투표나 선거결과에 관심이 없는 사람도 많지만 여전히 한국 사람들에게는 정치나 선거가 늘 중요하고도 첨예한 이슈랍니다.

클리오 정치는 어쨌거나 현실적인 차원에서 권력을 초점에 놓고 하는 게임이니까 승자와 패자의 갈림이 잔인할 정도로 너무 선명한 게 문제예요. 특히 한국 정치판에서는 토론이나 협상의 과정을 무시하고 단지 결과만을 추구하는 전통이 너무 세니까요. 심지어 토론을 슬슬 피하면서 단지 이기면 그만이라는 풍조도 있다고 들었어요. 승자가 독식을 하게 되어 있는 제도적 한계 때문에 그러는지는 몰라도요.

현 뭐, 정치적 심판만이 우리 삶을 좌우하는 건 아니라고 위안을 하고 싶어요. 흔히 하는 말로 역사의 심판이라는 것도 있잖아요. 1950년대에 쿠바의 독재자 바티스타에 맞서 싸운 변호사 출신 카스트로가 피고의 신분으로 법정에서 말한 게 기억이 나네요. "역사가 나를 무죄로 하리라."

클리오 역사의 심판이라, 호호호. 기대하고 있는 역사의 심판이 영 오지 않으면 어떻게 하려구요? 하기야 종교적 심판이라는 것도 있으니까. 그런 식이라면, 심판 중에서 제일 센 건 역시 최후의 심판이겠네요.

현 한국에서는 대통령 선거가 주기적으로 벌어지는, 일종의 최후의 심판이지요. 정치적으로 말예요. 최후의 심판이 너무 잦아서 문제라고 볼 수도 있을지 모르겠지만요.

클리오 다음 번 대통령 선거는 언젠가요?

현 2012년입니다. 지난 2007년 대선이 민주화가 시작된 1987년으로부터 딱 20년 되는 해였지요. 그때 '87년 체제'라는 말을 사회과학계에서 종종 썼었는데, 한국 사회는 '87년 체제' 다음의 체제가 어떤 것이냐를 놓고 다투는 역사적 국면에 있다고 생각했던 거죠. 피상적으로 말한다면, 정권을 두 번씩이나 빼앗긴 쪽에서 단단히 벼르고 있었다는 거지요. 결과는 이렇게 역사의 시계바늘이 거꾸로 돌아가는 지경이 되었고요. 이번 지방선거에서 엉뚱한 바람이 불어 사람들 머리 뒤통수를 쳤던 것도 다 그 때문이라고 할 수 있지요.

클리오 한국에서 올해는 1991년에 태어난 사람들이 대학 신입생이 된 해지요?

현 생일이 빠른 91년생은 이번에 투표를 할 수 있답니다. 경제적 궁핍이나 정치적 억압에 대한 '기억'이 전혀 없는 세대라서 기성 세대들은 반쯤은 두려운 시선으로 이 세대를 바라보고 있답니다. 이 세대는 반미 촛불시위에 열심히 참가하는 세대이기도 하고 반면에 어려서부터 돈벌이에 관심이 아주 많은 세대이기도 하지요.

클리오 돈벌이라……그럼, 한국 사회는 20년 뒤에 큰 문제가 없겠네요. 고령화 사회라고 걱정들 하고 있지만, 정작 20년 뒤에는 지금 돈벌이에 관심이 많다는 이 젊은 세대가 나머지 사람 전부를 다 먹여 살릴 수 있을 테니까요.

현 (헉) 클리오님, 지금 웃자고 한 얘기죠? '나 형이야. 지금부터 형이 하는 말 오해하지 말고 들어' 하는 식이네요. 클리오님의 본심은 이 젊은 세대더러 "낼 모레 놀러가지 말고 투표하면 안 되겠니?" 라고 말하고 싶은 거죠?

006

클라우제비츠
Clausewitz
전쟁론

"핵 시대의 전쟁은 정치의 연장이 아니라 종말"

클라우제비츠^{Clausewitz}, 프로이센의 군인이자 군사 이론가. 사후에 미망인이 유고를 모아 출간한 ≪전쟁론≫으로 유명하다. 그는 12세에 군에 들어가 13세 때 사관생도로서 프랑스군과 싸웠다. 1804년 황제가 된 나폴레옹이 1806년 프로이센군을 격파했을 때 그는 포로가 되어 1808년까지 프랑스에서 포로 생활을 했다.

프로이센의 정치적, 군사적 붕괴를 목격한 그는 귀국 후 프러시아군 개혁에 참여한다. 1810년 그는 한 살 연상인 마리 폰 브륄^{Marie von Brühl} 백작부인과 결혼함으로써 베를린의 문단과 지식인 사회에서 사교생활을 할 수 있었다. 1812년에서 1813년 사이에 그는 유럽 전체의 평화를 위해 러시아군에서 근무를 한 뒤 귀국해 3군단 참모장이 돼 워털루 전투에 참전한다. 1818년 소장으로 진급했지만 프로이센에서 보수반동 세력이 득세하자 개혁파였던 1831년 한직으로 밀려나 베를린전쟁학교 교장이 되어 ≪전쟁론≫을 집필했다. 1831년 콜레라로 사망했다.

3부 8편 125장으로 구성된 ≪전쟁론≫에는 전쟁의 본성과 개념, 절대적 전쟁과 현실적 전쟁, 목적과 수단, 이론과 실제, 전략과 전술, 방어와 공격, 주력회전, 정신적 · 심리적 요소들의 의미, 계측할 수 없는 요인과 마찰 요인의 역할, 국민전쟁, 전투력의 시간적 · 공간적 집중원리, 배합과 중심의 개념 등이 설명돼 있다.

《전쟁론》을 제대로 읽지 않은 사람들도 잘 알고 있는 유명한 명제들도 적지 않다. "전쟁은 정치의 한 도구", "전쟁은 다른 수단들에 의한 정치의 연속에 불과하다", "전쟁은 정치라는 펜 대신 칼을 사용하는 것" 등이 바로 그것이다. 20세기에 이루어진 핵무기의 확산이 클라우제비츠의 이론을 낡은 것으로 만들었다는 비판이 있는 반면, 헨리 키신저 등 국제정치 및 군사 이론가들에게 많은 영향을 주었고 핵무기 시대에 '폭력의 관리'를 연구할 수 있는 이론적 준거를 주고 있다는 평가도 있다.

《전쟁론》 제8편 '전쟁계획'의 마지막 부분에서 클라우제비츠는 당대의 주적으로 상정하고 있던 나폴레옹의 프랑스군을 상대로 오스트리아, 프로이센, 독일연방, 네덜란드, 영국 등이 연합해 전쟁을 수행하는 가상적 상황을 사례로 들고 있다. 이 전쟁계획에서 그는 독일연방의 임시적인 군사적 통일이라는 그릇된 노선을 비판함과 동시에 오스트리아와 프로이센의 군사적 독자성을 강조했다. 《전쟁론》의 마지막 문장은 다음과 같다.

"이러한 조건에서 통일은 불가능하며, 불가능한 것을 추구하기 위해 가능한 것을 희생시키는 사람은 바보다." 1870년 보불전쟁에서 승리한 프로이센은 합스부르크 왕가가 지배하던 오스트리아를 제외한 채 독일을 통일시켜 1871년 독일제국을 세웠다. 이런 역사적 전개를 놓고 보면, 애덤 스미스가 근대 국민국가의 경제학을 창설했듯이, 클라우제비츠가 근대 국민국가의 전쟁 이론을 창설했다는 평가는 아주 타당하다.

■

이재현(이하 현) 장군님, 천안함 사건, 북한 2차 핵실험 등으로 지금 한반도에는 언제 전쟁이 터질지 모르는 긴박하고도 암울한 상황이 벌어지고 있습니다.

클라우제비츠 그러면 나는 적당한 인터뷰 상대가 아닐세. 핵 시대의 전쟁은 정치의 연장이 아니라 종말이니까 말이야. 또, 핵무기는 두 국민국가 사이의 군사적 문제가 결코 아니니까.

현 하지만 저는 사과나무를 심기보다는 그래도 전쟁에 대해 더 생각해보고 따져보는 편이 낫다고 생각합니다. 역설적이기는 하지만 진정으로 평화를 원한다면 그쪽이 더 현실적이니까요.

클라우제비츠 그렇다면 내가 한두 마디 말할 자격은 있겠네. 한국 사람들의 반응은 어떻지?

현 일단 북한에 대한 포용정책의 지속 여부를 둘러싸고 큰 논란이 있지요. 일부 보수 신문은 전쟁 발발을 우려하는 수준을 넘어 전쟁을 부추기는 방향으로 지면을 채우고 있답니다. 아무튼 대세는 북한이 '민족 공조' 노선과 '한반도 비핵화 원칙'을 무책임하게 깨버렸다는 것을 비판하는 쪽입니다.

클라우제비츠 북한도 바보가 아닌데 세계 유일의 최강대국인 미국과 한판 붙자고야 하겠는가? 중국조차도 미국과 싸우는 것을 두려워하고 있다던데.

현 북한 측 말로는 "대화와 대결이 다같이 준비되어 있다"더군요. 그러면서 또 유엔 등을 통한 제재에 대해서는 그것을 선전포고로 간주하겠다면서 또 다른 '물리적 대응'이 준비돼 있다고 으름장을 놓고 있습니다.

클라우제비츠 미국이 당장 취할 수 있는 뾰족한 수단이 없다면 사태는 장기화하겠구먼. 도대체 핵실험을 한 북한의 계기와 명분은 무엇인가?

현 북한의 주장은 생존을 위해 핵무기를 개발했다는 것이고, 일차적인 목표는 미국과 유엔에 보내는 메시지 성격이 크죠.

클라우제비츠 핵무기 개발에 생존 논리를 갖다 붙인 것은 크게 봐서 소위 '정의의 전쟁Just war' 논리에 속한다고 볼 수 있네. 정의의 전쟁은 로마시대 키케로부터 시작해서 중세 때 아우구스티누스, 토마스 아퀴나

스를 거쳐 근대에 들어와서는 그로티우스나 칸트도 언급했던 것일세. 현대에는 니버라든가 틸리히와 같은 신학자들도 한마디씩 보탰고 말이야. 하지만 핵무기는 정의의 전쟁하고 전혀 상관이 없다네. 비전투원을 포함해 무고한 사람을 무차별적으로 죽이기 때문이지. 정치학자이자 윤리학자인 왈처가 이미 논증했듯이, 핵무기는 정의의 전쟁과 관련해서는 어떠한 논리로도 정당화할 수 없다네.

현 장군님은 전쟁에 대해 윤리적 관점을 배제하려는 현실주의적 입장에 섰던 것으로 알고 있습니다. 마키아벨리가 정치에 대해 그랬듯이요. 그런데, 핵무기가 정당화될 수 없다는 얘기는 아주 뜻밖입니다.

클라우제비츠 두 가지를 얘기하고 싶네. 하나는 '현실적 전쟁'에 대한 내 지론일세. 내 책에서 나는 맹목적인 국민적 적대감 등에 기초한 상호작용에 의해 극단으로 치닫는 절대적, 무제한적 전쟁에 대해 말한 바 있네. 하지만 현실적 제약과 실제적 개연성에 의해 모든 전쟁이 현실적으

로 진행될 수밖에 없다는 것도 강조했다네. 정치 현실이 전쟁에 대해 가하는 제약은 물론이고 전쟁이나 전투 자체에서의 제약도 있다는 것을 분명히 밝혔네. '전쟁에서의 마찰'이라는 게 그것이지.

현 네, 알고 있습니다. 대표적인 게 전쟁이나 전투에서 '안개'라는 거죠. 계산하거나 계측하거나 예측할 수 없는 요인들, 혹은 실제로 부딪혀 봐야만 알 수 있는 우발적인 요소들을 비유해서 말씀하

신 거죠.

클라우제비츠 그런데, 핵무기라는 것은 이 우발성으로 인한 위험을 극대화시킨다는 점에서 문제가 아주 심각한 거야. 왈처 식으로 표현하면 "핵무기가 정의의 전쟁론을 폭발시킨다"가 되겠지. 억압자에 대항하는 피억압자의 전쟁이 정당한 것이라고 하더라도 핵무기만은 안 되는 거야.

현 다른 하나는요?

클라우제비츠 냉전 체제 아래에서 제3세계 국가가 보여준 핵무기의 역설 때문이네. 예컨대, 파키스탄이 대표적인 사례인데, 핵무기 개발은 그 나라의 가난과 악순환의 관계에 놓이게 된다네. 핵무기 개발에 들어가는 돈이 엄청나다는 건 자네도 잘 알고 있겠지? 인민들이 먹을 게 없는데 핵무기를 개발해서 체제를 지키겠다는 것이야말로 아주 바보 같은 사고방식이라네. 굶주리는 인민들이 과연 그런 체제를 지켜야 할 이유가 뭐겠나?

현 ……(쩝). 아무튼 사태가 심각한 만큼 북미 간 직접 대화에 미국이 나서야 한다는 게 많은 사람들의 의견입니다. 반면 미국의 꼴통 보수들이 노리고 있는 북한 체제의 급작스런 붕괴야말로 한반도 및 동북아시아에서 재앙일 수 있다는 거지요.

클라우제비츠 물론 원초적으로 되돌아가서 따지자면, 미국이 핵무기를 개발할 때 다른 나라의 간섭을 받은 적도 없고, 미국이 대량살상무기를 다른 나라로 수출할 때 선박이 검색 당한 적도 없지. 현재의 글로벌 핵무기 체제가 미국의 패권주의 아래 놓여 있어서 워낙 불공정한 게 사실이야. 그리고 결정적으로 미국은 핵무기를 실제로 사용해서 수많은 무고한 사람을 죽인 유일한 나라야. 미국이야말로 핵무기 보유국 중에서 제일 위험하지. 하지만 그렇다고 하더라도 북한의 핵무기는 용납될 수 없다네. 되풀이해서 말하지만, 핵무기는 결코 평화를 가져다주지 않는다네. 승리나 체제 유지도 마찬가지야. 북한은 고르바초프의 선택을 다시금 음미해 봐야 할 것이네.

현　그렇다면 김정일이야말로 '불가능한 것을 추구하기 위해 가능한 것을 희생시키는 사람' 이란 말씀이신 거네요. 핵무기가 전쟁 자체의 종말이라고 한다면, 그럴수록 더욱 정치와 외교적 노력이 필요하겠군요. 국제정치학자들이 "냉전 체제로 되돌아간다", 혹은 "포스트 탈냉전 시대로 돌입했다"고들 하는데, 이런 상황에서 한국이 주도적으로 나서야 할 필요도 있다는 거네요. 그럼, 다음에 또.

007

벅시
Bugsy

도박 산업

"라스베가스 드리밍~"

벤자민 벅시 시겔Benjamin 'Bugsy' Siegel, 1906~1947, 미국의 전설적인 갱. 도박 도시로 유명한 라스베가스가 오늘날처럼 발전할 수 있는 계기가 된 플라밍고 호텔을 1947년에 지었다. 뉴욕 브룩클린의 유태계 가정에서 태어난 벅시는 어려서부터 동네 길거리 갱 노릇을 하면서 행상인들에게 '보호비'를 뜯었고, 돈을 내지 않으면 행상인의 수레를 태워버리곤 했다. 청년 시절 벅시는 랜스키Lanskey라는 갱을 만나서 친구로 지내면서 히트맨, 즉 암살자 노릇을 하게 된다. 1926년 벅시는 자신의 주류 밀매업 진출을 막은 여성을 강간한 혐의로 체포되었으나 랜스키가 피해자를 협박하여 증언하지 못하게 했다. 1930년에 벅시와 랜스키는 당시 마피아 최고 실력자인 럭키 루치아노와 연결되어 미국의 동부 지역에서 살인, 도박, 주류 밀매 등에 손대게 된다. 1937년 마피아 조직은 벅시를 캘리포니아로 파견했는데 벅시가 맡은 일은 경마 도박과 관련된 정보를 마피아 조직 상부에 빠르게 전달하기 위한 통신 사업을 관장하는 것이었다. 1930년대 말 할리우드로 진출한 벅시는 영화계와 사교계를 장악하고 여기서 강탈한 돈으로 아주 사치스러운 생활을 하다가 버지니아 힐 Virginia Hill이라는 미모의 여성을 만나서 그녀를 정부로 삼게 되는데, 버지니아는 창녀 출신으로 마피아들의 심부름꾼 노릇을 하던 여자였다. 1941년 라스베가스를 방문한 벅시는 마피아 두목들을 설득하여 카지노를 가진 거대하고 호화로운 호텔을 짓는 책임을 맡는다. 최초 예산은 100만 달러였지만 결국에는 600만 달러의 돈이 들어갔고, 그래서 마피아 두목들은 벅시가 돈을 빼돌렸다고 의심하게 된다. 우여곡절 끝에 플라밍고 호텔은 1947년 3월에 개장했지만 벅시는 친구 랜스키의 옹호에도 불구하고 마피아 두목들이 보낸 암살자에 의해서 그 해 7월에 살해당한다. 경찰이 공개한 사진에 의하면 벅시는 눈에 총을 맞았다. 영화 〈대부〉 1편에서, 벅시를 모델로 삼은 등장인물 모 그린Moe Greene이 이렇게 살해되었기 때문에 이 방식의 살인을 '모 그린 스타일' 이라고 부른다. 벅시의 삶을 직접 그린 영화는 1991년에 제작된 동명의 영화 〈벅시〉인데, 벅시 역을 워렌 비티가, 버지니아 역을 아네트 베닝이 맡았고, 이 영화 촬영 후 둘은 결혼했다. 실존했던 갱을 낭만적 영웅으로 설정한 이 영화는 벅시가 살해되는 마지막 장면을 아메리칸 드림의 파탄으로 묘사했다.

■

이재현(이하 현) 벅시 '형님', 인사드리겠습니다요(아주 공손하게 '꾸벅'). 한국이 도박기 및 도박 경품권 스캔들로 너무 시끄러워서 '형님'의 고견을 듣고자 이렇게 왔습니다.

벅시 내가 눈에 총 맞은 뒤로는 신문이나 TV를 통 못 봐. 아예 처음부터 털어놔 봐.

현 넷. 이 얘기는 문화관광부 차관이 경질된 데서부터 시작됩니다요. ('형님' 눈치를 보며 비굴하게) 지루하시면 생략하겠습니다만…….

벅시 아냐. 계속해.

현 그럼, 신문 보도를 종합해서 간략히 보고드리지요. 인사 문제를 놓고 청와대와 그 차관 사이에 갈등이 있었답니다. 그래서 청와대에서 그 차관을 갈아치우려고 하자 이를 알아챈 그 차관이 만약 나를 자르면 거꾸로 인사 문제를 외부에 폭로하겠다고 청와대를 먼저 '협박' 했다는 겁니다. 그러자 청와대 쪽에서 '뚜껑이 열려서' 직무 감찰을 하기도 하다가 결국 임명한 지 6개월 만에 '목을 쳐 날린' 거지요.

벅시 너희 한국도 제법 센 걸. 정무직 차관이 임명권자를 '협박' 하는 수준이니까 말이야.

현 대통령 참모들도 마찬가집니다. "배 째달란 얘기죠? 그럼, 배 째드리지요."라고 받아쳤답니다. 아 참, 그 전에 그 차관은 신문법 관련 업무 수행을 하면

71

서 일부 보수 언론에 정보를 흘린 적이 있답니다. 보수 언론과 싸워 오던 대통령과 참모들이 '야마' 돌만도 하지요.

벅시　그런데 그게 스캔들 하고는 무슨 상관이야?

현　그 전부터 대통령 인사권 문제를 가지고 시비를 걸어오던 보수 언론들은 호기를 잡은 거죠. 그래서 보수 언론들은 확인되지 않은 설을 매일 열심히 보도해왔지요. 그러다가 경질 원인이 '바다이야기' 라는 도박기 및 도박 경품권에 대해 그 차관이 반대했기 때문이 아니냐, 라는 얘기가 나오게 되었습니다요.

벅시　도박 게임 이름은 시적으로 참 잘도 지었군. 플라밍고 호텔의 경우는 내가 침실에서 버지니아를 부를 때 사용하던 애칭에서 이름을 따온 거야. 그런데 그 차관이 도박기 및 도박 경품권 건에 반대했다는 것은 맞는 얘긴가?

현　사실 관계는 더 밝혀져야 하는 뎁쇼. 어쨌든 그 차관도 몇 년 전부터 주무국장, 기획관리실장, 차관을 지냈으니까 오히려 정책적으로는 그 차관 본인에게 일정한 책임이 있다고 하는 게 신문 보도 내용입니다요. 아무튼 이 책임 문제를 둘러싸고 아주 지저분한 공방이 청와대, 문화관광부, 영상물등급위원회, 한국게임산업개발원, 문화관광위 국회의원들 사이에서 오갔습니다. 대통령 조카와 여권 고위인사들이 연루된 대형 게이트라고 큰소리 치던 야당도 정작 대표와 국회의원들까지 이 지저분한 스캔들에 연루가 되어 있는 게 결국 밝혀졌는뎁쇼, 내용인즉슨요, 정치 자금을 받아 썼답니다.

벅시 신문은 어땠는가?

현 예컨대 U라는 보수 신문은요, 그 신문 사주의 동생이 대표로 있는, 재벌 계열의 기업이 경품권을 발행했다는 게 밝혀졌죠. 그것을 O라는 다른 보수 언론이 박스 기사로 크게 까발렸습니다. 하루에 5-6면씩을 할애해서 '열라' 보도해오던 U라는 신문은 그러자 이 사건을 단 한 면으로만 축소해서 보도했어요. 근데 그 기업은요, 예전에도 안기부 X파일 사건인가 뭔가 하는 사건에서요, 탈세 따위로 망신을 사기도 했지요. 보수 신문들은 이 도박 게임에 관해 그 동안 전혀 보도를 안 하다가 대통령 인사권 문제에 시비를 걸면서부터 아주 '열라 긁어' 대기 시작했죠. 이 도박 게임이 사회적으로 문제를 일으킨 것이 벌써 한참 전부터인데 말예요. 보수 신문들도 책임이 '졸라' 크답니다.

벅시 플라밍고 호텔을 지을 때 얘긴데, 건설업자들이 자재 단가를 가지고 나를 속였어. 그러면서도 건설업자들은 겁을 먹고 나를 매우 두려워했지. 나는 당시에는 속은 줄도 몰랐는데, 아무튼 겁먹은 걔네들을 안심시키려고 내가 말했지. "어이, 걱정 마. 우리는 우리들끼리만 서로 총을 쏘아댄다구"라고. 한국의 보수 언론들도 이제는 서로 치고받는구먼. 내가 과문하기는 하지만 한국에서는 보수 언론을 '조폭 언론'이라고 부른다는 얘기도 들은 것 같은데……아무튼 핵심은 과연 검은 돈을 누가 얼마나 많이 먹었느냐 아니겠나? 그것에 관해 아는 것이 있는가?

현 추정만이 가능하지요. 한 해 상품권 발행액은 30조 원인데 이게 정부 문화 예산의 14배고 서울시 예산의 2배입니다. 국방 예산이 23조니까 얼마나 큰 액수인지 알 수 있습죠.

벅시 검은 돈 액수는?

현 보도에 의하면, 한 해 30조를 기준으로 해서, 상품권 발행사가 1800억을 먹고, 인쇄 및 총판사가 1200억을 먹고, 보증보험이 300억을 먹고, 게임산업개발원이 140억을 먹는답니다. 이건 검은 돈 액수가 아니라 공식적으로 버는 액수입니다요. 게다가 환전소가 먹는 검은 돈이 2조 4천 억이라니까, 도합 2조 7,440억 원입니다. 그리고 한 도박 게임업소가 버는 돈은 해당 환전소가 버는 돈과 비슷하다고들 하니까 게임업자들이 도박 게임기 조작 등으로 버는 돈이 2조 4천 억 정도 되는 거죠. 합치면 5조가 넘는 돈입니다. 여기에 도박 게임기 제작사와 게임업소 등에서의 탈세액이 대충 1조 원이고요, 지난 1년 간 상품권 불법 인쇄액이 8000억 원 가량이랍니다. 확인된 언론 보도만으로 이 스캔들에서 추정되는 돈은 지난 1년 간만 한정해도 이렇듯 대략 7조 원 가까이 되는데요. 여기에는 뇌물이 포함되어 있지 않습니다. 통상 최저 리베이트 비율인 10%만 쳐도 뇌물이 7000억 원이고 더 낮춰 잡아도 수천억 원대 뇌물이 왔다갔다 한 거죠. 이 돈이면 굶는 북한 사람들 먹여 살릴 수도 있구요, 또 굳이 매칭펀드 방식 아니더라도 신문유통원을 꾸려나갈 수가 있다는 얘기죠.

벅시 사람은 몇 명이나 연루가 되었나?

현 게임업소 업주들의 협박성 폭로에 의하면 게임업소에서 직접 '삥

뜯는' 수뢰 공무원들만 해도 한 업소 당 최소 10명씩이라고 하니까 1만 5천개 업소를 곱하면 15만 명인데, 공무원 한 명 당 관할하는 업소가 10 군데면 1만5천 명, 20군데면 7천 명 이상의 '깃털' 공무원이 연루되어 있었단 거죠. 지금 검찰이 조사하고 있다는 '몸통' 관련자들을 빼고서 하는 얘깁니다.

벅시 과연 도박 공화국이라고 할 만하구먼.

현 조직폭력배의 주요 업종이 도박이잖아요?

벅시 그렇지.

현 일본 깡패들을 지칭하는 '야쿠자' 라는 말도 도박용어에서 유래했잖아요. '산마이 가루타' 라는 노름은 석장의 카드로 승부를 내는데, 이때 8, 9, 3이 나오면 합이 20으로 최악의 패예요. 이 8, 9, 3, 세 숫자에서 발음을 따온 말이 '야쿠자' 인데 사전적으로 '아무 쓸모없는 것'이라는 뜻이에요.

벅시 일본이나 한국도 우리랑 비슷할 거야. 조폭들이 도박판 차리고 단속 나오면 경찰한테 돈 찔러주고, 돈 잃고 진상부리는 놈 있으면 혼내주고 비싸게 사채 빌려주고 돈 뜯어내고…….

현 정말로 '아무 쓸모없는 놈들' 의 삶이군요. 그래도 당신이 한 가장 큰 공로는 도박을 합법화시켰다는 거죠.

벅시 이제야 나를 인정하기 시작하는구먼. 내 덕에 '한국의 라스베가스' 라는 강원랜드 카지노가 생긴 거지. 강원랜드 건물 앞에도 내 동상이 세워져 있겠지?

현　강원랜드 건물 앞에는 당신 동상이 아니라 〈도박 중독자 재활치료센터〉가 있어요.

벅시　거긴 뭐하는 데야?

현　강원도 사북에 있는 강원랜드 카지노에서 돈 잃고 노숙자가 되서 방황하는 도박 중독자들을 치료해주는 곳이에요.

벅시　한국 정부의 속깊은 배려구먼.

현　배려 같은 소리하시네요. '병주고 약주고' 죠. 거기 도박 중독자 재활치료센터에 가면 '건전한 갬블러가 되세요' 라고 처방을 해주죠. 건전한 갬블러가 되라니 벅시 당신한테 '친절한 강간범이 되세요' 라고 하는 거랑 똑같은 거에요. 당신은 1926년에 당신의 주류업 진출을 막은 여자를 강간한 적이 있죠?

벅시　그때 내 친구 랜스키가 그 여자를 협박해 강간 사실을 증언하지 못하게 했지. 그래서 난 무죄를 받았고…….

현　(놀리듯) 대단하십니다.

벅시　건달의 기본은 협박이야. 계속 말하지만 내가 사막에 라스베거스를 만들면서 엄청나게 많은 일자리가 창출됐어. 나한테 노벨상은 못 줄망정 왜 나를 강간범이다 뭐다 하면서 파렴치범으로 모는 거야!

현　노벨상에 폭력 부문은 없구요. 당신이 말한 것처럼 도박장에서 일자리는 창출되겠지만 한 사람의 일자리를 위해 열 가정이 파탄나는 건 생각 안했나요?

벅시 뭔 소리야?

현 앞서 말한 '바다 이야기' 라는 사행성 게임도 그렇지만 한국에는 대략 3백만 명이나 되는 도박 중독자가 있어요. 탄광촌을 관광지로 개발한다는 미명 하에 강원랜드에서 카지노 사업이 시작됐는데 그 지역 주민뿐만 아니라 상습적으로 카지노를 찾는 사람 중에 열에 아홉은 가정이 풍비박산 났습니다. 거기다 한국의 사행산업 규모가 1년에 10조가 넘는데 오는 9월에 소싸움 경기장까지 개장하면 사행산업 종류가 OECD경제협력개발기구 국가 중에서 한국이 최고입니다. 거기다 자살율도 OECD 국가 중에서 최고로 높은 거 아시죠?

벅시 그건 여기 저승에 오는 사람들 사인死因 분류한 거 보고 나도 알아. 그나저나 소싸움으로도 도박을 하다니 한국은 대단한 나라군.

현 한국은 도박 공화국이고 도박의 핵심은 한탕입니다. 현재 한국의 88만원 세대에게는 희망이 없습니다. 그러다 보니 로또나 도박 같은 한탕을 찾는 사람들이 너무나 많습니다.

벅시 돈 몇 푼으로 큰 돈을 벌 수 있을 거 같은 환상을 주는 게 도박의 핵심이야.

현 옳은 말씀이십니다. 도박으로 돈을 딸 때 뇌에서 '도파민' 이라는 신경전달물질이 배출되어 쾌감을 느낀답니다. 그리고 뇌는 이를 기억하죠. 갬블러들은 이 기분을 맛보기 위해 또 다시 도박을 하는데 이렇게 중독이 되면서 도박을 끊으면 금단현상이 나타나는 거죠.

벅시 맞아. 불안하고 초조한, 더러운 기분이지.

현　그 더러운 기분은 뇌에서 나오고 결국 뇌의 조종을 받기 때문에 도박을 끊기가 힘들죠.

벽시　그래서 도박 중독자들이 마약 중독자들보다 자살율이 높다고……. 한국은 카지노 같은 데서 나오는 세금이 어느 정도지?

현　한 해에 카지노, 경마, 경륜, 경정, 로또 등에서 2조 5천 억 정도의 세금이 나왔습니다. 도박 중독자들의 피를 빨아 모은 돈이죠.

벽시　그 돈을 조폭들이 가져가나?

현　아뇨. 정부가 걷어가죠.

벽시　한국은 정부 자체가 조폭이구먼. 우리 같은 조폭들이 걷어야할 수고비를 정부가 걷어가면 우린 뭘 먹고 살라는 거야?

현　너무 걱정마세요. 얼마 전 한국의 대표적인 조폭 '칠성파' 두목을 경찰이 검거했는데 이틀 만에 검찰이 석방시켜줬어요.

벽시　어렵쇼? 그런 건 우리 때나 가능한 이야긴인데……칠성파 두목, 죄가 없었던 거 아냐?

현　칠성파 두목이 지역 건설업자를 협박해서 수억 원을 갈취하자 경찰이 체포영장을 발부했어요. 그러자 바로 잠적을 한 상태에서 경찰이 잡아서 상습, 공갈 등의 혐의로 구속영장을 신청했는데 담당 검사가 보강 수사 지휘를 핑계로 이틀 만에 석방시켰어요.

벽시　칠성파에서 변호사를 제대로 쓴 거 같은데?

현　말씀하신 변호사가 예전에 칠성파 두목을 잡아들였던 검사출신의 변호사에요.

벽시   아~내가 다시 태어날 수 있다면 한국에서 조폭하고 싶다! 이거 땅 짚고 헤엄치는 격이구먼. 자네 이탈리아 마피아 전담 검사가 마피아한테 살해당한 사건 기억하나?

현   네. 1993년에 죠반니 파르코네 검사가 자기뿐만 아니라 아내까지 마피아한테 살해된 거 알고 있습니다.

벽시   한국과 이탈리아가 나라 모양이나 국민성이 비슷하다고 하는데 이탈리아는 조폭과 끝없는 전쟁, 한국은 조폭과 끝없는 결탁이구먼.

현   지금 한국에게 정작 필요한 건 '도박 원로' 내지는 도박 전문가들인데요, 뭐 좋은 해결책 없을까요?

벽시   우리 미국처럼 도박을 양성화시키고 로비업을 합법화하는 길이 있기는 한데……그리고 더 나아가서 우리 라스베가스의 갬블링 전문 호텔 체인이 한국으로 진출하게끔 만드는 거야. 이런 식의 시장 개방이 가능할까?

현   그게 글로벌 스탠다드라면 그쪽으로 가야겠지요. 정권의 평소 논리대로라면, 그래야만 도박이라는 서비스 업종이 투명해지고 또 국제 경쟁력도 생길 테니까요. 그럼 또 뵙겠습니다요, 형님.

008

여론 조사
opinion poll
밴드왜건 효과

"보이지 않는 손, 넌 누구냐?"

여론 조사^{opinion poll}, 사람들이 뭔가에 대해, 특히 정치적인 문제에 대해 무엇을 어떻게 생각하고 있는지 알아보기 위해 많은 사람들에게 같은 질문을 던진 다음에 얻은 결과를 통계학적으로 처리하는 일. 영어 단어 'poll'은 그 자체로 '여론 조사'를 대신 뜻하기도 하며, 일차적으로는 투표, 선거, 투표수, 투표소 등의 의미를 갖는다. poll은 중세 영어에서 사람의 머리나 머리 윗부분을 뜻했다. 어원상 poll은 어떤 경우든 간에 사람 머릿수, 그러니까 통속적인 의미로 사람 '쪽수'를 헤아리는 일인 것이다. poll의 발음은 편의상 우리말로 '포울'로 표기한다. 단, 여기서 '오우'는 'go'에서처럼 이중모음이다.

오늘날 한국에서 여론 조사는 점점 중 요해지고 있다. 결과 예측을 통해 당선자 선택에 직접 영향을 줄뿐만이 아니라 일 반 유권자들은 물론이고 정치인, 정당, 언 론, 공무원들의 정치적 태도를 좌우하는  힘을 갖는다. 게다가 여론 조사는 특정 사안에 관해 개별 언론 들이 논조를 결정하는 데 큰 역할을 한다. 공표된 여론 조사 결과는 개인이나 집단이 어떠한 정치적 결정을 하거나 그 결 정을 겉으로 표명하는 데 나름의 근거가 되는 것이다. 선거 투표일 이전 에 지속적으로 행해지는 여론 조사 결과의 추이는 우리로 하여금 후보 및 정당에 대한 지지도의 변화를 알 수 있게 해준다. 흔히 말하는 선거 판세의 흐름을 알려주는 것이다. 선거에서 특정 후보를 결정하거나 지 지하는데 여론 조사는 강력한 힘을 발휘한다. 하지만 2010년 6·2 지방 선거만큼 여론 조사가 틀린 적이 없었다. 이번 여론 조사는 당락이 뒤집 힐 정도로 엉터리였다.

■

이재현(이하 현)   안녕! 여론 조사야. 너를 전화 목소리로만 듣다가 이렇 게 직접 보니 말이 잘 안 나온다. 내가 긴장했나봐.

여론 조사(이하 포울)   우리가 제일 싫어하는 게 상대방한테 말이 잘 안 나오는 거야. 오늘 인터뷰 좀 빨리 했으면 좋겠어.

현 왜?

포울 싼 가격에 조사를 의뢰받다 보니 여기저기 뛰어야할 곳이 너무 많아. 너도 내 사정 알지?

현 그래. 알고 있지. 응답률을 높이려면 유권자들한테 수차례 전화를 해야 하는데 비용을 아끼기 위해 달랑 한 번 전화해서 결과를 발표한다는 거 잘 알고 있지. 사실 여론 조사 전화 수준이 "양평에 금싸라기 같은 땅이 나왔어요. 선생님, 지금이 찬스예요"라고 권유하는 부동산업체 전화상담원 수준이야.

포울 나를 너무 깔보는 거 아냐?

현 외국에서는 응답률이 30%에 미치지 않으면 아예 공표를 하지 않는데 우리의 ARS 자동응답 전화방식은 응답률이 2%까지 떨어지는 데도

마치 여론을 다 파악한 듯 뻔뻔하게 발표하고 있잖아. 전혀 신뢰할 수 없는 응답률인데도…….

포울 거기에 대해선 우리도 할 말이 있어. 이번 6·2 지방선거 결과를 정확하게 예측 못했다고 우리, 여론 조사 기관만 욕을 먹고 있는 데…… 이미 말했지만 그건 터무니없는 가격에 여

론 조사를 의뢰한 신문사, 정부기관 등 한테 1차 책임이 있다고!

현　그건 여론 조사해서 나온 결과니?

포울　아니, 내 생각이야. 우리도 정확하게 하고 싶지만 금전적으로 손해보면서까지 리서치를 할 수는 없잖아?

현　니가 하는 방식을 자세히 좀 말해봐.

포울　한국에서 여론 조사는 나이, 성별, 지역을 기준으로 표본을 나누는 '할당표집' 방법을 주로 하고 있어. 이 경우에는 전화했을 경우 집에 있는 사람 중에서 응답자가 결정되거든. 예를 들어 평일 낮에 전화하면 직장인보다는 주부, 노인 등이 집에 있을 가능성이 높기 때문에 과다 표집될 수밖에 없지.

현　그럼 시간대를 바꾸거나 접촉을 여러 번 하면 되잖아?

포울　계속 말하지만 번갯불에 콩 볶아 먹듯이 조사를 하루 이틀에 끝내는 경우가 대부분이야. 이재현 선생은 한 달에 집 전화 사용료가 얼마 나오지?

현　핸드폰을 쓰면서부터 집 전화 쓸 일이 거의 없는데……

포울　바로 그거야. 우리가 집에 전화를 하면 거의 아이들이나 노인들이 전화를 받거든. 20대, 30대 젊은 층의 샘플 확보가 어려워. 그러니 전 국민 상대의 여론 조사가 되겠어? 다들 핸드폰이나 인터넷 전화를 하는 시대에…….

현　그럼 검증되지 않은, 과학적이지 않은 너희 자료를 마치 독립선언문인양 발표하는 언론 매체와 정치인들은 뒤늦게 여론 조사가 틀렸다고 너희한테 책임 전가를 하는 거잖아?

포울   그렇게 생각해줘서 정말 고마워.

현   그렇지만 이번 서울시장 선거만 봐도 여론 조사에서는 오세훈과 한명숙의 격차가 20% 넘게 난다고 했는데 투표 당일 방송사 출구 조사에서는 0.2% 차이밖에 나지 않았어. 그리고 인천시장, 강원지사뿐만 아니라 서울시 구청장 선거도 조사에서는 한나라당이 압승한다고 했지만 결과는 정반대로 나왔거든. 이건 너의 존재 자체가 부정되는 일인데 여기에 대해 말 좀 해봐!

포울   내가 입이 열 개라도 할 말이 없지만 오늘 나온 김에 한 가지 비밀을 알려 줄께.

현   비밀이라니?

포울   '무응답의 비밀 '이라고. 우리의 전화 여론 조사 응답률은 평균적으로 15% 내외야. 여기서 무응답률을 무시하려면 응답자 지지도 분포가 무응답자의 것과 같다는 가정이 전제되어야 하는데 무응답자 중에서는 자신의 의사표현에 따른 불이익을 우려해서 응답을 숨기는 이들이 대거 포함되어 있어. 이 사람들이 응답은 안했지만 나중에 선거에서는 적극적으로 투표를 한 거지.

현   니 말대로 무응답율이 높아진 건 이명박 정권 하에서 표현의 자유가 위축되었기 때문이야. 인터넷 논객 미네르바를 구속시키고 고 노무현 대통령 서거 1주기 사회를 본 김제동을 방송에서 퇴출시키고, 개그맨 김미화는 정치적 견해를 한번도 밝힌 적이 없는데도 '좌빨'로 몰리고 천안함 사건에 의문을 표하는 김용옥 교수를 국가보안법 위반 혐의로 조사한다는 공안정국 같은 상황에서 어느 국민이 자기 전화번호를 알고 전화한 여론 조사에 "나는 진보신당을 지지합니다"라고 말할 수 있겠어? "나의 소원은 조선의 독립이요"라고 당당하게 말한 김구 선생님 시절의 독립투사도 아니고.

포울 그러면 방송사 출구 조사는 어떻게 정확하게 예측할 수 있었지?

현 그건 투표를 마친 유권자한테 조사원이 구두로 묻지 않고 '비밀 투표'를 했기 때문이야. 누군가는 과학이라고 했는데 표본오차에 소수점 첫째 자리까지 맞출 수 있는 여론 조사는 '민심의 바로메타barometer' 인 셈이지.

포울 현 정권은 사실 우리의 여론 조사를 찰떡같이 믿었는데⋯⋯.

현 그게 이명박 정권의 한계고 본질이야. 정부 고위 관료들이 자기랑 학력 수준, 재산 정도가 비슷한 사람들을 만나 "4대강 사업 잘한다, 대북 경제조치에 찬성한다"는 이야기를 듣고 이명박 정권은 자신의 국정 지지도가 40%가 넘는다고 뿌듯해 하는데 오판이야. 헛다리짚고 있는 꼴이지. 그건 대다수 국민들의 의견, 여론이 아니야. 몇몇 부자들의 목소리지. 이번 선거로 삶의 고통을 호소하는 민중들의 이야기에 귀 기울이지 않는 정권이라는 게 만천하에 밝혀졌고 현 정권이 잘못 가고 있다는 걸 민초들이 투표라는 형태로 보여준 거지. 정권과 운명을 같이하고 있는 '조·중·동' 조차도 이번 선거결과에 대해 '오만한 정권의 분열이고 민심 읽기에 소홀했다'고 질책을 할 정도잖아. 민심의 경고를 무시하는 하늘 무서운 줄 모르는 정권이야.

포울 현 정권은 하늘보다는 땅을 좋아하잖아. 그래서 땅 파고 있잖아, '땅땅' 거리면서 살려고.

현 너도 농담할 줄 아네? 그나마 한나라당 초선의원들은 민심의 경고를 알아듣고 지들끼리 성명서를 발표했잖아. 이렇게 가면 한나라당 백전백패라고. 2년 뒤 총선에 대한 불안, 초조감의 발로지.

포울 이건 정말 만약인데(뭔가 눈치를 살핀다)…….

현 할 말 있으면 빨리해! 여기저기 돈 벌러 가야할 곳이 많다면서.

포울 만약 우리가 여론 조사를 제대로 해서 발표했다면 서울시장에 한명숙 씨가 당선됐을까?

현 한나라당이 월등히 우세하다는 여론 조사에 근거한 언론의 보도가 한명숙 지지층의 투표참여 의지를 꺾은 건 분명해. 이걸 밴드왜건 효과bandwagon effect라고 하는데 여론 조사 결과에 따라 유력한 쪽에 사람들이 편승하는 걸 말해.

포올   그 반대가 언더독underdog 효과잖아.

현   그렇지. 네 전공이라 잘 아는구나. 언더독 효과는 선거에서 질 거로 예상되는 약자에게 동정표를 던지는 거야. 이번 선거에는 한명숙 후보였지. 하지만 언제나 밴드왜건 효과가 훨씬 우세하지. 언론이 통제된 국민들은 정확한 정보를 얻기 어렵기 때문이야. 또한 사회 분위기가 자신의 정치 성향과 다를 때 사람은 의견 표명을 안 하거나 속마음과 다르게 한다는 게 포인트야. 1990년대 영국에서는 '수줍어하는 보수당 지지자 요인Shy Tory Factor' 이라고 하는 게 있었어. 영국 보수당이 당시에 욕을 많이 먹고 있어서 여론 조사 때는 보수당이 선거에서 지는 걸로 예측되었지만 결과는 보수당의 승리였지. 그리고 한국 선거에서는 사표 방지 심리에서 행해지는 전략적 투표가 많아. 민주 노동당 후보나 진보신당 후보가 선거에서 표를 많이 얻지 못한 게 전략적 투표의 결과였지. 전략적 투표란 투표를 정부 선택의 현실적인 행위로 간주하는 점에서 자신의 본래 이념에 따라서 투표하는 게 아니라 비록 덜 선호하기는 하지만 자신의 이념에 가까운 후보에게 표를 던지는 거야.

포올   그래서 서울시장 선거에서 진보신당의 노회찬 후보 표가 생각보다 적었구먼?

현   이런 얘기를 하다 보니 점점 더 정치적 환멸이 든다.

포올   정치적 환멸?

현   1997년과 2002년 대통령 선거에서, 그리고 2004년의 총선에서 사람들이 세상을 바꿔보려고 열심히 투표를 했지만 나중에 결과적으로 정치적 환멸만을 갖게 되었단다. 환멸이라고 하면 뭔가 문학비평 용어처럼 들리기도 하지만 최근 몇 년 간 한국의 정치 상황을 분석할 때 정치학자들이 쓰는 말이기도 해.

포울 왜 갑자기 인상을 쓰면서 말해?

현 너 같은 여론 조사가 현실을 왜곡해서 보도해도 개표하기 전까지는 통상 일말의 기대를 갖게 하는데 반해서 이 정치적 환멸은 늘 사람들을 우울하게 만들지.

포울 아무리 정치적 상황이 맘에 들지 않아도, 정치는 권력의 향방을 결정하는 일이니까 사람들은 여전히 정치에 관심을 가질 텐데?

현 그래도 갈수록 더 많은 사람들이 정치적 환멸에 사로잡혀 간다고 볼 수 있지. 세상에는 정치적 환멸의 많은 동족이 있단다. 허영의 환멸, 사랑의 환멸, 지적 환멸, 종교적 환멸 등. 이 모든 게 위대한 문학 작품들의 소재가 되곤 했지. 문학이론가 루카치는 근대 소설을 몇 가지 유형으로 구분하면서 심지어 '환멸 소설'이라는 용어까지 만들어내기도 했단다. 환멸 소설은 일종의 낭만주의의 결과인데, 소설 주인공의 영혼, 즉 내면 세계가 바깥 현실과 불일치해서 생긴다는 거야. 주인공이 자기 내면에 빠진 탓에 외부 사회 현실에서 적절한 자기 과제를 찾지 못하거나 만족을 얻지 못한다는 거지.

포울 그렇다면 꿈이나 이상이 깨어지면 환멸이 곧바로 찾아온다는 얘기를 하는 거야?

현 응, 맞아. 예컨대 사람들이 한참 열렬한 사랑의 감정에 푹 빠져 있

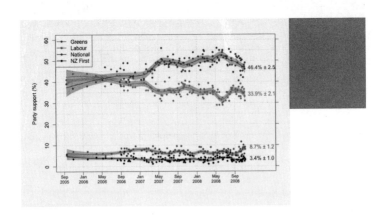

다가 갑자기 거기서 깨어나게 되면 지독한 환멸을 맛보게 되는 거지. 특히 상대방이 자기를 배신했다는 것을 알게 될 때 말이야. 그래서 달콤했던 사랑의 말들이 다 거짓말이라는 것을 깨닫게 되면 환멸은 틀림없이 찾아와서 그들의 영혼을 사로잡고는 하지.

포울 원래 정치란 다 그런 거야. 고 노무현 대통령도 집권 초기에 정치를 그렇게 정의했잖아. 직업적인 정치인들이 거짓말하는 줄 서로 잘 알면서 싸우는 척 하는 게 정치라고.

현 그래서 여론 조사는 냉정하게 현실을 보여줘야 하는 거야. 니가 자꾸 엉터리 조사를 하면 이제 여론 조사라고 안 부르고 '여론 조작'이라고 부를 거야.

포울 여론 조작? 날 범죄자 취급하는데 난 단지 시키는 대로 조사만 할 따름이야.

현 여론 조작은 중대 범죄야. 왜곡된 정보를 제공해서 국민들의 투표를 방해하는 건 유언비언 유포죄에 해당돼. 어쨌든 여론 조사야! 다음 선거 때는 제대로 좀 해라!

포울 가능하면 그러도록 할게. 그럼, 난 바빠서 간다. 안녕~.

008

정로환
征露丸
재일 한국인

"일상에도 깃든 동아시아 현대사"

신숙옥 씨는 재일 코리안 3세 여성 인권운동가인데, 경영 컨설팅 업체를 운영하는 성공한 사업가이기도 하다. 매스컴과 각종 기업체 등의 인기 강사인 그는 일본 헌법 개정을 반대하는 집회에서 자신의 체험에 관해 이렇게 말했다. "최근 언론 여기저기에서 차별에 대해 말하면, '나가' 라든가 '돌아가' 라는 말이 튀어나옵니다. 그러면, '하이, 알았습니다. 조선인은 모두 돌아갑니다. 천황을 따라서 함께 돌아갑니다' 라고 말해줍니다." 아키히토 천황이 2001년에 간무 천황의 생모가 백제 무령왕의 자손이라는 기록을 거론하면서 한국과의 인연을 느낀다고 말했던 것을 풍자하면서 집회 참가자들을 즐겁게 해주는 것이다.

그는 초등학교 다닐 때부터 등교 거부, 전학, 자퇴, 가출 등을 되풀이
하면서 나름대로 살아남는 법을 익혔다. 새로 전학 가서 교실이 배정되
면 우선 제일 강해 보이는 듯한 사내아이를 가방으로 때리며 '아무쪼
록' 잘 부탁한다고 말하며 유연하게 착석했다고 한다. 그러면, '이지메'
를 당하지 않을 수 있었다는 것이다. 급식 당번 때는, 천적인 아이에게
"일본 남자는 소식하는 거 알지?"라고 말하면서 수프를 몇 방울만 떨어
뜨리며 노려보았다고 한다.

신숙옥 씨는 상업고등학교를 겨우 졸업한 뒤에 생계를 위해 닥치는
대로 일을 했다. 신문·야쿠르트 배달, 건물 청소원, 접시닦이, 쓰레기
수거, 웨이트리스, 심야다방 디제이 등 우리가 생각해낼 수 있는 모든 일
을 했다. 다만 호스테스만 빼고 말이다. 그는 한편으로는 도쿄 시부야에
서 태어나고 도쿄에서 자란, 삼대째 '에도' 토박이지만, 다른 한편으로
는 일본 내 소수민족 출신으로서 국적은 한국이고 일본 영주 자격을 갖
고 일본에서 생활하고 있는 재일 코리안이다.

그는 재일 코리안의 문제를 민족문제가 아닌 인권문제로 본다. "1965
년 한일협약을 다시 바라봐야 한다. 한국 정부는 일본 군대 위안부 여성
들, 재일 코리안들, 한국 바깥의 코리안들을 희생시켜가면서 일본 정부
로부터 돈을 받아냈다. 한국 정부는 다시 1965년으로 거슬러 올라가 가
해자를 분명히 규탄하고 피해자를 구제해야 한다. 이제라도 한국 정부
는 정권 유지를 위해 재일 코리안을 이용했다는 점을 스스로 인정하고
이들의 인권 상황을 해결하는 노력을 해야 한다."

묘하게도 나는 신숙옥 씨에 대한 이러한 정보의 상당 부분을 어떤 일본 우익의 개인 홈페이지에서 얻었다. 신숙옥 씨는 일본 우익의 대표적 정치가인 이시하라 신타로 도쿄도 지사의 퇴진 운동에도 앞장서고 있는데, 강하면서도 유머를 잃지 않는 신숙옥 씨를 일본의 우익은 매우 싫어하는 모양이다. 그런데, 그는 중학교 여학생이 "우익과 좌익은 어떻게 다른가?"라고 묻자 이렇게 대답했다. "우익은 바보라도 아무나 될 수 있지만, 좌익은 공부하지 않으면 될 수 없단다."

이시하라는 전에 도쿄의 프랑스어학교 교장을 비롯한 프랑스어 연구자들에 의해 명예훼손과 영업방해 혐의로 제소되었다. 과거에도 인종차별이나 여성 비하 발언을 수시로 감행한 적이 있는 이시하라가 작년 10월에 "프랑스어는 수를 계산할 수 없는 언어이기 때문에 국제어로는 실격"이라는 무지한 발언을 했다는 이유에서다.

수를 세는 방법에는 여러 가지가 있다. 손가락 수에 상응하는 10진법 말고도 60이나 20 혹은 12라는 단위로도 수를 셀 수 있다. 이시하라 논법대로라면 60분 단위의 시계나 일주일과 12달 단위의 달력도 문제이고, 계산처리의 편리함 때문에 16진법이나 2진법 체계를 사용하는 컴퓨터도 '국제적으로' 써서는 안 된다.

여기서 내가 이시하라를 무지하다고 말할 때 책가방 끈이 짧다는 의미는 아니다. 이시하라는 대학 재학 시절인 1956년에 소설 ≪태양의 계절≫을 발표해서 일약 인기 작가가 되었다. 그는 아쿠타카와상을 타기도 했고 그 작품이 영화로 만들어지면서 영화에 출연한 그의 동생이 인기 배우가 되기도 했다. 이시하라는 당시 일본의 신세대 감수성을 문학적으로 대변하고 있었는데, 일본 현대문학사의 서술에 의하면 그 소설의 주인공은 '무사상, 무윤리, 무감각'의 상태에서 '성과 폭력을 쾌락주의적으로 추구'했다는 것이다. 여기서 '태양족'이라는 말이 생겨서 유행하기도 했다고 한다. 우리 입장에서 보자면 이시하라는 미시마 유키오와 같은 작가 계보에 속하는 것이다. 그 반대편에 오에 겐자부로와 같은 양심적이고 비판적인 작가가 있다.

이시하라는 1999년에 "도쿄로부터 일본을 변화시키자"란 슬로건으로 도쿄도 지사에 당선되었다. 그는 이미 1968년에 정계로 진출해서 참의원, 중의원을 거쳐서 방위청장관과 운수상을 역임했는데, 그의 다른 책 ≪노No라고 말할 수 있는 일본≫은 한참 동안 베스트셀러였다. 이시라하는 1932년생이지만 일본 근현대사 전체를 통틀어서 말한다면 신세대 우익인 셈이다. 무지하기 때문에 우익이 된 것이기도 하고, 또 동시에 우익이 되면서 더 무지해졌다고도 말할 수 있다.

이시하라보다 더 젊은 신세대 우익 정치가인 고이즈미 준이치로 총리가 중의원을 해산했다는 뉴스를 들은 날부터 나는 공교롭게도 며칠 간계속해서 여름 설사로 고생을 했다. 습관적으로 약과 병원을 멀리하는 나는 밥을 거의 안 먹고 견디다가 마침내 도저히 참지 못하고는 '정로 환'을 찾게 되었다. 잘 알려져 있다시피 정로환은 러일전쟁 때 일본에서 개발한 약이다. 한국에서는 바를 정正자를 쓰지만 본래 일본에서는 칠 정征자를 쓴다. 그러니까 정로환은 러시아를 정벌하는 환약이란 뜻이다. 정로환은 작년에 도쿄 야스쿠니 신사 경내에 자리한 일종의 전쟁기념관 인 '유수칸遊就館'에서 개최된 〈일-로전쟁 백년전〉이라는 특별전시회에 서도 전시되었다. 일본 약 상자에 그려져 있는 인물은 일본의 초대 육군 군의감이라고 한다.

우리는 흔히들 일제 36년이라고 하지만 실질적으로 일본의 식민지로 전락한 것은 일본이 '일-로전쟁'에서 승리한 1905년부터라고 할 수 있 다. 반면에 우리가 식민지로부터 해방된 것은 1945년이지만 여기에는 남북 분단에 의한 냉전체제의 유지라는 미국의 한반도 정책이 전제되어 있는 것이므로 아직 한반도에서 냉전체제가 해체되지 않는 이상에는 온 전한 의미에서 식민지에서 해방된 것이 아니라고까지 말할 수 있다. 백 년 전에 개발된 약을 먹으면서 사소한 설사의 치유에도 이렇듯 동아시 아 현대사가 깃들어 있다고 생각하니 매우 기묘한 느낌이 들었다.

그런데, 소위 민족 감정이나 좌우 이념의 정치적 판단을 떠나서 말한 다고 하더라도, 이시하라는 여전히 무지하다고 할 수 있다. 그 무지는 타자의 고통에 대한 무지다. 9·11테러 사태가 벌어지자 만에 하나 그 것이 북한의 소행으로 밝혀진다면 맞아 죽을지도 모르는 일이라서 바 깥에 나가지도 못했다고 신숙옥 씨는 자신의 체험을 절절하게 밝히고 있는데, 재일 코리안의 차별은 민족문제가 아니며 한국도 가해자라고 말하는 신숙옥 씨의 발언을 우리는 더 섬세하고 정확하게 이해할 필요가 있다.

내가 정로환에 의지하게 된 것은 대낮에 열 번 가까이 화장실을 드나들면서 급기야 휴지에 묻어 있는 피를 보고 난 다음이었다. 피를 보니 겁이 덜컥 났던 것이다. 그런데 일본의 중의원 해산 소식을 알리는 신문의 다른 면에 실린 두산 그룹 '형제의 난' 후속 보도라든가 60억대 자산을 가진 할머니가 자녀들과의 불화 때문에 한강에 투신했다는 뉴스를 곰곰이 새겨보며 그런 식으로 '피'에 얽매여 즉자적으로 움직인다는 것이 결국에는 큰 잘못일 수도 있겠다는 생각을 하게 되었다.

아직 1200명의 양심수가 갇혀 있고 20만 명에 가까운 외국인 노동자들이 불법 체류자로 고통받고 있는 상황에서 일본의 교과서 왜곡 문제라든가 독도 침탈 언동에 대해서만 쉽게 흥분해버리고 마는 것은 한국 사람이라면 바보라도 아무나 할 수 있는 일이다. 크게 봐서, 이시하라와 다를 바 없다. 재일 코리안의 차별 문제가 인권문제라고 깨닫는다면, 국내에서 이루어지는 온갖 차별과 억압에도 우리는 관심을 가져야 할 것이다. 신숙옥 씨의 강하고도 밝은 면은 나를 감탄시킨다. 그런데 문제는 차별당하고 억압받는 사람 모두가 신숙옥 씨처럼 될 수는 없다는 데에 있다. 요컨대 차별과 억압이 없는 사회 시스템을 만들어나가야 한다는 얘기다. 그런 노력 없이는 아무도 일본 우익을 비판할 자격이 없다.

2

확장하기

e x p a n d i n g

001

시마 과장
島耕作

단카이 세대

"샐러리맨은 무엇으로 사는가?"

시마 과장^{시마 고사쿠, 島耕作}, 일본 만화《과장 시마 고오사쿠》의 주인공.
작품 세계 안에서 그는 야마구치 현 출생에 와세다 대학 출신으로 하츠
시바 전산 주식회사 영업본부에 소속된 샐러리맨이다. 처음에는 홍보
업무를 맡다가 그 뒤에 미국, 필리핀, 타이, 말레이시아, 베트남, 유럽, 상
하이 등 세계 각지에 파견돼 활약하면서, 부장, 이사 등으로 승진한다.
여자에게 인기가 아주 좋아서 작품에는 계속해서 연애 이야기와 베드신
이 등장한다. 시마 과장은 여자들 때문에 가끔 난처한 상황에 빠지기도
하지만, 반면에 업무로 인한 곤경과 위기에서 그를 구해주는 것도 바로
주변의 여자들이다. 작가 히로카네 겐지^{1947년 생}는 시마 과장과 생년월일

이 같으며[9월 9일], 야마구치 현 출신에 와세다 대학 법학부를 졸업한 뒤 잠시 마츠시다 전기 주식회사에 취업하기도 했다. 히로카네는 메이지 대학을 졸업한 가와구치 가이지[1948년생]와 더불어 단카이 세대를 대표하는 만화가로 알려져 있다. 히로카네의 다른 작품인 《정치 9단》[원작 제목은 〈가지 류우스케의 識〉]은 엘리트 비즈니스맨이 아버지가 급사하자 지역구를 이어받아 국회의원이 된다는 이야기인데 종래의 보수 정치가들과는 다른 새로운 정치인의 모습을 보여주었다. 가와구치 가이지는 자전 에세이집 《회상 - 침묵의 단카이 세대에게》를 간행한 적이 있는데, 그의 대표작 《침묵의 함대》는 일본의 최강 핵잠수함이 독립국가를 선언한다는 놀라운 이야기가 내용이며, 《메듀사》는 서로 사랑했던 오누이[남자는 양자]가 일본 안보투쟁 시기의 학생운동 과정에서 헤어진 뒤, 정치가와 혁명가가 되어서 재회한다는 이야기를 다룬다. 단카이 세대란 보통 1947년에서 1949년까지 태어난 일본의 베이비 부머들을 가리키는데 대략 680만 명으로 일본 인구의 5% 정도를 차지한다. 단카이란 '뭉쳐 굳어져 있는 덩어리'를 뜻하는 말이고, 단카이 세대란 1974년에 발표된 같은 이름의 소설 제목에서 비롯됐다. 단카이 세대는 어려서는 잡지 만화에 사로잡혔고 대학에 입학해서는 격렬한 학생운동을 경험했으며[특히 전공투가 벌인 1969년의 안보투쟁], 졸업 후 취직해서 1970년대 일본 경제성장의 한 축을 담당했지만, 장년이 되어서는 소위 '잃어버린 10년'의 포스트버블 시기를 맞아 고생을 하기도 했다. 정년 이후의 단카이 세대로 인해 퇴직금 및 연금 문제가 큰 사회적 부담이 될 거라는 말들이 있었는가 하면, 이들의 경제력에 바탕을 둔 노후생활에서의 소비 진작으로 인해 일본 경제가 더 좋아질 거라는 기대도 있다. 단카이 세대의 1인당 금융자산은 1억5000만 원 가까이 되며, 퇴직금 총액은 420조 원 가량이다. 단카이 세대의 자식들을 단카이 주니어1971년생~1974년생라고 부르는데 이들은 일본 '오타쿠' 2세대에 해당한다.

■

이재현(이하 현) 한국 베이비 부머1955년~1963년생의 한 사람으로서 시마 과장님을 뵙게 되어 기쁩니다.

시마 과장(이하 시마) 미국 최초의 베이비 부머 출신 대통령인 빌 클린턴1946년생도 이 자리에 있었으면 좋았을 텐데요. 전 클린턴 대통령과 전 부시 대통령은 동갑내기고, 미국의 베이비 부머는 대개 1940년대 중반에서 1960년대 초반 사이에 태어난 사람들이라고 알고 있습니다마는, 이재현 상은 몇 살인가요?

현 저는 그 유명한 58년 개띠입니다. 저희 때부터 세대의 일부가 고등학교를 무시험으로 진학했습니다. 저희 세대는 마흔 안팎이 넘어서야 겨우 자기가 투표로 찍은 사람을 대통령으로 만들 수 있었지요. 대개 지금은 자식들이 대학생이거나 아니면 이제 곧 대입 수험생이 됩니다.

107

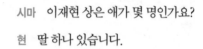

시마 이재현 상은 애가 몇 명인가요?

현 딸 하나 있습니다.

시마 한국 사회도 이제는 고령화나 저출산 문제가 심각하다고 들었습니다. 고령화는 우리 일본은 예전부터 겪고 있던 문제라 그다지 낯설지는 않습니다. 아이들 숫자가 줄어드는 것을 일본에서는 보통 소자화少子化라고 부르는데 이 현상은 아주 심각합니다.

일본 총인구는 2005년부터 전후 최초로 자연감소하게 되었습니다. 한국은 어떠한가요?

현 일본 못지않게 심각합니다. 정부에서는 아이 셋을 낳으면 각종 혜택을 준다고 하지만 여성 인력의 취업도 매우 어려운 상황에서 아이를 낳으면 회사를 관둬야 하는 등 사회복지 정책이 빵점인 나라에서 출산율은 엄청 낮습니다.

시마 특히 합계 출산율에서의 가임여성은 15세~49세를 말하는 거니까요. 실제로는 임신을 전혀 하지 않는 한국의 베이비 부머 세대 가임여성이 합계 출산율을 낮추는 데 큰 역할을 하고 있다는 말씀인 거군요. 그럼 저출산 및 고령화에 대한 한국 정부의 대책은 무엇입니까?

현 없습니다. 가난한 젊은 부부의 출산을 높이려면 안정된 일자리와 싼 공공주택을 많이 공급하는 게 무엇보다 제일 중요한 거잖아요? 더우기 청년 실업과 비정규직 문제 해결에 있어서 현 정부의 성적표는 빵점입니다.

시마 그래도 한국에서 명문 대학을 나오면 취업걱정은 없다고 들었는데요?

현 기업에서 신규인력 채용을 많이 하지 않기 때문에 명문 대학생들도 요즘 힘듭니다. 시마 과장님이 다니는 하츠시바 전산 주식회사는 파벌이 없나요?

시마 파벌 심합니다. 주로 학연이죠. 동경대학 출신들은 나서지는 않지만 고위 관료들이 다 거기 출신이라 알아서 당겨주고 나머지 와세다 대학, 메이지 대학 출신들은 끼리끼리 뭉쳐서 서로 필요할 때 도와줍니다. 나도 와세대 대학 선배 덕을 톡톡히 봐서 승진했고요. 한국도 그렇죠?

현 한국은 고려대학의 폐해가 기업마다 슬슬 나타나고 있습니다.

시마 고려대학이 왜 그렇죠?

현 한국의 이명박 대통령이 고려대 출신인데 그 사람 집권 이후 고려대 동문들 모임이 활발해지고 기업의 신입사원들은 창의적으로 윗사람에게 아이디어를 내기보다는 고려대 기질에 어울리는 걸 급선무로 생각하고 있습니다.

시마 일본이나 한국이나 기업문화가 비슷하군요?

현 그런 셈이죠. 시마 과장님은 회사에서 홍보 업무를 맡았는데 정치권에 술접대, 골프 접대도 많이 했죠?

시마 접대 얘기하니깐 간이 굳어지네요. 학연, 지연으로 얽혀서 술, 골프에 소위 말하는 2차^{성접대}까지 가야만 제대로 접대 받았다고 생각하니깐 홍보실 직원들은 간경화로 고생하는 사람들이 많습니다.

현　그래도 시마 과장님은 홍보부에서 해외 근무를 거쳐 이사까지 승진했잖아요?

시마　홍보부가 외부 사람들 술접대 하랴 워낙 고생이 많다보니 회사에서 우선적으로 승진시켜주는 부서입니다. 해외 근무도 말이 해외 근무지, 술접대의 연속이었습니다

현　해외 바이어들 술접대였나요?

시마　아니죠. 본국에서 해외지사에 출장 나오는 회사 간부들을 현지의 술집에 모시랴, 골프 부킹 잡아주랴, 말이 해외 영업이지, 관광 가이드 역할이었습니다.

현　그 일도 잘 해내서 마침내 이사가 되셨잖아요?

시마　《시마과장》 5권에 보면 이런 말이 있습니다. "실력과 실적으로 갈 수 있는 자리는 기껏해야 과장이네. 그 다음은 운에 달렸지." 무슨 말인지 아시겠어요?

현　운이 좋으셨군요?

시마　운이요? 이재현 상은 대기업 생활 안 해봤죠?

현　네.

시마　단순히 운만은 아니죠. 《시마과장》 만화에도 나와 있듯이 회사라는 곳은 사무라이처럼 충성을 다하는 사람만 키워줘요. 회사에 미친 사람 즉 가정생활을 포기한 사람들에게만 승진의 기회가 주어지는 거죠.

현　그렇게 승진하면 뭐가 남나요? 자식들과도 소원해지고 할 텐데요.

시마　우리 회사에서 부장 이상 승진한 사람치고 제대로 가정을 꾸리

는 사람은 없어요. 그 대신……(침을 꼴깍 삼킨다) 유부남 부장들은 애인이 있죠. 일본에 간통죄가 없는 거 알죠?

현 (침을 꼴깍하고) 네~

시마 출세의 가도를 달리는 일본 기업 부장들 사이에 불륜에다 원조교제도 횡행하는 거 알죠?

현 가정을 파괴하면서까지 출세하려는 이유가 뭔가요?

시마 ≪시마과장≫ 마지막에 보면 사장의 자리에 오른 나카자와의 대사 중에 이런 말이 있습니다. 받아 적으세요.

현 네.

시마 "회사에서 직급이 한 단계 오를 때마다 다른 세계가 기다리고 있다. 이사가 되니 개인이라는 단위가 세계의 움직임에 관여할 때 공포감을 느낀다"고 해요. 일종의 승진 오르가슴이라고나 할까요?

현 (침을 꼴깍) 대기업 생활 한번 해보고 싶군요.

시마 다른 얘기하죠. 한국은 대학 진학률이 매우 높고 사교육비도 세계 최고라고 들었습니다. 여러모로 걱정이 많겠군요.

현 한국 사회는 복지가 '개판'이라서 각 개인들의 부담이 큽니다. 또 사회나 국가가 처리해줘야 할 비용을 가족이 지불하고 있습니다. 국민의 1인당 실질 GDP 순위는 세계 34위지만 사회 복지로는 그보다 훨씬 더 아래일 거라고 생각합니다. 분단이라든가 대학 입시로 인한 사회적 불안이나 심리적 불만을 감안하면 과연 두 자리 순위를 유지할 수 있는가에 회의적입니다.

시마 여당은 어떻습니까?

현 한나라당이야 한반도에서 전쟁이 터지더라도 집권만 하면 된다는 식이니까요. 장기적인 정책은 물론이고 중단기적인 정책 수립에 있어서 아무런 '개념' 없는 정당입니다.

시마 이재현 상의 대안은 무엇입니까?

현 간단한 거예요. 굳이 통일이 빨리 오지 않더라도 한반도가 근본적으로 안정이 되면 한국어가 통하는 양질의 노동력을 북한에서 쉽게 얻을 수가 있어요. 또, 외국인 노동자의 인권을 지금보다 획기적으로 개선하면 되는 거지요.

시마 추상적인 수준의 인구 문제 말고 계층 간의 문제도 있을 텐데요. 최근 몇 년 간 일본 사회에서는 '격차 사회'에 관해서 논쟁이 계속되어 오고 있었습니다. 소득분배 구조, 실업, 교육, 주거 문제, 지역 문제 등 많은 부문에서의 사회적 불평등과 격차를 말하는 겁니다. 한국은 어떠한가요?

현 저희는 양극화 사회라는 말을 사용합니다. 부동산의 경우, 높은 분양가로 집값을 터무니없이 올리는 것은 전과 마찬가지인데 예전에 사기업이 먹었던 엄청난 개발 이익을 이제는 국가와 지방자치단체가 가져가는 상황입니다. 게다가 영어 구사 능력 등을 감안하면 이 한국에서의 불평등 구조는 날로 심화, 확산되어 가고 있습니다. 사교육비는 날로 늘어가지만, 학력 등을 통한 부의 세습화는 더 고정되어 가는 거지요. 서민들에게는 미래가 없습니다.

 시마 　중국도 출산율의 저하와 노령화 사회의 가속화가 진행되고 있다고 들었습니다. 미부선로未富先老라고 해서 "부자가 되기도 전에 늙어버리다니"라며 한숨짓고 있다고 합니다. 한·중·일이 같은 사회적 문제로 고심하고 있는 거로군요.

현 　그렇기 때문에 한미 FTA보다는 한중일 FTA가 더 시급하고 중요한 것이겠지요. 그리고 일본도 빨리 '보통국가'가 되고 말이예요.

시마 　아! 이재현 상은 우리 일본의 개헌과 군사 재무장을 찬성하는 쪽입니까?

현 　제 말은 한·중·일 세 나라 사이의 긍정적이고 미래지향인 연대와 협력과 평화를 훼손하는 망언이나 망발을 앞으로는 하지 말라는 뜻입니다.

시마 　아, 예. 이웃나라 국민들의 역사적인 자존심과 정치적인 감정을 해치지 않아야 진정한 의미의 보통국가라고 할 수 있겠지요. 언제 일본에 놀러오면 중국 고량주라도 한잔 합시다.

현 　네, 기대하고 있겠습니다. 건강 생각하셔서 술도 조금만 드세요.

시마 　그건 퇴직 후에나 가능한 이야기 같습니다.

현 　암튼 건강에 유의하세요.

002

래리 킹
Larry King
영어 권력

"세상에서 가장 영어를 잘하는 사람"

래리 킹^{Larry King}, 미국의 뉴스 전문 케이블 채널 CNN의 심야 토크쇼 〈래리 킹 라이브〉의 사회자로 본명은 로렌스 하비 자이거. 그의 부모는 러시아에서 이민 온 유태인이며 래리는 뉴욕의 브루클린에서 태어나서 자랐다. 고등학교를 졸업한 후 마이애미로 간 그는 처음에는 청소와 잡일을 하다가 기회를 잡는다. 래리는 디스크자키, 뉴스 및 스포츠 캐스트 일을 하며 55달러의 주급을 받게 된다. 이즈음 본명이 너무 에스닉하고 기억하기에 어렵다는 충고를 받아들여 이름을 래리 킹으로 바꾼다.

1970년대 후반 자리를 옮긴 래리는 심야에서 다음날 새벽까지 계속되는 라디오 생방송 토크쇼 일을 맡아 점차 유명해진다. CNN이 개국하면서 래리의 TV 토크쇼가 시작됐는데 그는 포드 이래의 모든 미국 대통령들, 고르바초프, 푸틴, 마가렛 대처, 토니 블레어, 말론 브란도, 프랭크 시내트라, 모니카 르윈스키 등과 인터뷰했다.

CNN은 미국의 이라크 침공 즈음부터 시청률 경쟁에서 극우 성향의 〈폭스 뉴스〉에게 밀리기 시작했다. 하지만 그의 쇼는 끝날 때까지 일일 평균 100만 명의 시청자 수를 유지했다. 래리는 2005년에 연봉 700만 달러에 4년짜리 장기계약을 했다. 그의 인터뷰 스타일은 그다지 공세적이지 않으며 방송 도중 개인 의견을 가장 적게 말하는 사회자로 꼽힌다. 그가 원하는 최고 인터뷰 대상은 기독교의 하느님인데, 준비된 첫 질문은 "당신에게 아들이 있는가?"라는 것이다.

■

이재현(이하 현) 오늘 손님은 무려 4만 명과 인터뷰한 '마이크의 달인'이자 많은 상을 탄 저널리스트이며 '라디오 명예의 전당'에 봉헌돼 있는 분이다. 또 그는 66세의 나이에 7번째 부인으로부터 아들을 얻은 정력가이며 무엇보다 씀씀이 좋은 기부자로 알려져 있다. 그는 전용비행기로 로스앤젤레스에서 날아와 지금 독자 여러분 곁에 있다. 하이, 래리. 나와줘서 고맙다.

래리 킹(이하 킹) 나도 기쁘다.

현 토크쇼 사회자인 당신이 생각하는 최고의 초대 손님은 하느님이라는데 정말 그런가?

킹   그렇다.

현   사회자가 묻는 말에 단답형으로만 대답하면 토크쇼 진행하기 어려운 거 모르는가?

킹   안다.

현   내가 묻는 말에 이제부턴 길게 얘기 해달라.

킹   알겠다.

현   래리 킹, 당신이 하느님한테 "당신에게 아들이 있는가?"라는 첫 질문을 하고 싶다고 했는데 어떻게 하느님을 섭외할 생각인가?

킹   그의 아들 예수를 통해 섭외할 예정이다.

현   (웃음) 예수는 한국에서 유능한 토크쇼 진행자로 발탁될 수도 있다.

킹   그게 무슨 말인가?

현   한국에서는 유명 연예인을 섭외할 능력이 있으면 토크쇼 사회자가 될 수 있다. 예전 KBS의 〈박중훈 쇼〉가 편성된 이유도 박중훈이 장동건 등 유명 영화배우들과 친했기 때문이다. 그리고 최근에 KBS에서 〈승승장구〉라는 토크쇼가 방송되는데 사회자가 김승우다. 김승우는 연예계의 마당발로 통한다. 예수는 일단 12제자와 친분이 있고 그에게 맹목적인 신자들이 아주 많다.

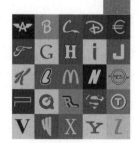

킹　(웃음) 나 정도는 안 될까?

현　진행 솜씨, 박학다식이 중요하지 않다고 말한 걸 까먹었나? 중요한 건 섭외능력이다.

킹　한국은 왜 이렇게 토크쇼가 변질됐는가?

현　시청자들이 한 사람의 진지한 삶에 귀 기울이고 싶어하지 않는다.

킹　미국에서 배워간 〈자니 윤 쇼〉만 해도 안 그렇지 않았나?

현　〈토크쇼〉 프로그램의 매력은 굉장히 적은 제작비로 만들 수 있다는 거다. 자니 윤 때는 그게 가능했는데 요즘 한국에서 〈1인 토크쇼〉에는 광고가 많이 붙지 않는다는 이유만으로 1명이 진행하는 토크쇼는 하기 어렵다.

킹　그러면 여러 명이 진행을 하는가?

현　그렇다. 〈승승장구〉, 〈강호동의 강심장〉 토크쇼에는 세대별 진행자가 있고 아주 많은 수의 패널리스트들이 나와서 신변잡기 등의 이야기를 늘어놓는다. 그 중에 하나라도 재미있으면 시청자들은 즐거워한다.

킹　한국에서 정치적인 이야기로 토크쇼는 안하나?

현　MBC 라디오 진행을 하는 김미화 정도가 있다. 나는 개인적으로 김미화가 오프라 윈프리 정도의 내공을 갖추고 있다고 본다.

킹　그렇다면 TV 토크쇼도 김미화가 하면 되지 않는가?

현　당신이 최고 초대 손님으로 생각하는 하느님을 숭배하는 이명박 대통령을 비롯한 한국의 지배계급이 김미화를 싫어한다. 김제동, 윤도현 등 바른말 하는 연예인들을 방송에서 쫓아내고 있다.

킹 내 생각이 바뀌었다. 하느님이 아니라 한국의 이명박 씨를 초대 손님으로 부르고 싶다.

현 적격이라고 생각한다. 이명박 씨는 예전 서울시장 재임 때 서울을 하나님께 봉헌하겠다고 말한 적도 있다.

킹 토크쇼에서는 진실해야 하는데…….

현 그뿐만 아니라 이명박 씨는 해외 나가서도 한국을 대표하는 대통령이라는 사실을 망각한 채 간혹 영어로 연설문을 발표한다. 영어를 전공한 내가 보기에 손이 오그라들 정도다.

킹 잘됐다. 내가 한국어를 못하니 영어로 이명박 씨와 토크쇼를 진행하면 되겠다.

현 사실 오늘 당신을 부른 것은 당신이 세계에서 가장 영어를 잘하는 사람으로 한국에 알려져 있기 때문이다. 지금 한국에서 영어는 그 자체로 가장 중요한 권력 자원이며 계급 구조의 재생산 도구가 돼 있다. 한국 직장인과 대학생들에게 듣기 학습이라면 단연 CNN인데, 특히 토크쇼는 시사 영어와 구어체 영어의 이점을 모두 갖고 있는 것으로 알려져 있다.

킹 한국의 영어 실력은 어떠한가?

현 토익과 토플 모두 100위 바깥이다. 한국의 경제력, 정치적 활력과 비교하면 너무 대조적이다.

킹 사회 구성원 모두가 영어를 꼭 잘 해야만 하는 것은 아니다. 영어든 한국어든 간에 자기 생각이나 느낌을 제대로 표현하는 게 우선이다.

현 난 생각이 다르다. 예컨대 한국은 세계 최고의 토익 소비국이다.

한 해에 180만 명 넘게 토익 시험을 본다. 하지만 토익 주최 측은 시험 문제나 채점 기준을 공개하고 있지 않다.

킹 당신네 대입 수능시험과는 매우 다르구나. 왜 항의해서 고치지 않는가?

현 영어 자체가 권력이다. 내 말은 한국 사람 모두가 영어 문제에서는 노예라는 거다. 굴종에 익숙한 노예가 어떻게 항의를 하겠는가.

킹 토익은 비즈니스에 초점을 둔 데다 극히 제한된 방식의 시험에 불과하다. 토익이 영어 실력을 온전하게 측정할 수는 없다. 내가 토익 시험을 본다고 해서 860점이 넘는다는 보장이 없다.

현 그래서 상당수 회사들이 토익이 아닌 대안을 찾고 있는 중이다. 영어 글쓰기라든가 말하기 실력을 제대로 측정할 수 있는 시험을 선호하는 회사들이 늘어난다. 하지만 서울의 많은 사설 학원은 여전히 토익 강좌로 떼돈을 벌고 있다. 대학생들은 학원에서 정답 찍는 법을 배운다.

킹 냉전 해체 이전에는 우리나라의 CIA가 영어를 전 세계에 보급하기 위해 비밀리에 막대한 예산을 지출했었는데 이제는 당신들 스스로 각자 알아서 많은 돈을 쓰고 있구나. 그런데 한국에는 꾸준히 공부하는 것 말고 영어 학습법이 특별히 따로 있는 거냐?

현 암 치료의 민간요법이나 다이어트 방법의 수보다도 많은 영어 학습법이 난무하고 있다. 한 달에 영어 학습

서적이 무려 90종 가까이 출간되고 있다.

　킹　그럼, 사회 전체의 대안으로는 어
떠한 것이 제출되어 있는가?

　현　영어 공용화론이 있다.

　킹　거기에 대한 당신의 의견은 무엇인가?

　현　예전에는 결사 반대였는데 신문 기획 기사 이후
로는 생각이 바뀌었다.

　킹　영어 공용화론을 공약으로 내거는 정치인이 있는가?

　현　아직은 없다. 그래서 정당을 만들어 볼까 생각 중이다.

　킹　정당을?

　현　가칭 '영어교육 혁명당' 과 같은 것 말이다. 전국경제인연합회와
도 물밑 작업을 함께하고 있다. 국민들이 영어를 잘 하면 재벌에게도 이
익이기 때문이다. 다만, 전경련은 당 이름에서 '혁명' 이란 말을 빼자고
주장하고 있다. 과격해서 싫다는 것이다.

　킹　그래서?

　현　하지만 나는 양보할 생각이 없다. 인류 역사를 훑어보면 비록 처
음은 혁명을 하려고 창대하게 시작해도 나중에는 아주 작은 개혁이 겨
우 성취되는 법이다. 영어 문제는 쿠데타를 해서 정권을 잡아서라도 해
결해야 한다는 게 내 생각이다.

　킹　당신은 정말 과격하다.

　현　문제는 한국 사람이 영어를 못한다는 데 있는 게 아니다. 가장 큰

문제는 영어가 한국 사람 거의 모두를 광기에 몰아넣고 있다는 것이다. 이곳 한국에서는 엄마가 영어 발음을 위해 아이 혀 수술을 시킨다는 것이 결코 놀랄 일이 아니다. 많은 중년 남성이 기러기 아빠가 돼 원룸이나 고시원에서 홀아비 노릇을 하고 있다. 직장인과 대학생들은 엄청난 스트레스를 받고 있다. 또 유치원 아이부터 대학교수까지 영어 과외를 받고 있다. 이건 제대로 된 사회가 아니다. 혁명이 필요하다.

킹 영어를 공용어로 한다고 해서 문제가 해결되는 것은 아니다. 미국에서도 많은 사람, 주로 흑인들이기는 하지만, 고교 졸업자들 중에 상당수가 문맹이다. 언어자본을 포함한 문화자본은 사회의 계급 재생산과 긴밀히 맞물려 있는 법이다.

현 그래도 지금보다는 나아질 것이다. 지금 가난한 집 아이들은 구조적으로 영원히 가난하게 살아가게 돼 있다. 질 좋은 영어 교육을 받을 기회가 원천봉쇄되어 있기 때문이다.

킹 공교육으로 해결할 수는 없는가?

현 노력하기 따라서는 상당 부분을 해결할 수 있다. 그래서 정당을 만들려는 것이다.

킹 이번 지방자치 선거에 서울시장 후보를 내보내는가?

현 당연하다. 시간이 촉박해서 우선 무소속으로 후보를 낼 생각이다. 후보로는 미국 기업의 한국 현지법인 대표를 맡고 있는 고액 연봉의 한국인 여성 중에서 한 명을 뽑으려고 하고 있다.

킹 그런데?

현   그 중에서도 딱히 춤을 못추는 사람이어야만 하는데 다들 영어도 잘 하고 춤도 잘 춰서 마땅한 사람을 찾기가 너무 힘들다.

킹   선거 이슈는 무엇이냐, 역시 영어공용화론인가?

현   아니다. 그것보다 한 걸음 더 나아가서 미국의 51번째 주로 편입 되자는 것이다. 푸에르토리코에서처럼 국민투표를 해서 그 신청 여부를 결정하자는 게 우리 당의 제안이다.

킹   그 계획대로라면 스티븐스는 결국 직장을 잃게 되겠구나. 그것 말고 너희 당이 하려는 다른 일은 없는가?

현   새로운 영어 교육 방법을 개발해서 국민들에게 제시할 참이다. 그 것은 인터넷을 이용하는 것이다. 인터넷을 기반을 해서 최고 수준의 영어 교육을 국민 모두에게 무료로 제공할 생각이다. 그것도 영역과 수준 별로 쪼개서 말이다. 당신도 은퇴하면 원어민 강사로 채용할 예정이다. 그 다음 시간을 충분히 갖고 각급 학교의 영어 선생들을 재교육시켜서 본격적인 준비를 하려고 한다. 선생들을 나눠서 미국에 장기 연수를 보 낼 계획이다.

킹   나도 빠른 시일 안에 너희 정당에서 미국 주지사가 나오기를 희망 한다. 아무튼 이거 엄청난 특종감이로구나, 우리 CNN에서 먼저 보도해 도 좋겠는가?

현   멀리서 날아온 당신에게 주는 선물이다. 그럼, 다음에 다시 만나자.

킹   잘 되길 빈다. 행운이 있기를 바란다.

003

이안
李安
동성애

"이방인의 시선으로"

이안李安, 1954~, 〈브로크백 마운틴〉으로 2006년 아카데미 감독상을 탄 이안은 대만 출신으로 그의 아버지는 1949년 국민당 정권이 패퇴할 때 중국 본토에서 대만으로 이주한 외성인外省人이다. 이안은 아버지가 교장으로 있던 고등학교를 졸업한 후 대학입학 자격시험에 두 번이나 떨어지고 나서 국립예술학교에 진학했고, 졸업 후 군 복무를 마치고 미국에 건너가 일리노이 대학과 뉴욕 대학 대학원에서 영화를 공부했다.

직접 각본을 쓴 초기의 '아버지 3부작' 〈쿵후선생〉 1992 〈결혼피로연〉 1993 〈음식남녀〉 1994에서 대만의 가족사를 다루었던 그가 국제적 명성을 얻게 된 것은 제인 오스틴의 소설을 각색한 〈센스 앤 센서빌리

티〉[1995]을 연출하면서부터. 그 후 〈아이스 스톰〉[1997]에서는 1970년대 미국 중산층 가정의 황폐한 내면세계를 보여주었고 〈라이드 위드 데블〉[1999]에서는 미국 남북전쟁 당시 남군 게릴라 이야기를 다루었다. 주변인 내지는 이방인의 시각과 감수성을 살리는 방식으로 할리우드 주류 영화계에 진입한 이안은 〈와호장룡〉[2000]에서는 큰 성공을 거두었지만 〈헐크〉[2003]에서는 상업적으로 실패했다.

1997년에 〈뉴요커〉지에 발표된 애니 프루의 단편소설이 원작인 〈브로크백 마운틴〉은 오스카상 수상 이전부터 미국 사회에서 '동성애 서부 영화'라는 이유로 많은 논란과 화제를 불러일으켰다. 동성애를 혐오하는 공화당원들이 격렬한 비난을 퍼부은 반면에 정치적, 문화적 관용을 주장하는 민주당원들은 이 영화를 옹호해 왔다.

이재현(이하 현) 〈브로크백 마운틴〉으로 2006년에 상을 수상했는데 축하 인사가 너무 늦었다. 히치콕이나 큐브릭이나 스콜세지도 감독상을 타지는 못했다. 단도직입적으로 작품상을 못 타서 서운하지는 않은가?

이안 〈크래쉬〉처럼 제한된 시공간 안에 많은 등장인물이 교차해서 나오는 작품은 본디 만들기가 어렵다. 제작, 감독, 원안, 각본을 다 맡았던 폴 해기스를 칭찬하고 싶다. 〈시민 케인〉은 1942년 아카데미에서 9개 부문의 후보작이었지만 작품상이나 감독상은커녕 겨우 각본상을 타는 데 그쳤다. 나는 운이 좋은 편이다.

현　인종문제는 미국 주류사회로서는 이미 그 해결을 포기해버린 문제인 데다가 특히 〈크래쉬〉의 무대가 로스앤젤레스라서 수상을 했다는 분석도 있다. 인종문제를 다룬 저예산 영화에 작품상을 줌으로써 아카데미 구성원들이 동성애 서부영화에 대한 거부감과 부담감을 해소시켜버렸다는 얘기다. 서부영화라는 것은 그 자체로 미국의 건국신화와 연결되어 있으니까 말이다. 서부영화의 주인공이 동성애자라는 것은 상당수 미국인들이 받아들이기 힘든 게 아닌가. 반면 아카데미 구성원들이 가장 많이 살고 있는 도시가 로스앤젤레스이기도 하다.

이안　여배우가 나오지 않거나 비중이 작은 서부영화에는 원래 동성애적 요소가 있는 법이다. 하지만 내 영화는 그런 의미의 동성애 서부영화가 아니다. 금지된 사랑을 나누던 두 사람의 로맨스일 뿐이다. 다만, 그 사람들이 모두 카우보이라는 거다.

현　말장난같이 들린다. 〈브로크백 마운틴〉은 미국 사회에서 이미 동성애 서부영화로 낙인찍혀버렸다. 바로 그런 이유 때문에 화제가 되었고 흥행에서도 상당히 성공한 것이다. 당신과 제작사가 마케팅하는 과정에서 로맨스로 포장해서 선전한다고 해서 사정이 달라지는 것은 아니다.

이안　영화를 직접 보고 하는 얘기인가?

현　물론이다. 심지어 후반부에서 두 주인공 에니스와 잭이 다투는 장면에서는 울기까지 했다. 한낮이라서 주위에 다른 관객이 많지 않아서 다행이었지만.

이안 당신이 운 것은 동성애자라서인가?

현 (벌컥) 그건 절대 아니다.

이안 그렇다면, 이 영화가 로맨스라는 내 주장이 틀린 것은 아닐 것이다.

현 그렇다고 해서 게이 웨스턴이 아니라는 논증이 성립하는 것도 아니다. 당신은 〈타이타닉〉 수준의 명성만을 원하고 있는 듯하다. 하지만 〈미드나잇 카우보이〉나 〈매디슨 카운티의 다리〉와 비교할 때 미흡하다는 게 내 생각이다.

이안 내 영화가 맘에 들지 않는다는 얘기인가?

현 〈브로크백 마운틴〉이 비교적 잘 만든 영화라는 것은 인정한다. 록키 산맥의 경관도 보기 좋았고, 당신이 다양한 방식으로 프레임들을, 그러니까 필름 말고도 창이라든가 옷장 문, 사진 등과 같은 다양한 프레임들을 활용하면서 쇼트^{shot}와 쇼트를 연결한 것도 효과적이었다.

이안 좋게 보았으면 좋게 써 달라. 동성애 서부영화라는 얘기는 가급적 빼놓고 말이다. 이 영화에 미국 공화당원들은 난리를 쳤지만 민주당원들은 나한테 박수를 보냈다는 걸 알고 있는가?

현 그렇다고 당신을 클린트 이스트우드 감독 수준이라고는 생각하지 않는다.

이안 그 사람은 공화당원이고…….

현 민주당원들이 가장 좋아하는 영화감독이 클린트 이스트우드라는 거 아나?

이안 당연히 안다.

현 클린트 이스트우드 감독은 '꼴통' 공화당원이지만 이라크전에 반대했다. 그의 영화 〈그랜 토리노〉를 보면 진정한 보수주의가 뭔지를 알 수 있다. 이 영화의 주인공은 선과 악의 구분이 명확하다.

이안 선과 악의 구분이 명확하다는 건 나도 잘 안다. 클린트 이스트우드 감독은 예전에 "범죄자들에게 절대로 동정이나 연민을 느낀 적이 없다. 그런 놈들은 지구상에서 없애버려야 한다"고 말했다.

현 오케이. 클린트 이스트우드의 영화는 버릇없는 미국 토종 백인 청년보다는 가족적이고 착한 이민자 청년에게 손을 내민다. 성실히 살아가려는 청년들이 '선'이고 그런 사람들한테 미국의 미래를 맡기려는 보수주의는 한국과 전혀 다르다. 클린트 이스트우드 감독의 영화에는 미국 사회에 대한 반성이 있는 아름다운 보수주의가 있다.

이안 정치 얘기는 잘 모르겠다. 암튼 오래됐지만 내 영화도 좋게 써달라.

현 한국은 관객 수준이 매우 높아서 감독 인터뷰 따위에 결코 흔들리지 않는다. 다만 한 가지 칭찬하고 싶은 것은 배우들의 연기가 좋았다는 것이다.

이안 동성애자가 아닌 배우들이 동성애자 연기를 하는 것은 할리우드에서는 아주 용감한 일이다. 히스 레저^{에니스 역}과 제이크 질렌할^{잭 역}이 아니었다면 이 영화는 찍지도 못했다.

현 당신의 그런 발언은 문제가 있다. 배우들이 연쇄 살인범이나 유괴

범 혹은 강간범으로 나와서 훌륭한 연기를 펼쳤다고 해서 그들을 용감하다고 하지는 않는다. 현실에서든 영화 속에서든 간에 그들은 결국 이성애자로 남는다. 그리고 왜 꼭 동성애자 역할에 대해서만 용감하다고 해야 하는가?

이안 맞다. 진짜 용감한 것은 미국에서든 한국에서든 동성애자로 사는 것이다. 미국의 게이 커뮤니티는 내 영화가 실제의 동성애자들을 제대로 묘사하지 않았다고 비판했다. 하지만, 내 영화를 계기로 많은 사람들이 동성애자 문제를 우호적이고도 진지하게 토론하게 되었다. 한국에서도 이미 〈왕의 남자〉가 비슷한 효과를 낳았다고 들었다.

현 〈왕의 남자〉는 가장 빠른 시일 안에 1200만 명의 관객을 돌파하는 신기록을 세웠다. 반면에 우울한 일도 있었는데, 정부가 스크린쿼터를 73일로 감축시킨 것이다. 바로 그런 점 때문에 한국 정부는 한국의 영화인들로부터 비판받고 있다. 한국 정부가 미국 영화산업 편을 들고 있다는 이유에서다. 하지만 잘못된 정책이 결과적으로 영화인들과 농민들을 서로 연대하게 만들었다.

이안 한국 영화는 한국 경제를 닮았다. 빠른 시일 안에 성장했고 매우 활력적인 모습을 보여주는 것이 같은 아시아인으로서 자랑스럽다.

현 한국 관객에게 아부하는 소리로 들린다. 또, 당신은 수상식장에서 중국, 홍콩, 대만을 동시에 겨냥한 감사의 말을 했다. 하나의 중국이라는 것은 하나의 아시아와 마찬가지로 허구적인 게 아닌가? 당신의 수상 소감은 내게 당신 영화가 중국에서 상영 금지된 것을 염두에 둔, 고도로 계산된 정치적인 발언으로 보인다.

이안 한국과 중국이 서로 다르고, 중국, 홍콩, 대만이 서로 다른 것은 분명한 사실이다. 하지만 당신과 내가 이렇게 영어로 말할 수밖에 없고 피부색 때문에 무시당하는 만큼 우리 아시아인들은 미국의 주류 문화에서 타자인 것이다.

현 그렇지 않다. 당신은 영어를 아주 잘하고 나는 못한다. 당신과 같은 대만 출신인 허우 샤오시엔 감독이나 차이밍량 감독의 작품이 당신 작품보다 떨어지는 것은 결코 아니다. 하지만 그들은 할리우드 영화산업이 헤게모니를 잡고 있는 세계 영화시장에서 성공을 거두지 못하고 있다. 반면에 당신의 성공은 고유한 사회적, 문화적 정체성을 상당히 양보하면서 할리우드 상업영화 관행과 타협한 결과라고 할 수 있다.

이안 할리우드 상업영화와 타협이라는 말을 부정하지는 않는다. 그렇다면 당신네 한국 영화감독 중에 할리우드 상업영화랑 타협해서 성공한 사람이 있는가?

현 (잠시 생각한다.)

이안 생각할 것도 없다. 한국이라는 나라에서 만들어지는 영화는 죄다 코믹물이다. 〈조폭 마누라〉부터 〈가문의 영광〉 등등 한마디로 자국민들만 겨냥한 영화를 만들고 있다. 할리우드 상업영화를 우습게 보지 마라! (서서히 열이 받는다.) 1980년대 한국 남자들이 오우삼의 〈영웅본

색)을 보고 다들 이빨 사이에 이쑤시개를 물고 다니지 않았는가? 그런 오우삼도 할리우드에서는 참패했다. 홍콩 상업영화의 귀재도 성공하지 못한 할리우드 시장을 한국 영화감독들이 단순히 상업영화 어쩌고저쩌고 하면 불쾌하다.

현 (수그러들며) 그러고 보니 당신만큼 다양한 영화를 만든 사람도 없다. 〈쿵후선생〉 같은 가족 영화에서부터 〈와호장룡〉, 〈헐크〉 같은 블록버스터. 그리고 〈색, 계〉라는 에로틱한 시대물까지. 와우! 원더풀!

이안 (칭찬에 기분이 좋아져서 그런지) 그야……내가 잘했다기보다는 할리우드 제작 시스템이 좋은 거지. 한국 영화 시스템은 배우 캐스팅부터 제작 배급 그리고 판권 판매까지 한 회사가 독점하고 있다면서?

현 그렇다. CJ엔터테인먼트, 쇼박스 같은 회사들이 영화에 투자도 하고 제작도 하고 배급도 하고…….

이안 그래서 내가 아까 입에 거품을 물었던 거다. 할리우드는 2차 세계대전 이후에 독점 금지법이 만들어지면서 중·소제작사들도 다양한 영화를 만들어낼 수 있는 시스템을 만들었다. 이렇게 좋은 게 있으니깐

나 같은 동양인도 할리우드에 진출할 수 있는 거고. 이제 알겠나?

현 사실 당신의 〈쿵후선생〉 영화를 보면서 나도 '태권도 선생'이라는 영화를 만들어도 전 세계 흥행이 되지 않을까? 생각한 적이 있었다.

이안   그런 기획은 좋다. 태권도가 전 세계에 퍼져 있고 한국 사람들이 전 세계에 진출해서 이민 1세대와 2세대 간에 언어 소통의 갈등 등이 존재하잖아. 하지만 그 영화는 안 된다. 〈쿵후선생〉 표절이야!

현   오케이.

이안   마지막으로 영화는 관객이 보고 판단할 일이다. 또, 이런 부분의 서사적 의미가 모호한 것이 내 작품의 특징이라고 비평가들이 말하고 있기도 하다.

현   한국에는 많은 영화제가 있다. 올해에 부산이나 전주에 올 의향이 있는가?

이안   바빠서 어려울 것 같다. 가게 되면 꼭 비행기를 타고 가겠다. 한국에 배를 타고 가는 건 왠지 위험한 거 같다.

004

올더스 헉슬리
Aldous Huxley
멋진 신세계

"환각을 허하라?"

올더스 헉슬리Aldous Huxley, 1894~1963, 영국의 소설가, 시인, 비평가. 그의 대표작은 디스토피아 세계를 다룬 고전 소설인 《멋진 신세계》Brave New World 1932이다. 원래 이 소설은 그의 친구인 생물학자 홀데인J. B. S. Haldane 이 에세이 〈다이달로스 혹은 과학과 미래〉Daedalus, or, Science and the Future 1923 에서 미래 사회의 과학기술의 진보를 너무 낙관주의적이고 이상주의적 으로 묘사했던 것에 대한 비판적 대응으로 쓰여졌다. 헉슬리보다 먼저 철학자 버트런드 러셀도 에세이 〈이카로스 혹은 과학의 미래〉Icarus, or The Future of Science 1924에서 홀데인의 관점을 비판적으로 다룬 바 있다. 다이달 로스와 그의 아들 이카로스는 그리스 신화의 주인공들로 밀랍으로 만든

날개로 하늘을 날려고 시도한다. 유토피아의 반대말인 디스토피아 dystopia는 가상적 미래 세계가 우리가 사는 현재의 세계보다 더 나빠질 것이라는 것을 단적으로 나타낸다.

1953년 헉슬리는 정신과 의사 입회 하에 환각제 메스칼린을 복용한 이래 10년에 걸쳐 메스칼린 네 번, LSD 네 번, 사일러사이빈 두 번 등 총 10번의 환각제 복용에 의한 환각 세계를 체험하게 된다. 메스칼린은 미국 남서부 인디언들이 애용했던 페요테 선인장에서, LSD는 맥각균으로부터, 사일러사이빈은 멕시코 무당들이 신성시했던 버섯으로부터 합성, 추출해낸 환각 물질이다. 헉슬리는 자신의 환각 체험에 기대서 사이키델릭 문화의 고전, 또는 히피의 경전이라고 이야기되는 에세이 〈지각의 문〉1954, 〈천국과 지옥〉1956 등을 집필했다. 헉슬리는 시인 윌리엄 버로스 및 심리학자 티모시 리어리와 더불어 20세기 사이키델릭 문화의 선구적 사상가라고 할 수 있다.

■

이재현(이하 **현**) 선생님, 2006년에 한국에서 선생님의 저서가 번역되었습니다. 《모크샤》라는 제목의 책인데요. 약물 복용에 의한 환각 체험을 다룬 각종 에세이, 칼럼, 강연, 인터뷰, 서신, 르포 등을 엮은 책이지요. '환각의 사회문화사' 라는 부제를 달고 있는데요.

헉슬리 뭐 이렇게 늦게 출판됐어?

현　한국 출판 사정을 이해해주세요. 책 제목 얘기부터 해주세요

헉슬리　'모크샤Moksha' 란 말은 산스크리트어로 해방 또는 해탈을 뜻한다네. 내가 말년에 쓴 다른 소설 《섬》1962에서 가상의 섬 주민들이 복용하는 환각제의 이름이기도 하지.

현　《멋진 신세계》의 등장인물들은 '소마Soma' 라는 약물을 복용하는 것으로 되어 있던데, 소마와 모크샤는 어떻게 다른가요?

헉슬리　소마는 사람들을 수동적으로 만드는 통치 수단이고 모크샤는 정신이 고양되는 신비한 경험을 하게 만드는 것이지. 중독성이 있는 소마는 사람들로 하여금 현실도피를 하게 만들지만 모크샤는 그렇지 않네.

현　선생님의 관점이 바뀐 것이로군요. 그 사이에 선생님의 환각 체험들이 있었구요.

헉슬리　〈지각의 문〉에서 썼던 것처럼 우리 지각의 문은 평소에 흐려져 있네. 내 주장의 요점은 환각 체험에 의해서만 그 흐려진 지각의 문이 열린다는 거지.

현　'지각의 문' 이라는 구절은 낭만주의 시인이자 화가였던 윌리엄 블레이크의 예언서 〈천국과 지옥의 결혼〉에서 인용한 것이고, 록 그룹 도어즈의 이름은 바로 선생님의 글 〈지각의 문〉에서 따온 것이지요?

헉슬리　그렇지. 지각의 문에서 따온 '도어즈' 를 내 허락도 없이 그룹명으로 짐 모리슨이 정했지.

현　그러고 보니 세상을 떠난 도어즈의 짐 모리슨은 만나셨어요?

헉슬리　그럼, 약물중독으로 사망한 레드 제플린 드러머 존 본햄, 사이

키델릭 기타 사운드 창조자라 불리는 지미 헨드릭스도 여기 있지만 도어즈의 짐 모리슨이 나랑 가장 '삘Feel'이 맞아. 환각의 세계가 뭔지 제대로 아는 친구야. 간혹 코카인도 같이 하고 그래.

현 짐 모리슨은 코카인 중독으로 사망했다던데 죽어서도 그걸 하다니…….

헉슬리 어허? 확실치도 않은 사망원인을 말하지 마! 짐 모리슨이 부른 'Light My Fire'란 노랠 들어봐! 그의 순결한 영혼이 느껴질 거야.

현 순결한 영혼이라기보다는 사이키델릭한 영혼 아닌가요?

헉슬리 자네는 사이키델릭의 정서를 아나?

현 히피들이 60년대 말 베트남 반전운동 등으로 미국의 기성세대와 체제에 대해 저항했던 정신 아닌가요?

헉슬리 그렇지. 지배에 대한 끝없는 저항을 록 음악으로 표현했지. 여기 나랑 같이 있는 지미 헨드릭스가 69년 우드스탁에서 코카인에 취한 상태에서 '스타 스팽글 버너'라는 곡을 연주했잖아. 손으로 기타줄을 퉁기다가 이빨로 물어뜯고 엉덩이로 기타 치고…… 암튼 미국 국가를 사이키델릭하게 비틀어서 연주한 거 들어봤어?

현 그럼요.

헉슬리　한마디로 미국에 '펵큐'를 날렸잖아. 이게 바로 환각의 힘이야.

현　(뭔 소리인가 싶은 표정으로) 선생님, 오늘도 약 하셨어요?

헉슬리　큼큼······음악 얘기는 그만하고 아까 하던 얘기로 돌아가자면 판타지 소설 《나르니아 연대기》의 저자로 알려진 C. S. 루이스의 《위대한 이혼》도 바로 블레이크의 그 작품과 연관이 있네만, 블레이크의 원작에서의 해당 대목은 이러하다네. "지각의 문이 깨끗이 닦인다면 / 모든 것은 인간에게 있는 그대로 무한하게 나타나리라 / 왜냐하면 인간은 그 스스로를 이미 닫아버렸기에 / 그의 동굴의 좁은 틈을 통해서 모든 것을 볼 수 있을 때까지"

현　블레이크는 《신곡》의 단테나 《실락원》의 밀튼과는 달리, 지옥을 처벌의 장소가 아니라 디오니소스적인 에너지가 넘치는 장소로 보았던 거로군요.

헉슬리　그렇지. 블레이크의 관점에서는 천국이야말로 지각이 통제되어 있는 권위주의적인 시스템이 지배하고 있는 곳이지. 블레이크의 목적은 관습적인 윤리와 제도적 종교의 억압적 성격을 사람들에게 밝히려고 했던 거야. 그 당시로서는 매우 전복적이고 선구적인 주장이었지.

현　그럼, 선생님은 환각제의 복용을 옹호하시는 겁니까?

헉슬리　나는 환각제 복용이 부정적인 효과를 줄 수도 있고 중독의 위험이 있다는 것을 충분히 경고해 왔네. 다만 우리의 제한된 지각의 틀을

넘어서는 초월의 계기를 환각제 복용이 가능하게 해준다는 것이지. 일 년에 한 두 번 정도 환각제를 복용하면 좋다는 얘기야. 환각제를 달리 정 신 활성 물질이라고 부르는 것도 다 그 때문이지.

현　그러니까, 선생님의 주장은 일부 환각제가 술이나 담배, 혹은 의 사가 처방해주는 각종 수면제나 진정제보다도 훨씬 더 그 사회적, 문화 적 효용이 뛰어나다는 것인가요?

헉슬리　대마초는 담배보다 중독성도 덜하고 부정적 효과도 없다네. 또 인류는 알코올 중독으로 인해서 매년 천문학적인 돈을 써버리고 있 어. 이러저러한 비용을 생각한다면, 그리고 또 금지한다고 해서 환각 체 험에 대한 사람들의 집착이 없어지는 것이 아니라고 한다면, 환각제를 지혜롭게 사용하자는 게 내 주장이야. 내가 해본 바로는 메스칼린, LSD, 그리고 사일러사이빈은 대마초보다도 부작용이나 중독성이 덜한 반면 그 효과는 훨씬 더 뛰어난 환각제일세.

현　저는 해보지 않아서 이해가 되지 않지만 한국 사회에서 담배 '꼴 초'는 문제가 없지만 LSD를 복용한다고 하면 난리가 날텐데요?

헉슬리　그게 바로 문제야. 담배는 중독성이 약해서가 아니라 오랜 세 월 자본주의 시장에서 커다란 시장이 형성되었기 때문에 현실적으로 담 배 흡연 금지 자체가 불가능한 거지. 일본 담배 '마일드 세븐'이 F1 자 동차 경주대회 비용 전액을 내는 판에 그게 가능하겠어?

현　그렇지만 중독은 동일한 만족감을 얻기 위해 더 강한 자극을 요구 할 수밖에 없고 그러다 보면 환각 증상이 심하게 나타나잖아요?

헉슬리 그렇다면 이제부터 환각의 세계에 대해 좀 더 얘기해보자구. 환각 체험을 통해 내가 추구하려는 초월은 인간 정신 속의 또 다른 가능 세계로 가는 것이네. 이 세계는 평소에 우리가 자각하고 있는 의식의 세계와 전혀 다른 세계인데, 환각제가 아니면 맛볼 수 없다는 게 내 주장일세.

현 그 초월적 환각은 종교적이거나 예술적인 체험에 의한 것과는 어떻게 다른 거지요?

헉슬리 크게 보면 한편으로 같은 것이기도 하고, 달리 보면 종교나 예술에서의 초월은 아무에게나 가능한 것은 아니지. 반면에 환각제는……

현 그렇지만 아까도 말했지만 환각제의 부작용이나 중독성은 어떻게 하는가 하는 문제가 남는데요?

헉슬리 아까 얘기한 대로 그 부작용이나 중독성은 담배나 술보다 덜하다니까 그러는군, 자네는. 문제는 그것들에 빠져서 휘말리지 않도록 하는 길을 찾는 거야.

현 하지만 개인의 의지만으로 중독을 극복한다는 건 정말 불가능하잖아요. 환각제의 복용은 한국에서 아예 토론의 여지가 없는 이슈예요. 무조건 나쁘다는 거지요.

헉슬리 그것은 사회문화적 관습에 해당하는 것이네. 네덜란드와 같은 나라에서는 이런 이슈가 과학적, 심리학적, 정치적으로 토론의 대상이 될 수 있는 것이고 반면에 한국
에서는 애당초 논쟁의 대
상이 될 수 없었다는 것일 뿐이네. 내 관
점에서는 의사가 처방해주는 신경안정
제야말로 아편과 마찬가지로 나쁜 것이
라네. 어쨌든 간에 모든 마취제, 흥분제,
진정제, 환각제들은 원시인들에 의해 발견되었고 태곳적부터 쓰인 것이
지. 그 역사를 무시할 수는 없는 거야. 이런 맥락에서 나는 "아편은 인민
의 종교"라고 했던 것이네.

현　그 말은 "종교는 인민의 아편"이라는 마르크스의 유명한 말을 패
러디한 것인데요. 선생님은 마르크스주의자인가요?

헉슬리　아닐세. 내 소설《멋진 신세계》에서 등장인물인 버나드 마르
크스와 레니나 크로운이 부정적으로 다뤄지는 것을 보면 잘 알 수 있을
것이네. 버나드 쇼와 마르크스, 레닌에 대한 내 평가를 담고 있는 인물들
일세.

현　한국에는 아직까지도 국가보안법이 있어서 사회주의가 법적으로
금지되고 있지요. 그런데 환각제의 복용은 사상적인 범죄보다 더 죄질
이 나쁜 것으로 처리가 되어왔습니다.

헉슬리　그것은 생각하기 나름이네. 내 관점에서는 아파트 평수를 늘
리려 한다든가 배기량이 더 큰 차를 사려고 한다든가 아이들을 일류대
학 보내려고 노심초사하는 것이야말로 사회적으로 심각한 중독 현상이

라네.

　　현　(허걱!) 선생님 말씀은 마치 그런 일들이 범죄일 수도 있다는 걸 함축하고 있는데요, 한국에서는 전혀 통하지 않는 얘깁니다.

　　헉슬리　그렇게 타협적, 패배주의적으로 얘기해버린다면 자네는 '짝퉁' 지식인에 불과한 거라네. 내 주장은 이 모든 것에 관해서 편견 없이 차근차근 제대로 따져보자는 것일세.

　　현　글쎄요? 요즘 한국 정치판에서는 짝퉁이 명품보다 더 인기가 있어요.

　　헉슬리　그럴수록 환각 체험이 더 필요한 거라고도 할 수 있다네. 내 책에서 말했듯이 "환각 체험은 아름다움과 참됨, 강렬한 미와 강렬한 진실이 동시에 드러나는 것"이라네.

　　현　(헉!) 더 생각하고 고민해봐야 할 문제로군요, 선생님 주장은. 아무튼 오늘 말씀 감사합니다.

축구공
Soccer ball
월드컵

"공은 둥글고 지구도 둥글다"

축구공^{Soccer ball}, 전통적인 모양새는 32면체가 부풀어져 만들어진 구형이며 흔히들 '벅민스터 풀러 공'이라고 부른다. 이 32면체는 12개의 정오각형과 20개의 정육각형으로 이루어지는데, 원리적으로 이 32면체는 정삼각형 20개로 이뤄진 정이십면체의 꼭지점 부분을 모서리 길이 3분의 일이 되는 지점에서 깎아내 만든다. 정이십면체 꼭지점 12개에는 각각 정삼각형이 5개씩 모여 있으므로, 이런 식으로 깎아내면 새로이 정오각형 12개와 정육각형 20개가 생겨나게 된다. 전통적인 축구공 모양의 구조는 화학 세계에도 있다. 탄소 결정체 C60은 미국 건축가 벅민스터 풀러의 이름을 따서 '풀러렌^{fullerene}'이라고도 부르는데 1985년에 발견되어 1996년에 발견자들에게 노벨화학상을 안겨주었다. 풀러렌은 탄소 원자 60개가 32면체의 60개 꼭지점 자리에 놓여 있는 구조를 하고 있다.

2006년 월드컵 공인구 '팀가이스트'는 14조각으로 이루어졌는데 이 중 6개는 이엽 프로펠러 모양을 하고 있고 나머지 8개는 표창 모양을 하고 있다. 프로펠러 모양의 6개 조각은 x, y, z 축 각각에 2개씩 서로 마주 보게 배치되어 있고 표창 모양의 8개 조각은 프로펠러 모양의 조각들 사이를 채우고 있다. 14개 조각이 이루고 있는 '팀가이스트'의 구조는 원리상 '깎인 정팔면체truncated octahedron'라고 불리는 십사면체와 같다. 이 십사면체는 정삼각형 8개로 이뤄진 정팔면체의 꼭지점 부분을 깎아서 만든 것이다. 정팔면체 꼭지점 6개 각각에는 정삼각형이 4개씩 모여 있으므로, 깎인 부분에 정4각형 6개가 새로이 생기고, 원래의 8개 정삼각형은 정육각형이 된다. 이 '깎인 정팔면체' 정사각형의 부분에 프로펠러 모양의 조각이 배치된 것이고 정육각형의 부분에 표창 모양의 조각이 배치됨으로써 여러 방향에서 안정적인 대칭을 이루고 있다. 이 '깎인 정팔면체'는, 정육면체 및 마름모 십이면체와 더불어, 이것들 자체만을 연속해서 쌓아서 3차원 유클리드 공간을 채워나갈 수 있다는 입체적 특성을 갖는 볼록 다면체이다.

2010년 남아공 월드컵 공인구 '자블라니'는 남아공 줄루어로 '축하하다'는 뜻으로 11가지 컬러가 사용되었는데 공의 색상이 다양한 이유는 다양한 국가들이 조화롭게 하나됨을 뜻하고 흰 바탕 위의 네 개의 삼각형 모양은 아프리카 정신의 독특한 특징을 표현했다. 자블라니에는 새로 개발된 미세 특수 돌기가 있어 발과 공 사이의 환상적인 '그립감'을 제공하고 곡선 모양으로 만들어진 8개의 3-D 입체패널은 고열접합 방식으로 제작되어 기존의 볼보다 완벽한 구^球에 가까운 형태이다.

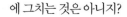

이재현(이하 현) 안녕, 축구공아. 이번에도 모양이 바뀌었구나. 보기에도 그럴 듯하고 구조적으로도 안정적이고 대칭적이네.

축구공(이하 공) 헤헤, 조각 수가 줄어드니까 꼭지점 수도 줄어들고 모서리 이음매의 수와 총 길이도 줄어들었어. 꼭지점은 60개에서 24개로, 이음매 개수도 90개에서 36개로 줄었지. 이음매 부분의 총 길이도 무려 15% 정도나 줄었단다. 원리적으로, 완벽한 구형에 더 가깝게 된 거지.

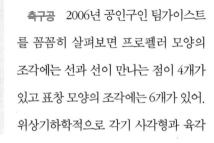

현 프로펠러 모양의 조각이 사각형, 표창 모양의 조각이 육각형에 해당한다는 얘기는 단지 구조상의 비유에 그치는 것은 아니지?

축구공 2006년 공인구인 팀가이스트를 꼼꼼히 살펴보면 프로펠러 모양의 조각에는 선과 선이 만나는 점이 4개가 있고 표창 모양의 조각에는 6개가 있어. 위상기하학적으로 각기 사각형과 육각형과 동상同相인 거야. 결국 새로운 공인구는 '깍인 정팔면체' 가 부풀려져 생겨난 구인 거지.

현　아무튼 전통적인 모양새에 비해서 뾰족한 부분과 이음매가 줄어들고 구조가 더 안정적이고 대칭적인 덕분에, 공의 어디를 차서 압력을 가하든 간에 더 균질적이고 일정한 반응이 생겨나는 거겠네. 결국 더 합리적이고 예상가능한 볼 컨트롤을 할 수 있다는 얘기고.

축구공　그렇지. 전통적인 축구공은 지금보다 더 불규칙적인 운동을 했다고 할 수 있어. 하지만 14 조각을 단지 사각형, 육각형으로 하지 않고 프로펠러 모양과 표창 모양으로 한 것도 중요하고 묘미가 있는 대목이야.

현　단지 2개의 단위 패턴만을 이용해서 구의 곡면 전체를 분할해서 결과적으로 여러 방향으로 대칭적으로 만드는 문제인데, 시각적 디자인이라는 면에서 볼 때도 보기 좋더구나. 프로펠러의 그래픽 이미지가 운동과 에너지를 뜻한다는 게 제조사의 설명이네.

축구공　나에게 필요한 성능은, 흔히들 속도, 반발력과 탄성, 회전력, 균질한 반응 등이라고 말하잖니? 이번에 이런 성능들이 더 좋아진 거지. 선수들은 더 정교하게 컨트롤할 수 있고, 또 원하는 지점을 더 정확하게 찰 수 있게 된 거지.

현　으음……골키퍼는 불리한 거구나.

축구공　그런 것 말고도 좋은 점들이 또 있단다. 조각들을 열접합 방식으로 붙였기 때문에 조각들을 꿰매는 전통적인 방식의 볼보다 방수가 더 잘 되는 거야. 또 볼의 표면을 찰 때도 더 부드럽고 일관된 반응을 하게 된단다.

현　그럼 스핀킥을 차는 게 더 쉬워졌니?

축구공　그건 일차적으로 선수가 볼을 찰 때의 최초 속도와 초당 회전수에 관련되는 문제야. 초당 10회 정도 회전을 하도록 스핀을 넣되 시속 105km에서 108km 정도의 속도로 찰 때에만 카를로스나 베컴처럼 멋들어지게 휘어찰 수 있는 거지. 처음 10m 정도는 직선처럼 날아가다가 갑자기 속도가 줄면서 확 휘어버리는 것 말야.

현　이번에 출전한 골키퍼들은 네가 더 가볍고 빠른 데다가 흔들리면서 날아온다고 불평을 하더구나.

축구공　탄성과 회전력이 더 좋아진 것 말고 외피의 재질에 관련된 건데, 이건 모든 골키퍼들에게 동일한 조건이니까. 근데 원래 32조각으로 된 전통적인 방식의 벅민스터 풀러 공에는 오각형 부분이 검게 칠해져 있었던 거 기억나니?

현　응.

축구공　그렇게 검게 칠한 건 일단 알록달록해야만 멀리서도 축구공을 식별할 수 있기 때문이고 또 다른 이유로는 스핀킥을 차려는 선수가 볼 표면의 키킹 지점을 정확히 설정할 수 있도록 하기 위해서야. 스핀킥은 무엇보다 선수의 힘과 기량이 문제라고 할 수 있지.

현　그런데 궁금한 게 하나 있어. 공인구 제조사가 만든 홈페이지에 의하면 14조각으로 된 새 모델은 월드컵 본선 때만 쓰고, 토너먼트용이나 연습용은 디자인 무늬만 다를 뿐 축구공 외피는 여전히 전통적으로 32조각을 꿰맨 벅민스터 풀러 공 스타일이더구나. 그건 왜 그렇지? 새 모델이 여러 가지 면에서 성능이 좋으면 언제 어디서나 새 모델을 써야 하는 것 아니냐?

축구공 그건 가격 차이도 있겠고……또 뭐, 알고 보면 간단한 얘기야. 경제적으로 볼 때, 제조사로서는 벅민스터 풀러 공을 위한 기존 생산라인을 해체해버릴 수가 없었겠지. 그리고 그 라인에서 작업을 하던 숙련 노동자들도 있고 하니까 말이야.

현 전통적인 방식으로 공을 만들면 적게는 수백 번 많게는 천 번 넘게 꿰매야 한다지? 그리고 숙련된 노동자가 하루 8시간 내내 일해도 하루에 2-3개 정도밖에 만들지 못하고.

축구공 나로서도 딜레마야. 3시간에 60센트의 노임을 준다는 꿰매는 방식의 생산은 제3세계의 아동 노동 착취라고 비난을 받아 왔고, 반면에 열접합 방식의 '더 인도주의적인 이노베이션'은 그나마의 일자리를 빼앗는 것이니까 말이야.

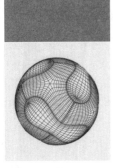

현 축구공을 생산하는 지역은 인도, 파키스탄, 모로코 등인데 세계 축구공의 60%가 파키스탄 동북부의 시알코트^{Sialkot} 지역에서 생산된다던데.

축구공 응. 그 지역은 옛날부터 카펫 생산지로 유명할 정도로 기술자들의 손재주가 좋은데다가 영국 식민지 시절부터 영국인들이 쓰던 축구, 크리켓, 테니스 용품을 생산, 수리해주던 곳이야. 무엇보다 저임금이 생산 자본 쪽에게는 매력이고. 그러고 보면, 아프리카 팀 전력에 비해서 역사나 사회 자체에 대해서는 우리가 거의 아는 게 없네. 언론들도 별로 관심이 없고 말이야.

현 우리나라가 이겨서 16강에 올라가는 것도 중요하지만, 이번 기회에 우리가 잘 몰랐던 아프리카 일반에 대해서 더 많이 알고 이해하게 되면 지금 우리가 사는 세상보다는 더 나은 세상을 만들 수 있다는 얘기냐?

축구공 나도 둥글고 지구도 둥글지. 나, 즉 축구공으로 말할 것 같으면, 월드컵 시즌 동안은 전지구적 상호연관의 정치적, 문화적 상징인 셈이야. 그런데 중요한 것은 열광해서 이 축제를 즐기되 파쇼적이고 '쇼비니스틱'한 광기에는 빠지지 않는 거야.

006

된장녀
Doenjang girl
소비 문화

"된장과 간지의 힘 사이"

된장녀, 대략 19세에서 24세 연령대의 여성들 중에서 명품을 좋아하는 소비 감각을 갖춘, 그리고 바로 그렇기 때문에 경제력을 남성에게 의존하게 되는, 아주 영리한 사람들을 가리키는 말. 인터넷 상에서 이 말에 대해 검색해보면, "외국 고급 명품이나 문화를 좇아 허영심이 가득한 삶으로 일관하여 한국 여성으로서의 자질이나 정체성, 자부심을 잃은 여성"을 가리킨다고 설명하고 있다. 하지만 이러한 왜곡된 설명들은 일단 표면적으로는 민족주의 담론에 기대고 있어서 상당한 호소력을 가지고 있지만, 따지고 보면, 계급이라든가 젠더gender와 같은 사회적 실체에 조응하는 계급의식 내지는 사회심리적 표상이 왜곡되어 나타난 것에 불과하다. 실제로 우리 현실에서 된장녀를 찾기란 힘들다는 게 마케팅 전문가들의 설명이다. 젊은 여성 대부분은 평소에는 주로 쿠폰을 이용하는 등 아끼며 살다가 쓸 때는 팍팍 쓴다는 것이다. 된장녀 식의 어법에 기대어 말한다면, 대부분의 젊은 한국 여성은 본디 '쌈장녀'이며 누구든 가끔은 '된장녀'가 된다는 것이다. 반면에 돈 많은 부모를 만나지 못한 젊은 남성들은 '된장녀' 혹은 '쌈장녀'로 표상되는 여성들과 사귀거나 결혼을 하기 위해서, '고추장남'으로 살아간다. 즉, 경제력이 없는 상당수의 젊은 남성들은 돈 많고 능력 있는 남성이 되기 위해 고시원이나 도서관에서 밤낮으로 각종 고시 공부와 취직 공부를 하는 탓에 결국 자기 관리를 전혀 하지 못한다는 것이다. 그래서 고추장남이 늘 트레이닝복 차림인 것은 어쩔 수 없는 일이다.

된장녀 혹은 고추장남이 상기시키는 신화적 인물로 한국 고대 신화에는 웅녀熊女가 있다. 〈삼국유사〉 등에서 전해지는 이야기에 따르면, 사람 되기를 고대하던 곰은 신神이 준 신령한 쑥 한 심지와 마늘 스무 개를 먹고 백일 동안 햇빛을 보지 않고 견디어내고 또 삼칠일三七日 동안 몸을 삼가서 여자의 몸이 되었다고 한다. 또 웅녀는 자기와 혼인할 사람을 찾아 헤맨 끝에 환웅과 결혼하게 되었고, 아들을 낳아 이름을 단군이라 하였다는 것이다. 하지만 웅녀 이야기와 비교해보면, 오늘날에는 남녀 관계의 서사적 역할이 역전되어 있음을 알 수 있다. 고추장남과 웅녀와의 공통점은, 결혼에 초점이 맞추어진 바람직한 미래를 위해서 현재의 고통스런 상황을 감내하고자 하는 것이다. 반면에 자기 신분보다 훨씬 높은 수준을 지향한다는 점에서 된장녀도 웅녀를 닮았다.

■

이재현(이하 **현**) 안녕, 된장녀야. 세상 돌아가는 얘기나 하려고 만나자
고 했다.

된장녀 하이, 현. 나이스 투 미트 유. 나, 오늘 신경 좀 쓰고 나왔는데
어때? '간지' 나는 것처럼 보이니?

현 간지란 말은 감각, 느낌, 분위기, 인상 등을 뜻하는 일본말이지?
예전에는 십대들 은어로 '뽀대난다'란 말을 많이 썼던 것 같은데, 요즘
은 온라인 쇼핑몰 광고 문구에서도 흔히 '간지 삘이 온다', '간지 난다'
는 식으로 표현을 하더구나. 굳이 풀어 말하면 일본풍의 첨단 패션 감각
이 느껴진다는 뜻이라던데……. 하지만 된장녀라면 된장녀답게 쉬크^{chic}
하다든지 아니면 그냥 쿨^{cool}하다고 하는 게 네가 지금 마시고 있는 커피
브랜드하고도 어울리는 거 아니겠니?

된장녀 너 그딴 식으로 '구리게' 말하는 거 보니까 '쉰 세대'에다가
고추장남이 분명하구나. 우리, 인터뷰는 그냥 짧게 끝내자.

현 (움찔) 아니, 잠깐만.

된장녀 일본은 패션산업이나 젊은이들의 패션 감각이 뉴욕이나 밀라
노에 결코 뒤지지 않아. 그리고 동경에서 현재 유행하고 있는 아이템이
라면 일주일이나 열흘 이내에 동대문 쇼핑몰에서 그걸 본뜬 제품을 쉽

게 찾을 수 있어.

현 〈개그콘서트〉의 '남성인권 보장위원회' 코너에서 외치는 "니 생일엔 명품 가방, 내 생일엔 십자수냐?"는 어떻게 생각하니?

된장녀 우리를 외국 명품이나 좇는 허영심 가득한, 소위 말하는 머리에 '똥'만 들은 여자로 생각하는데 그렇지 않아.

현 그렇지 않다는 게 뭐냐?

된장녀 옛날 부모 세대처럼 집 사는 데 목숨 걸고 아등바등 살지는 않아. 돈을 모아서 집을 살 생각은 없지만 고급 외제 승용차를 타면서 마음 편하게 하루하루 사는 걸 선호하지. 우리가 비싼 음식을 대책 없이 사먹는 거 같지만 사실은 주로 쿠폰을 이용해서 알뜰하게 사는 편이야.

현 (〈개그콘서트〉남보원의 개그맨 동작을 취하며) 커피값은 내가 내고 쿠폰 도장은 니가 찍냐?

된장녀 어쭈? 고작 커피값 내준 걸 경제적 우월함으로, 남성이 여성보다 우월하다고 뽐내는 데 들이대냐? 아님 우리 된장녀들이 알뜰하게 쿠폰 모으는 걸 꼬투리 잡니? 너도 그러고 보니 "여성들이 밥을 사는 그날까지"를 외치는 개그맨 세 녀석처럼 성역할 고정관념에 사로잡혀 있구나. 정말 쪼잔하네. 단군 이래 한국 여자들이 제 목소리를 내기 시작하니깐 그걸 된장녀다 뭐다하면서 비꼬는 거지. 그렇게 치사하게 굴지 마라.

현 큼큼. 단군에 대해 잘 아는 모양인데 그럼, 단군 얘기나 해보자.

된장녀 으음 그러니까, 단군은 한마디로 '튀기'야. 천신을 믿는 부족하고 곰을 토템으로 하는 부족 사이에 정치적으로 중대한 혼인 관계가 맺어져서 단군이 태어났다는 얘기 아니겠니? 인터뷰 주제가 단군 신화라고 해서 미리 인터넷 지식 검색을 해봤는데, 역사적으로 볼 때 단군 신화는 웅녀로 대표되는 '신석기 시대 빗살무늬 토기 문화'와 환웅으로 대표되는 '청동기 시대 민무늬 토기 문화'의 결합을 신화적으로 표현한 거라고 하더구나. 수능 땜에 공부하긴 했는데, 빗살무늬니 민무늬니 하는 게 뭔지 잘은 모르겠지만 말야.

현　그러면 우리 한반도 사람들은 모두 튀기의 자손이구나. 별로 내세울 게 못 되네. 아무튼 하인스나 인순이야말로 가장 단군의 후손답다는 걸 알게 되었지만 말이야.

된장녀　단군 신화는 곰을 토템으로 하는 부족이 결국은 호랑이를 토템으로 하는 부족에게 승리했다는 것으로도 해석할 수 있다던데. 곰 신화는 시베리아에서부터 북부 아메리카 선사시대에 이르기까지 고대 원주민들에게 광범위하게 퍼져 있었대. 그러니까 딱히 옛날 한반도에 살던 사람들만의 신화는 아닌 거지.

현　으음, 요즘 신세대는 아는 것도 많구나. 학력 저하 운운하는 것은 기성세대들의 기우에 불과한 거네. 오늘날은 워낙 지식의 양이 엄청나니까 공교육 수준과 범위의 지식만을 가지고 학력을 따지는 게 결국 우스운 얘기가 되는 거네.

된장녀　우리 신세대라고 해서 너희 쉰 세대하고 크게 다른 건 없어. '된장'이 끌어당기는 힘과 '간지'가 끌어당기는 힘 사이에 놓여서 동요하고 있는 것일 뿐이야. 반면에, 너희 세대는 소위 '삼강오륜', '사회 기

강', '멸사봉공', '봉제사 접빈객' 따위의 말로 표현된 전근대적이거나 반⁺봉건적인 습속 내지는 이데올로기가 끌어당기는 힘과 학교에서 배운 합리주의, 개인주의, 민주주의와 같은, 일종의 관념적 박래품이 끌어당기는 힘 사이에 놓여서 계속 흔들려왔던 것뿐이잖니. 그래도 너희 덕분에 눈부신 경제성장도 이루었고 민주화도 이룬 덕에 우리가 놀고먹고 공부하는 거지.

현   그래. 사실, 된장, 쌈장, 고추장이란 게 다 양면이 있는 거지 뭐. 4000원짜리 된장찌개를 먹을 때도 있는 거고 세련된 인테리어를 갖춘 레스토랑에서 두세 배 돈을 주고서 간만에 보리밥과 쌈장 정식을 깔끔하게 즐길 때도 있는 거야. 그래도 된장이나 쌈장은 집에서 먹는 가정식 백반이 최고야. 난 한 끼에 최소 몇 만원씩 하는 한식 레스토랑에서는 '토쏠려서' 토할 것 같아서 제대로 먹지를 못해. 근데, 너 단군 신화를 믿니?

된장녀   신화는 신화에 불과한 건데, 그걸 왜 믿어야 하니? 단군 신화는 19세기말에서 20세기 초반 제국주의 세력들이 한반도로 서세동점 하는 상황에서 발견되고 재조명된 거야. 신화란 기본적으로 이야기인 거야. 종교 교리가 아니라고. 그러니까 아예 처음부터 믿고 말 게 아니지. 이야기는 듣거나 보고 즐기는 거야. 소설이나 영화, 혹은 TV 드라마처럼 말이야.

현 그럼, 우리 모두가 단군의 자손이라는 것도 결국 일종의 '구라' 인거니?

된장녀 '당근' 이지. 그건 수학적으로나 물리학적으로 불가능한 얘기야. 6000만 명 모두가 한 명의 후손이라는 얘기는 애당초 말이 안 되는거야. 일본의 천황제 신화에서 떠드는 '만세일계' 만큼이나 엉터리인 거지. 한일 양국에서 단일민족이라는 얘기는 다 허구야. 양쪽 다, 민족주의를 강조하기 위해 신화를 가져다가 포장한 거라구.

현 그러고 보니 너는 사실 쌈장녀구나. 패션 감각만 뛰어난 게 아니라 아는 것도 많고 똑똑하네.

된장녀 우리를 된장녀라고 비난하는 사람들은 주로 십대에서 이십대초반 사이의 마초 남성들이야. 본디 소비의 양극화 문제는 계급적 문제인데, 이것을 왜곡해서 억지로 젠더, 그러니까 사회·문화적 성의 문제로 바꿔치기 하는 거잖니? 게다가 민족주의를 동원해서 공격하는 것에 불과해. 요새 법대, 경영대, 공대에 여학생 수가 50%가 넘는 거 알지? 너때는 어땠니?

현 (속으로 '이게 나이도 어린 게 반말이야' 하면서) 1970년대~80년대 말까지 보통 법대, 경영대, 공대에는 여학생이 아주 적거나 없거나 해서 남학생들이 꽃으로 모셨지.

된장녀 그것 봐! 여성이 경쟁상대가 아니었던 시절엔 남성들이 아무멘트도 날리지 않고 조용히 있다가, 아니 밥 사주고 커피 사주다가, 요즘 여성이 남성의 경쟁상대가 되자, 한마디로 남성의 취업 자리를 넘보면서, 쫑알대기 시작했지. 그러면서 '된장녀' 다 뭐다하면서 여성들을 비하하는 거라고.

현　일정 부분 맞는 이야기지만 〈개그 콘서트〉에서조차 남성들이 인권 보장을 외치는 이유는 여자들이 회사, 야근할 때는 "저는 여자인데 빼주세요" 하다가도 보너스 인센티브 나올 때는 우리도 똑같은 직원인데 왜 성차별하냐면서 침 튀기며 남녀평등을 외치기 때문이야.

된장녀　그래 그건 우리 된장녀들도 인정!

현　요즘 된장녀의 반대말 포미For Me족은 들어봤니?

된장녀　무슨 족?

현　포미족이라고 자기 자신이 무엇보다 소중하기 때문에 소비를 자신에 대한 투자로 생각하는 젊은 여성을 지칭하는 용어인데 허영의 상징으로 대표되는 된장녀의 반대되는 의미지. 어때 기분 나쁘지? 된장녀야!

된장녀　포미족이든 된장녀든 돈 쓰기를 아까워하지 않는 건 똑같잖아. 포미족 말고 또 무슨 족이 있냐?

현　'귀족녀'라는 말도 있다던데, 넌 어떻게 생각하니?

된장녀　귀족녀라고는 하지만 미국의 힐튼 호텔 상속녀인 패리스 힐튼 같은 애들은 아직 한국에 없다고 해야겠지. 보이지 않는 곳에서 놀고 있어서 그런지는 모르겠지만 내 눈에 띄지는 않더구나. 패리스 힐튼에 비교하면 한국의 재벌 아들딸이라고 해보았자 별 거 아닌 거겠지. 다만, 보통사람들에 비해서 소비수준이 극단적으로 높은 부유층 출신이 있다는 거는 사실일 거야. 대개 외국 유학을 갔다 와서 영어도 잘하고 그에 걸맞게 고도의 전문 직종에 종사하는 여성들은 걔네들 엄마가 예쁠 테니까 기본으로 '한 미모' 하는 거고 또 영 안 되면 성형하면 되는 거니까. 그리고 뭐니 뭐니 해도 요즘 여성은 패션 '빨', 화장 '빨' 이 받쳐주니 누가 봐도 미인으로 보이는 거지 뭐.

현 된장녀와 귀족녀를 놓고 봐도, 모두가 단군의 자손이라는 얘기는 정말 이제는 전혀 의미가 없는 거네. 정치적으로 풀어 나가야 할 사회적, 계급적 갈등을 은폐하고 억압하는 역할만 하는 거잖니.

된장녀 너라면 귀족녀와 된장녀, 둘 중에 하나를 선택하라면 누굴 선택하겠니?

현 나야 당연히 된장녀지. 된장녀는 쌈장녀고 고추장남도 쌈장남이니까. 나는 내 계급이 편하단다. 어, 시간이 다 되었구나. 그럼 안녕. 담에 만나면 제대로 한번 '쏠게'.

007

키케로
Cicero

수사학

"글쓰기는 기술이 아니다."

키케로Marcus Tullius Cicero 기원전 106년~기원전 43년, 로마 공화정 말기의 정치가, 법률가, 철학자, 수사학자, 문필가. 특히, 가장 뛰어난 라틴어 연설가 및 산문 작가로 알려져 있다. 카이사르 암살기원전 44년 후 공화정 체제를 지키기 위해 애썼지만 끝내 정적이었던 안토니우스가 보낸 군인들에 의해 살해됐다. 키케로의 아버지는 기사 신분 출신의 가죽 표백 사업가였고 어머니는 귀족 가문 출신이었다. 키케로라는 이름은 이집트 콩을 뜻하는 라틴 단어 'cicer'에서 비롯된 것인데, 키케로의 조상 중에 코 끝이 이집트 콩처럼 생긴 사람이 있어서 유래했다고 한다. 키케로는 어려서부터 배우기를 좋아했고 특히 시 짓는 데 큰 재능을 보였으며, 십대 시절

에 당대의 대가들로부터 철학과 수사학 및 로마법을 배웠다. 그가 오늘날 남긴 방대한 문헌은 크게 세 가지로 나뉘는데, 연설문, 철학적 저작, 서간문이 그것이다. 연설문은 정치인 및 법률가였던 키케로의 공적 활동의 기록이자 성과라고 할 수 있다. 서구 고전 산문의 전범을 보여준다고 평가되는 서간문은 그가 친지 및 친척에게 보낸 것으로 약 800통이 남아 있다. 수사학에 관한 그의 저작들은 통상 철학적 저작에 통합되어서 다루어지지만, 정작 철학자로서 그는 여러 학설에 관해서 실용적이고 절충적으로 받아들이는 태도를 견지했으므로, 오늘날 우리에게 중요한 것은 수사학에 관한 이론적 저작들이다. 여기에는 〈발견론〉(기원전 85년), 〈연설가에 대하여〉(기원전 55년), 〈브루투스〉, 〈연설가〉, 〈연설의 부분들〉(세 권 모두 기원전 46년), 〈변증론〉(기원전 44년) 등이 포함된다. 최근 〈연설의 부분들Partitiones Oratoriae〉이 한국키케로학회(회장 허승일)의 집단적 연구와 토론을 바탕으로 해서 서양 고전문헌학자인 안재원 박사의 번역에 의해서 《수사학—말하기의 규칙과 체계》라는 이름으로 간행되었다. 이 번역본에는 우선 한국어 번역문이 나오고, 바로 아래에는 1994년 독일에서 간행된 라틴어본 원문이 있고, 마지막으로 비판적 해설과 주석이 덧붙여져 있다. 이 책의 한국어 번역은 치밀하고 꼼꼼하고 섬세하다는 점에서 높이 살 만하다. 또한 비판적 해설과 주석은 키케로의 다른 저작들은 물론이고 그리스 및 로마의 고전 문헌들을 전거로 삼아서 본문의 해당 부분과 관련된 인문학적 맥락과 배경과 영향 관계를 상세하고도 치밀하게 다루고 있다. 번역자의 학문적 내공과 지적 성실함이 돋보이는 번역 및 해설이라고 할 수 있다.

■

이재현(이하 현) 키케로 선생님, 오늘 이렇게 모신 이유는 여러 가지 문제로 한국 사회가 어지럽기 때문입니다. 우선 요즘 대학입시에서 논술이 강화되는 추세인데요, 학생들은 물론이고 학교 선생님들이나 부모님들에게 많은 부담과 스트레스를 주고 있습니다.

키케로 오호, 논술이라⋯⋯한국이 그렇게까지 글쓰기나 수사학을 좋아한다는 것은 금시초문이라네. 대입에서 논술 강화는 좋은 일 아닌가?

현 문제는 공교육 현장에서 제대로 가르칠 수 없다는 거지요. 결국 비싼 돈을 들여서 사설 학원에서 해결해야 하니까요. 최근에는 이과 학생들도 논술 시험에 대한 부담이 커진 반면에 아직 대부분의 학교에서는 제대로 학생들을 가르치지 못하고 있거든요.

키케로 그건 아주 쉽게 해결할 수 있어. 먼저 대학교수들, 그러니까 자연대나 공대 교수들을 포함해서 모든 대학교수들로 하여금 매년 논술 시험을 치르게 하면 되는 거야. 그래서 성적이 나쁜 교수들을 강단에서 물러나게 하면 돼. 그리고 논술이 그렇게 중요하다면 초등학교 때부터 논술 및 글쓰기 과목을 필수로 해서 아이들에게 가르치면 되는 거구. 교육인적자원부도 직제를 바꿔서 한국어 및 논술 담당 차관, 영어 담당 차관, 수학 및 자연과학 담당 차관, 뭐 이런 식으로 조직을 확 바꿔서 담당 공무원들의 근무 평정을 성과 위주로 하면 금방 해결될 거야.

현 (허걱) 선생님, 굉장히 과격하시군요. 어쨌든 기회가 생기면 선생님께서 몸소 한국 국회에 나오셔서 지금 하신 얘기를 멋들어진 연설로 해주셔야겠네요.

키케로 내가 하고 싶은 얘기는 논술을 기능적으로 접근해서는 안된다는 거야. 무엇보다 책을 읽고 글을 쓰는 습관을 어려서부터 길러야 하구. 그러기 위해서는 아이들이 재미를 느낄 수 있도록 출판 기획이라든가 공공 도서관의 장서 충당이라든가 학교의 수업 방법 등을 획기적으로 개혁해야 한다는 거지. 교과서나 참고서는 물론이고 좋은 인문교양 서적이 많이 나오고 많이 팔리는 사회 시스템을 만들어야 한다는 거야. 나는 평생 동안 수사학을 좁은 의미의 기술이나 기예로 전락시키는 것에 대해서 반대해왔네. 그보다는 수사학을 한편으로는 철학 및 인문학과, 다른 한편으로는 법률적이고 정치적인 사회 활동과 관련해서 이해하고 실천해왔어. 내 수사학적 저작들이 대개 '이상적 연설가'와 관련된 것을 다루는 것도 다 그 때문이라네.

현 선생님이 사시던 때 로마 사회에서는 정치적 의사 결정이 600여 명에 이르는 원로들로 이루

어진 원로원에서 주로 이루어졌고, 공개적인 형사소송이 군인이나 평민으로 구성된 재판진이나 배심원단 앞에서 진행되었으니까 연설이나 변론 등의 수사학적 실천이 매우 중요한 일이었겠지요. 하지만 지금 한국에서는 교육과 정치·사회적 실천, 혹은 좁게는 법률적 실천이 서로 완전히 분리되고 소외되어 있답니다. 그리고 이러한 분열과 분리는 흔히 말하는 공교육의 위기라든가 인문학의 위기와도 연관이 되어 있는 문제구요.

키케로 이미 그러한 현상은 내가 살던 시대에도 있었어. 내가 강조했던 '이상적인 연설가'라는 게 결국 연설가와 철학자의 결합, 수사학 이론과 실천의 결합, 수사학과 철학의 결합, 윤리와 정치의 결합, 교육과 공적 활동의 결합을 추구하는 건데, 그토록 결합을 강조했다는 것은 이미 그 이전에 심각한 분열 내지는 분리가 있었다는 것을 뜻하는 거야. 너무 좌절할 필요는 없어.

현 문제는 한국에서 인문학의 위기를 말하는 사람들 대부분이 바보라는 점에 있다는 게 제 생각입니다. 대부분은 엉뚱하게도 위기의 원인을 TV나 영화나 컴퓨터 게임이라든가 디지털 콘텐츠에 돌리고 있지요. 아니면 인문학의 위기와 대학의 위기를 혼동하고 있는 경우가 많아요. 이 둘은 서로 관련이 있기는 하지만 엄연히 서로 다른 문제거든요. 인문학의 위기를 말하는 사람들이 쟁점stasis을 제대로 형성해내지 못하는 것이야말로 인문학 위기의 핵심이지요.

키케로 냉소적으로 얘기하자면 세상은 늘 바보들이 지배하는 거니까 그런 일에 너무 흥분할 필요는 없다네. 내가 수사학 이론에 관한 저작들을 라틴어로 쓴 것은 내가 살던 때에 라틴어 역사가 아직 짧은 시절이라서 한마디로 라틴어가 '가난했기' 때문이었다네. 자화자찬하는 것 같아서 머쓱한 일이기는 하지만, 나를 거쳐서 라틴어는 풍부해지고 풍요로와졌다네. 자네의 한국어는 어떠한가?

현 뭐, 아직 '절라' 궁핍한 단계입니다. 한마디로 엉망진창이라고 할 수 있지요.

키케로 학자나 문인의 언어적 실천만이 전부는 아니라네. 사람들이 쓰는 모든 말과 글이 다 수사학적 실천에 해당하는 거야. 정치인들의 말, 신문에서 기사 제목을 뽑는 거, 광고 카피를 만드는 것, TV 저녁 뉴스에서 기사거리를 배열하는 순서, 인터넷의 많은 댓글 등도 수사학 공부에서 아주 훌륭한 재료가 되는 거라네.

현 그렇다면, 그런 예로 이용훈 대법원장과 이건희 삼성회장의 말을 꼽을 수가 있겠네요.

키케로 그들이 뭐라고 했는데?

현 이 대법원장은 '공판 중심주의'에 관한 얘기를 본격적으로 논의하려던 것이었다고들 하네요. 그런데 결국 자기네 밥그릇 빼앗는 거라고 생각한 검사들과 변호사들이 강력하게 반발하는 바람에 엉성하게 봉합되는 것으로 끝났지요. 그 논의의 형식과 과정을 봐도 우리 인문주의의 토대가 얼마나 허약한지 엿보이지 않습니까?

키케로 그렇긴 하네. 삼성은 한국을 대표하는 세계적인 기업이지?

현 네, 노조를 절대 허용하지 않는다는 점과 각종 법망의 빈틈을 이용해서 지저분하게 재산 상속을 꾀하고 있다는 점에서 그러하지요.

키케로 너무 그런 식으로 삐딱하게만 보지 말고 긍정적인 면도 보게나. 그래야만 사회의 주류를 설득할 수 있는 거야. 자네는 세상을 바꾸고 싶지 않은가?

현 아무튼 간에요, 이건희 회장은 최근에 '창조적 경영'을 들고 나왔답니다. 1993년부터 '신경영', '천재경영', '강소국론', '디자인 경영' 등의 화두를 계속해서 삼성 그룹은 물론이고 한국 사회에 던져 왔지요. 수사학에 관심이 있는 저로서는 이 회장의 일거수일투족을 늘 주목해 왔습니다. 감히 허세를 부려서 말하자면, '존경할만한 적'인 셈이지요. 저야 별 볼 일 없는 '문발이', 그러니까 한갓 글쟁이에 불과하지만요.

키케로 그러면 '창조적 경영'이란 "이제는 마누라와 자식까지도 다 바꿔라"라는 뜻인 거지?

현 네에? 크크크 키케로 선생님, 농담도 아주 잘 하시는군요. '창조적 경영'을 제대로 하려면 인문학부터 살리라는 얘기로 새겨듣겠습니다. 그럼, 멀리 못 나갑니다. 살펴 가십시오.

169

008
에버원
EveR-1
안드로이드

"군인 로봇보다는 국회의원 로봇을"

에버원$^{EveR-1}$, 우리나라에서 개발된 로봇. 이름은 이브^{Eve}와 로봇^{Robot}을 합성해서 지었다고 한다. 에버원은 가는 팔과 작은 얼굴로 만들어져서 실제 여성을 닮았다. 또한 실리콘 재질의 피부를 갖고 있으며 얼굴 관절 15개를 포함, 총 35개의 관절을 갖고 있어서 심지어 손가락을 움직이는 것도 가능하다. 희로애락과 같은 간단한 감정을 표현할 수 있으며, 400 단어를 알고 있어서 아주 초보적인 대화도 할 수 있다. 장차 박물관의 안 내 로봇이나 동화를 읽어주는 교육용 로봇으로 쓰일 것이라 한다. 에버 원은 비록 상반신만을 움직일 수 있지만 눈에 영상 인식 카메라를 갖추 고 있어서 사람 얼굴을 식별할 수 있으며 시선을 맞출 수도 있다. 사람 모

습을 하고 있다는 의미에서 안드로이드^{android}라고 소개된 에버원은 국내

로서는 최초이며, 일본에 이어 세계에서 두 번째로 개발되었다고 한다.

안드로이드는 보통 인조인간으로 번역된다. '사람을 닮은' 이라는

어원을 갖는 안드로이드란 말은 애초에는 자동인형기계에 적용되었다.

영어에서는 'androides' 라는 형태로 1727년에 처음 나타났는데, 중세

의 연금술사들이 창조해내려고 노력했던 유기체적 인조인간을 가리켰

다. 이 말이 현대적 의미에서 처음 사용된 것은 잭 윌리엄슨^{Jack Williamson}

의 작품 《혜성 인간^{The Cometeers}》1936이다. 이후 1940년대부터 SF소설에서

본격적으로 쓰였다. 안드로이드는 오늘날 통상의 쓰임새에서 유기적 실

체를 가진 인조인간을 가리킨다. 이런 의미에서 엄밀히 말한다면, 에버

원은 안드로이드가 아니다. 반면에, 안드로이드라는 말은 때때로 인간

을 닮은 기계에 적용되기도 한다. 이런 느슨한 의미에서 에버원은 안드

로이드라고 할 수 있다. 안드로이드와 비슷한 뜻을 가진 말로 '휴머노이

드^{humanoid}' 가 있다. 휴머노이드는 말 그대로 인간을 닮거나 인간처럼 행

동을 하는 기계 내지는 생명체를 가리키며, 때

때로 SF에서는 다른 별에 사는 지능을 가진 생

물을 가리키기도 한다.

■

이재현(이하 현) 안녕, 에버원. 다시 한국에 로봇 바람이 불

고 있는 것 같구나. 전에 전직
정통부 장관이 지방 선거에 출
마하기 위해 한 정당에 입당할 당시 자
신이 장관 시절 개발을 지휘한 인간형
로봇을 시켜 입당 원서를 제출해 화제가
되기도 했었는데…….

에버원 음, 개네들 이름이 '우리'와 '진이'였지, 아마. 열린우리당과
진대제 후보의 이름을 따서 얼결에 그렇게 지었다고 하는데 애초에 개
발명은 'RX'야. 선거 홍보용으로 그 로봇들을 빌려다 쓴 건지. 원래 정
부 과제로 개발한 건데, 다시 이름을 바꿀 거라고 하더라. 그러니까 냉정
하게 풍자해서 말한다면 개네들은 '정치 로봇'인 셈이지.

현 너도 이번에 정치인 출신 산자부 장관과 함께 나와서 홍보되지 않
았니?

에버원 …….

현 우리나라에서 최초로 개발된, 걷는 로봇은 2002년에 카이스트
KAIST의 오준호 박사 팀에서 만든 '휴보'로 알고 있는데, 그때 언론에는
'휴머노이드'로는 국내 최고 수준이라고 소개되었던 것으로 기억하는
데, 이번엔 네가 한국 최초의 안드로이드라고 소개되었더라.

에버원 우리나라 로봇 산업은 아직 걸음마 단계니까 언론 홍보가 중
요하잖아. 그러니까 늘 국내 최초라든가 국내 최고 수준이라고 하는 거
야. 정치인들이 우리 로봇과 함께 사진 찍기를 좋아하는 것도 다 홍보 때

문이지 뭐. 너그럽게 이해해 줘. 어쨌든 간에 우리 아이들이 좋아하는 걸, 뭐.

현 2004년에는 키스트^{KIST}의 유범재 박사 팀이 '마루'와 '아라'를 탄생시켰었지?

에버원 그래, 휴보는 본격적인 보행 로봇인데, 시속 1.2킬로미터 속도로 걸을 수 있고 현재는 업그레이드되어서 계단을 오를 수도 있지. 마루와 아라는 지능형 로봇인데 네트워크를 기반으로 했다는 점에서 세계 최초야.

현 지능형 로봇은 뭐고 네트워크 기반이란 뭔 소리냐?

에버원 요즘 로봇은 크게 세 종류로 나눠서 얘기한단다. 산업용 로봇, 휴머노이드 로봇, 지능형 로봇 이렇게 말야. 산업용 로봇은 공장에서 자동차라든가 LCD를 제작하는 데 쓰여. 쉽게 말하면 조립을 한다든가 하는 것처럼 공장에서 인간의 일을 대신하는 로봇이야. 1960년대와 70년대에 공장에서 물건을 옮기는 기계팔이 효시였지. 산업용 로봇 분야에서 한국은 다른 나라에 뒤지지 않아.

현 으음, 그러면 휴머노이드 로봇은 그 외형이나 동작의 기능이 인간을 닮은 로봇을 말하는 거겠구나. 휴보와 네가 바로 휴머노이드 로봇이겠네.

에버원 그렇지. 휴보는 본격적인 이족 보행 로봇인데 외형이 나보다는 더 기계적인 느낌을 주는 로봇이고 나는 외형이 그보다는 더 사람처럼 보이게 만든 거지. 특히 나는 우리나라 여성의 고유한 얼굴을 닮아 보

이도록 만들어진 거야. 게다가 모터와 유압장치로 이루어진 구동장치에
의해서 관절의 움직임도 더 자연스러워진 데다가 말할 때 입술도 말에
맞춰 움직이도록 되어 있단다.

현 로봇의 정의란 쉽게 '지능을 갖고 있고, 인간을 위해 유용한 일을
하는 기계장치' 라고 할 수 있을 텐데, 단지 신기하다는 거 **빼놓고** 대체
네가 할 수 있는 일이 뭐니?

에버원 현단계에서는 뭐 딱히 꼬집어 말하기는 그런데, 예컨대 박물
관의 안내?

현 야야, 그만 둬라, 그건 널 만든 쪽에서 홍보할 때 떠든 얘기잖아.
실제로는 아무런 영양가 없는 거지. 400 단어를 겨우 말하는 수준에서
어떻게 제대로 안내를 하겠니. 동화 구연이라는 것도 아이 엄마들이 유
치원에서 자원 봉사하는 게 더 훨씬 낫다.

에버원 그럼 이건 어때? 나 말고, 마루와 아라 얘긴데, 걔네들은 지능
형 로봇인데다가 네트워크를 기반으로 하기 때문에 로봇 본체에 인공지
능이 있는 경우보다는 훨씬 능력이 뛰어나. 지능이 통신망에 의존하니
까 본체는 더 가벼워지고 전력 소모량도 적어. 외부 통신망의 서
버 컴퓨터의 성능이 좋아질수록 더 지적으로 복잡한 일을 할 수
있어. 네트워크를 이용하는 지능형 로봇의 분야가 다
른 나라에 비해서 상대적으로 장래성이 있다고 할 수
있지. 현재는 여러 대의 로봇이 물건을 함께 들 수 있
는 협동 작업을 하는 수준의 네트워크 기반 지능형 로

봇을 개발 중이란다. 그 밖에 다른 분야의 지능형 서비스 로봇 개발에도 우리 정부는 돈을 많이 쓸 예정이란다. 화재를 진압한다든가 인명을 구조한다든가 하는 일에 쓰이는 로봇을 개발해서 선보일 계획이야.

현 내게는 꿈같은 얘기로 들린다. 냉정하게 말하면 우리나라는 로봇 분야는 물론이고 더 넓게는 정밀기계 분야 전반에서 부품이라든가 소재 등의 핵심 기술 수준이 엉망인데 그런 핵심 기술의 확보 없이 당장 로봇을 조립해낸다고 해서 뭐가 달라지겠니?

에버윈 부품이나 소재 분야에서 정밀도 높은 핵심 기술이 떨어지는 건 사실이야. 하지만 일단 로봇을 조립해내는 것도 기술은 기술인 거야. 게다가 아까 말했듯이 네트워크를 기반으로 하는 분야는 세계 최고 수준이야.

현 솔직히 말해서 요즘 로봇 산업 분야에 갑자기 정부 돈이 많이 풀리는 걸 난 좋게 보지 않아. 몇 년 전의 바이오 산업을 보면 잘 알 수 있어. 금방 뭐가 될 것처럼 떠들다가 쉽게 거품이 꺼져버리고 말았어.

에버윈 그럼 넌 로봇에 대해 뭘 기대하고 있는 거니?

현 아까 말한 로봇의 정의라고 하면, 내 주방에 있는 전자레인지도 로봇은 로봇이야. 수분 상태를 감지해서 적정 시간을 스스로 결정해서 요리를 해주니까. 반면에 미국 '넘덜'은 군사용으로 로봇을 개발해서 악용하잖냐? 지난번 이라크 전쟁에도 투입이 되었지. 그 경우는 전혀 맘에 들지 않아. SF작가 아이작 아시모프^{Isaac} Asimov가 말한 '로봇의 3대 법칙'에 위반되는 거니까 말이야.

에버원　그 첫째 법칙은 "로봇은 인간을 해쳐서는 안 된다. 또는 인간이 해를 입도록 방치해서도 안 된다"는 거지?

현　그래. 로봇은 기능성보다 안전성이 더 중요한 거니까 말이야. 위험한 일을 대신하는 건 좋지만 인간을 해치는 군사용이나 전쟁용은 딱 질색이야. 그래서 비록 애니메이션이나 만화에 나오는 것이기는 하지만 나는 심지어 '로봇 태권V'도 별로 좋아하지 않아.

에버원　그럼 넌 어떤 로봇이 좋아?

현　내 취향으로 말하자면야 당연히, 대신 시위를 해주거나, 대신 군홧발에 짓밟히거나, 대신 체포되거나 구속되는 그런 로봇이지. 시위 뉴스들을 보면 정말 국방부와 경찰이 해도 해도 너무 하거든.

에버원　으음, 군사용이나 진압용 로봇은 안 되지만 시위를 대신해주는 로봇은 된다는 거지? 하지만 그건 불가능한 소망이야.

현　아니면, 돈을 몇 천 억 들여서 벌이는 사업이라면, 대통령이나 국회의원 역할을 대신해주는 지능형 서비스 로봇이라도 개발하란 말이야. 우리나라에서 이 분야는 로봇이 차라리 더 나을 테니까.

에버원　176177178178177178⋯⋯.

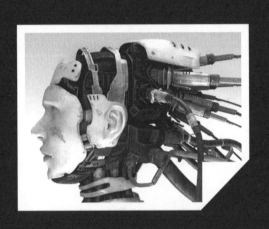

009

블랙홀
Black Hole
록그룹과 사회주의

"파쇼적 애국심을 뚫고 울려라, 록!"

한국에서 '롹' 음악을 한다는 것은 저주받은 일에 속한다. '헤비메틀'을 한다는 것은 더욱 그러하다. 그런데 일단, 여기서 주의할 것은 메탈이 아니라 메틀이라는 것이다. 디지탈이나 디지털이 아니라 '디지틀'이듯이 말이다. 그러니까 내 말은, 영어 발음에 우리 모국어의 발성 구조가 간섭하듯이, '롹'을 하는 데에도 한국 사회의 여러 구조적 조건이 간섭을 하고 제약을 가한다는 것이다.

한국 최초의 '롹' 음반은 신중현이 이끈 4인조 그룹 '에드 휘The Add 4'의 데뷔 앨범 〈비속의 여인〉 1964이라고 한다. 연주와 노래는 물론이고 작곡과 편곡의 면에서도 외부의 도움을 받지 않고 "그룹 스스로 모든 것을 했다”는 점에서 최초라는 것이다. 하지만, 한국 ‘롹’ 음악의 초창기에는 ‘에드 훠’, 그러니까 ‘애드 포’ 말고도 ‘키 보이스’와 ‘코끼리 브라더스’도 활동하고 있었다고 알려져 있다. 이들 사이에 누가 원조냐 하는 것은 논쟁 거리에 속한다.

그런데 키 보이스의 유명한 노래 ‘해변으로 가요’ 1970는 상당 기간 동안 김희갑 작사, 작곡으로 알려져 왔고 더 거슬러 올라가서는 키 보이스 작사, 작곡으로 정정되기도 했었는데, 얼마 전에 그렇지 않다는 게 밝혀졌다. 소설가 이호철이 가사를 번역한 이 노래는 원래 8인조 일본 그룹의 것이었고 이 그룹을 이끌던 한국계 일본인이 작사, 작곡한 것이라고 한다.

뭐, 이것만은 아니다. ‘중딩이’ 시절의 내가 하루에도 수십 번씩 불러 제끼곤 했던 신중현의 ‘미인’도 그 기타 전주 부분이 알고 보면 지미 헨드릭스의 ‘부두 칠레Voodoo Chile’의 그것과 거의 똑같다. 물론, 그럼에도 불구하고 나는 신중현을 좋아하고 존경한다. 마찬가지로 그 기원이야 어떻든 간에 내 몸에 ‘해변으로 가요’는 한국 가요로 새겨져 있다. 달리, 이미 1970년대 후반에 ‘블루 나이트 요코하마’는 그 쓰임새에 있어서 더 이상 일본 노래가 아니었다.

‘트로트 메틀’이라는 괴상한 용어가 말해주고 있는 것처럼 서구 록음악의 다소간에 본원적인 듯한 장르적 성격들은 한국에서 특유의 ‘뽕’ 양식 안으로 용해되거나 흡수되어 왔다. 이렇게 키치적이

고 혼성적인 제약과 한계에도 불구하고, 한국의 록음악은 1980년대 중반에 활짝 꽃피게 된다. 이 땅의 '롸커'들이 끊임없이 '롹'의 '진정성'을 추구해온 노력의 결과였다. 시나위, 부활, 백두산과 같은 록 그룹이 한꺼번에 등장해서는 1986년에 첫 앨범들을 선보이기 시작한 것이다. 이들 그룹의 기타리스트 신대철, 김태원, 김도균은 신중현, 산울림, 김수철, 들국화 등과 더불어 한국 록음악의 명예의 전당에 들어갈 만하다. 잘 알려져 있다시피, 임재범, 김종서, 서태지 등은 이들 세 그룹과 관계가 깊다.

한국 록음악 중흥의 역사도 1986년부터 꼽아서 올해로 25년이다. 어떤 점에서는 광복 60주년보다 값지다. 또, 한국 록의 역사에서 1986년의 르네상스는 소위 정치적 민주화와 관련하여 언급되는 '87년 체제'에 못지지 않다. 중흥기 이후의 한국 록음악은 민노총 15년의 두 배만큼이나 나이를 먹은 것이다. 이승철이 한때 몸담았던 그룹 부활은 올해 12집 앨범 〈Retrospect〉를 냈고, 25주년 기념 공연을 했다.

엉뚱하게 들리겠지만, 본디 록그룹과 사회주의는 그 이념이 같다. 그 공통 이념은 '모두가 하나를 위해서, 하나는 모두를 위해서'로 요약된다. 흔히 우리는 록그룹을 리더라든가 리드 보컬의 이름을 통해 기억하고 있기는 하다. 그렇지만, 록그룹이 내부 주도권 다툼으로 이합집산을 거듭하다가 해체되어 버리지 않기 위해서는 사회주의 이념의 관철이 필요하다. '딥 퍼플'의 예를 들어보자. 그 유명한 리치 블랙모어도 절에 간 색시처럼 얌전하게 오르건에 맞춰서 연주하고 있다. 이게 바로 록그룹의 맛이라면 맛이다.

마찬가지로, '비틀즈'는 1974년 법적 종말을 맞이할 때까지 햇수로 20년쯤 간 셈인데, 내부의 갈등과 알력에도 불구하고 리드 보컬을 딱히 내세우지 않아서 이게 가능했다고도 할 수 있다. 내가 개인적으로 제일 좋아하는 노래는 조지 해리슨이 작곡한 'while my guitar gently weeps'인데, 이 곡의 연주에서는 정말로 기타가 울고 있다. 그런데 연속적인 쵸킹 주법 사이에 해머링 온과 풀링 오프를 섞어서 정작 기타를 울리고 있는 이는 에릭 크랩튼이다.

정반대 쪽에서 이야기할 수도 있다. 록 밴드의 고유한 색깔을 지켜내기 위한 과정에서 멤버들이 들락날락하는 경우가 실제로는 더 많다. 임재범이 시나위에 계속 있었더라면 한국 록음악은 역사적으로 훨씬 더 진보했을 것이다. 87년 대선에서 운동권이 분열하지 않았더라면 하는 가정과 마찬가지로 매우 부질없는 공상이기는 하지만 말이다. 임재범과 같이 뛰어난 가창력을 지닌 이가 록의 영역을 벗어나서 방랑과 비운의 가객으로 머문다는 것은 너무 안타까운 일이다. 물론 록만이 음악은 아니지만.

한국의 헤비메탈 그룹 중에서 내가 제일로 꼽는 것은 '블랙홀'이다. 블랙홀은 86년의 3대 밴드보다는 조금 늦게 89년에 데뷔 앨범을 냈지만 결성부터 따지자면 20년은 넉넉히 된다. 당시 1980년대 중반의 헤비메탈 붐은, 고등학교 한 반에 한 팀이라는 말이 떠돌 정도였다. 블랙홀은 몇 년 간의 무수한 라이브 활동을 원동력으로 해서 1988년의 어떤 가요제에서 대상을 타면서 등장했다.

내가 블랙홀을 좋아하는 이유는 여러 가지인데 그 중 하나는 꾸준하다는 것이다. 자신의 음악적 색채를 굳건히 지키고 있음은 물론이고 전국 투어를 끊임없이 해왔다. 들리지 않은 대학 캠퍼스가 거의 없을 정도라는 것이다. 지금도 부르면 언제 어디든지 달려간다. 물론 자존심을 해치지 않는 범위의 개런티를 당당히 요구하면서 말이다. 이렇게 당당한 꾸준함이 나는 좋다.

블랙홀의 곡 중에서 내가 제일 좋아하는 것은 '바람을 타고'이다. 대중적으로 알려진 곡은 초기의 '깊은 밤의 서정곡'이지만 그 곡은, 내 취향에 기대어 말하자면, 시나위의 '크게 라디오를 켜고'나 '그대 앞에 난 촛불이여라' 보다 상당히 떨어지는 듯하다. 보컬도 다소 약한 듯한 데다 쉽게 귀를 질리게 만든다. 이에 반해 '바람을 타고' 는 기타 반주나 보컬 모두 스피디하고 파워풀하다. 가사의 정서적 소구력도 뛰어나며 음악적 부분과도 잘 어울린다. 판소리에서 '부침새' 라고 하는 바, 음악적 박拍 과 모국어 노랫말의 발성이 서로 분절되고 맞물리는 짜임새도 아주 자 연스럽고 멋지다.

블랙홀의 앨범 8집에는 한국 전통음악의 어법과 악기가 동원되었다. '삶' 에는 염불 스타일의 모티브가 중심이고 아쟁이 반주에 쓰인다. '달 빛 아래 홀로 걷다' 에는 대금 소리가 들어가 있다. 단지 실험되고 만 것 이 아니라 헤비메탈 장르 안에 제대로 녹아 있는 것이다. 부활의 10집 앨범 〈retrospect〉의 수록곡인 '어제' 나 '생각이 나' 가 쉽게 귀에 들어 오게끔 팝 스타일로 만들어진 것과는 다른 방식으로 살아남으려는 노력 의 소산인 셈이다.

물론, 내 말은 부활 쪽이 덜 정통적이라거나 더 처진다는 얘기가 결코

아니다. 나는 부활 쪽 노래도 역시 좋고 '뮤 비' 에 나오는 조승우의 미디엄 섀기shaggy 스 타일의 머리 모양새도 맘에 든다.

두서너 줄짜리 '댓글 민족주의' 의 메인 스 트림에 속이 상한 분들일랑 꼭 블랙홀과 부활 의 앨범을 사서 듣기를 진정으로 권한다. 이

것이 광복 65주년 마지막 달에 창궐하는 '파쇼적 애국심'에 저주의 파열구를 내는 유일한 길이니까. 누구든 록 스타가 되기에 너무 늦은 사람도 록을 즐기기엔 늘 아직 새파랗게 젊은 법이다.

010

효도르와 크로캅
Fedor & Cro-Cop
현대판 검투사

"격투기는 영원하다!"

지난 세기의 대결에서 효도르가 크로캅을 이겼다. 일본의 대표적인 이종격투기 게임인 '프라이드'의 〈그랑프리 2005 결승전〉의 헤비급 타이틀 매치에서 러시아의 효도르가 크로아티아의 크로캅에게 3:0 판정승을 거둔 것이다. 상당수의 팬들은 멋진 하이킥을 구사하는 크로캅이 이기기를 바랐지만 다수의 전문가들과 마니아들의 예상대로 효도르가 승리했다. 그것도 부상을 당한 한쪽 손을 제대로 쓰지 않은 채로 말이다.

나는 최홍만이 등장했던 그해 봄의 'K-1' 경기를 놓치고 매우 안타까워했던지라 그 경기는 며칠 전부터 고대하고 있었다. 경기를 보면서 가장 인상깊었던 것은 어린 시절 우리 사내아이들의 막싸움과 달리, 한쪽이 피를 흘려도 싸움은 끝나지 않는다는 점이다. 그 다음은 효도르가 자주 무릎을 들어올려 크로캅의 미들킥을 봉쇄한 것인데 나중에 일본 격투기 용어 사이트에 들어가 보니 이 기술을 '스네 블록' 이라고 부른다는 것을 알게 되었다. 스네란 일본말로 무릎이란 뜻이다.

1라운드에서 하이킥을 구사하다가 효도르의 태클에 걸려서 넘어지면서 '테이크 다운' 된 것이 크로캅의 패인으로 보인다. 하이킥을 구사하기 바로 전에 크로캅은 효도르의 얼굴에 유효타를 두어 방인가 먹인 바 있었는데, 섣불리 하이킥을 쓰기보다는 좀 더 계속해서 펀치를 먹이는 쪽으로 갔더라면 하는 아쉬움이 남았다. 크로캅의 유명한 하이킥에 대해 효도르가 이미 맞받아칠 대책을 세워두고 있었으니까 말이다. 바닥으로 넘어져서 깔린 상태에서는 크로캅이 효도르를 당해낼 수 없었던 게 당연하다.

입식 타격이 전문인 선수와 그라운드 기술이 전문인 선수의 대결에서는 종종 '이노키-알리 상태' 가 다소 지루하게 지속되기도 하는 법인데 이 경기는 용호상박이라는 말이 어울릴 정도로 시종 박진감 넘치는 경기였다. 처음부터 공세적으로 타격전에 나선 효도르의 예상 밖의 작전도 훌륭했고, 입식 타격전에서는 사이드 스텝으로 돌다가 기회를 봐서 치고 빠지는 전법, 또 그라운드에서는 나름의 '테이크 다운 디펜스' 기술로 대응한 크로캅의 선전도 볼만했다.

크로캅은 본명이 '미르코 필로포비치' 다. 15살의 무렵부터 태권도를 시작했고 그 후 가라테와 킥복싱
등을 익혔다고 한다. 링 네임인
크로캅은 '크로아티아의 경찰'
출신이라는 뜻이다. 일본에서는,
당초 입식 타격계 이종격투기인
'K-1'에서 활약하다가 종합격투
계인 '프라이드'로 옮겨서 활약해왔다. 1974년 크로아티아에서 태어난
미르코는 어린 시절에 영화배우 장 클로드 반담에 매료되어 격투기를
시작했다고 한다. 크로캅은 긴 손발을 살린 타격이 장기이며, 특히 그의
왼발 하이킥은 상대 입장에서는 시야의 사각에서 갑자기 빠르게 올라오
는 것이기 때문에 일격필살의 파괴력을 가진다. 이 하이킥 덕분에 팬들
로부터 큰 인기를 얻게 되었다.

크로캅은 그의 사춘기 때인 1991년에 시작된 크로아티아 내전을 몸
소 겪으면서 한때 잠시 운동을 중단하기도 했다고 한다. CSI 드라마에
서 등장인물 닉 스톡스 역을 맡는 배우 조지 이즈처럼 얼굴의 너비와 목
의 너비가 똑같다. 머리와 목이 두툼한 각목처럼 한덩어리로 쭉 연결되
어 있는 것이다. 격투기 선수치고는 '세숫대야'도 잘 생긴 편이어서 그
런지 크로아티아에서는 국회의원으로 활약하기도 한다는 것이다. 일본
팬을 의식해서인지 정치적으로는 고이즈미 편을 들고 있는데 나로서는
이 대목이 못마땅하다.

'효도르'는 '표도르'를 일본식으로 발음한 것이다. 러시아 알파벳,

그러니까 키릴문자로는 'Фёдор Емельяненко'라고 표기하니까 군이 우리말로 표기하면 표도르 예멜리야넨코가 더 러시아 발음에 가까울 듯싶다. 어쨌든 둥글둥글한 몸집의 효도르는 동네 아저씨 같은 느낌을 준다. 효도르의 물렁살과 뱃살은 언뜻 보기에는 평범한 사람의 그것에 가깝다. 하지만 전문가들에 의하면 효도르처럼 지방질이 많되 훈련으로 단련된 몸은 지구력이나 유연성에서 더 뛰어나다고 한다.

효도르는 1976년 우크라이나에서 태어나서 78년에 부모님을 따라 러시아로 이주했다고 한다. 효도르는 삼보와 유도는 물론이고 레슬링과 킥복싱도 익혔다고 한다. '프라이드'에서 활약하기 전에는 또 다른 격투기 게임 '링스'에서 헤비급과 무제한급의 챔피언을 지냈다. 효도르가 2003년 경기에서 괴력의 랜들맨에 의해서 번쩍 들렸다가 머리부터 거꾸로 떨어질 때에 이를 보고 있던 나는 순간 아찔해졌다. 저러다가 목이 부러지는 게 아닌가 하는 생각이 스쳤던 것이다. 바로 그 찰나에 효도르는 극히 유연하게 어깨와 등으로 매트 바닥을 받아내는 순발력 있는 낙법을 선보였다. 그렇게 충격을 완화하고 나서는 곧바로 반격해서는 상대방을 '암록'으로 '탭 아웃' 시켜버렸는데 이 장면은 어떠한 액션영화나 무협영화에서도 찾아보기 힘들 정도로 경이적이었다.

효도르의 트레이드 마크라고하면 무표정한 얼굴이다. 눈은 만화 주인공 '구영탄'을 연상시키는 약간 풀린 듯이 보이는 눈동자를 하고 있는 반면 입술은 굳게 다물고 감정을 거의 드러내지 않는 게 그의 평소 모습이다. 그런 그가 상대방 위에 올라타서 냉정하고도 힘차게 '파운딩'을 하는 것을 보고 있노라면 '졸라 아프겠다' 하는 생각이 절로 든다.

세기의 대결에서 중반 이후에 크로캅의 체력이 급속하게 떨어진 것은 이런 점에서는 당연했다. 효도르의 '얼음 파운딩'은 그만큼 위력적이었던 것이다. 영어 단어 '파운드'란 명사로는 무게를 다는 단위를 뜻하지만 동사로 쓰일 때는 소리가 들릴 정도로 여러 번 때리는 것을 말한다. 형태는 같지만 어원이 서로 다르다. 그의 경기를 보니 '얼음'이란 별명이 붙게 된 것은 국적이 러시아인 효도르가 무표정한 얼굴을 한 채 어떤 상황에서든지 냉정한 스타일로 경기를 운영하기 때문이란 게 아주 쉽게 이해되었다. 효도르는 그라운드 기술도 뛰어나지만 그 특유의 러시안 훅을 포함해서 타격 기술도 아주 뛰어나다. 그러니 크로캅이 효도르를 당해내지 못한 것이다.

매스컴에서는 종종 이종격투기가 극도로 잔인하고 위험하다고들 한다. 아닌 게 아니라 전에 한국에서 아마추어 선수가 사망하기도 했다. 그러나 그 경우는 선수나 주최 측의 준비 부족이 주된 원인이다. 이종격투기는 아무 것도 하지 않는 것보다는 분명 위험하지만 패러글라이딩이나 스키를 타는 것보다 더 위험하지는 않다고들 한다.

이종격투기는 막싸움이나 개싸움을 닮았지만 엄연히 룰이 있는 스포츠 게임이다. 인터넷에 김두한과 효도르가 붙으면 누가 이길까 하는 등의 물음이 올라와 있기는 하지만, 따지고 보면 이런 질문은 최배달과 이소룡이 붙으면 누가 이길까 하는 물음과 마찬가지로 어리석기 짝이 없는 것이다. 이런 물음은 1960년대 소년잡지의 특집 기사, 그러니까 사자와 호랑이가 붙으면 누가 이길까 하는 것 따위와 비슷하다.

물론 이종격투기는 바로 이런 소박한 궁금증을 만족시키기 위해서 창안된 장르이기는 하다. 1970년대 중반에 벌어진 프로복싱 헤비급 전 챔피언 무하마드 알리와 일본 레슬링 선수 출신 안토니오 이노키의 대결이 바로 이런 맥락에서 이종격투기의 원조라고 할 만하다. 몸싸움의 이미지를 보여주되, 거대한 흥행 자본에 의해 주도되고 방송 네트워크를 통해서 전 세계에 중계된다는 점에서 이종격투기는 '제리 스프링거 쇼'나 NBA 농구경기와 마찬가지라고 말할 수 있다. 초점이 되는 몸싸움이 그 일부분이냐 전부냐 하는 차이는 있겠지만 말이다. 로마 시대 콜로세움에서 벌어진 글래디에이터^{검투사}들의 싸움 구경 이후로 전문가들이 벌이는 싸움을 구경하는 일은 '호모 루덴스^{놀이하는 인간}'가 즐겨온 여러 가지 놀이 중의 하나이다. 몸싸움의 이미지라는 점에서는 '프라이드'의 효도르와 〈킬 빌〉의 우마 서먼이 붙는 경우도 충분히 상상해볼 수 있다.

김일과 효도르가 붙으면 김일이 진다. 'K-1'에서든 '프라이드'에서든 박치기, 즉 '헤드 버팅'은 반칙이기 때문이다. 효도르와 김태촌이 붙으면 당연히 김태촌이 이긴다. 제 아무리 '얼음 파운딩' 이라고 하지만 칼침을 당할 수는 없기 때문이다. 그것은 〈정무문〉의 이소룡이 일본

제국주의의 총칼을 당해내지 못했던 것과 마찬가지 이치다. 사족 같지만 굳이 한마디 덧붙인다면, 피가 낭자한 어떠한 이종격투기 게임이라고 하더라도 그것은 부시가 아프가니스탄과 이라크에서 벌였던 전쟁, 그리고 뉴올리언스에서 있었던 인재人災보다는 훨씬 덜 잔인하고 훨씬 더 인간적이다.

3

비교하기

m a t c h i n g

MERCE
Y

001

박현채
朴玄埰
민족경제론

"오직 영원한 것은 저 푸르른 소나무!"

박현채[朴玄埰, 1934~1995], 한국의 대표적인 진보적 경제학자. 전남 화순이 고향인 그는 광주서중 4학년 재학 중 한국전쟁이 일어나자 빨치산에 가담하여 20세 미만의 소년들이 중심이 된 소년 중대의 문화부 중대장으로 활동했다. 조정래의 〈태백산맥〉에 등장하는 소년 전사 '조원제'의 모델이 바로 그다. 1952년 백아산에서 내려오다 박현채와 함께 체포된 이의 증언에 의하면, 박현채는 "하도 영리해서 산에서 죽지 말고 살아남아 더 큰 일을 하라고 당에서 하산시켰다"고 한다. 그 뒤 박현채는 전주고등학교를 거쳐 서울대학교 경제학과 같은 대학원을 졸업한 다음 경제학자 및 경제평론가로서 활동을 시작했다. 한국 사회과학 분야에서 박현채의 가장 큰 공헌은 1960년대와 1970년대의 사상적 불모기에 마르크스주의를 보존하여 후대에 넘겨준 것이다. 한편, 박현채의 경제 사상은 '민족경제론'으로 불리는데 이는 1978년에 출간된 그의 책 제목이기도 하다. 그는 기존에 경제학에서 사용하던 지역적 개념인 '국민경제'라는 용어를 실천적으로 지양하여 '민족경제'라는 범주를 설정하였다. 민족경제란 대외의존적 국민경제가 아니라 자주적이고 자립적이며 민주적인 국민경제이며 더 나아가 통일된 민족경제를 의미한다. 여기서 경제자립의 평가 기준은 "민족에 의한 국민경제 재생산 조건의 장악, 자기완결적인 자율적 재생산 메커니즘의 실현, 경제성장 또는 경제활동 결과의 국민적 확산 메커니즘의 확보, 국민경제 안에서 외국자본의 활동 영역의 부정으로 되는 국민경제와 민족경제의 통합" 등이다. 박현채의 민족경제론은 1960년대 이후 외자 의존 및 수출 주도의 성장제일주의 공업화 전략에 대한 대항 담론이라고 할 수 있다. 한편 그는 1980년대 중반에 나름의 한국 자본주의 발전단계론을 제시하면서 사회구성체 논쟁을 학문 영역에 끌어들였다. 2006년에 ≪박현채 전집≫전 7권. 도서출판 해밀이 간행되었는데, 논문, 수기, 대담, 좌담 등 고인의 글과 말이 1권에서부터 6권까지 시대순으로 묶였고 7권은 사진 및 기타 자료 등으로 채워졌다

■

이재현(이하 현)   선생님, 오랜만에 뵙는군요. 문익환 목사님이랑 김진균사회학자, 전 서울대 교수 선생님이랑 정윤형경제학자, 전 홍익대 교수 선생님이랑 전철환전 한국은행 총재 선생님, 정운영경제학자, 전 한신대 교수 선생님도 안녕하시죠?

박현채(이하 박)   허허, 그래. 문 목사님은 나보다 한 해 먼저 이곳에 오셨고, 나머지 양반들은 여기 온 지 얼마 안 되니까 내가 선배 노릇 좀 하고 있지. 조영래전 인권변호사 군, 김병곤전 민청련부의장 군, 이범영전 한청협의장 군도 잘 지내고 있어. 문학평론을 하던 채광석이랑 김도연의 안부도 궁금하지?

현   네.

박   여기는 양극화도 없고 비정규직도 없어. 죽으면 다 똑같아. 채광석 군은 매일 "심심해서 죽겠다"는 말을 입에 달고 산다네.

현   선생님은 군 복무를 중대장으로 하셨죠?

박   중대장? (갑자기 뭔가 생각난 듯 크게 웃으며) 내가 빨치산 활동한 걸 말하는구먼.

현   빨치산 소년 돌격중대 문화부 중대장을 하셨는데 그때 나이가 15세였죠?

박   내가 가장 어렸지. 정책 선전을 주로 했지

현   예전 북한 삐라를 보면 "미제의 각을 뜨자!", "적들의 가슴에 불벼락을 안기자"는 문구가 단골로 등장했는데 선생님이 그 당시 만든 선전 문구가 아닌지요?

박   (그냥 껄껄껄 웃는다.)

현   광주서중 다닐 때 마르크스의 《자본론》을 벌써 읽으셨다고 하던

데요?

박　책 먼저 읽은 게 자랑은 아니지.

현　한국 사회변혁 운동에 불을 지핀 《민족경제론》책을 1978년에 발간하셨죠?

박　박정희 정권이 몰락하기 직전이니깐 그때쯤이겠네.

현　한데 《민족경제론》 머릿말을 보면 "자립적 민족경제의 확립을 위한 길은 생활하는 민중의 소망을 좇아 국민경제의 내용을 정립하는 것이다. 그리고 이것은 한민족의 자립자주의 기초를 조성하는 것이기도 하다"는 굉장히 추상적인 글이 있고 본문 내용도 빙빙 돌려서 얘기하는데요.

박　1978년 '반공'이 국시였던 박정희 정권의 서슬 퍼런 검열을 피해가야 했잖나. 그 책이 한길사에서 나왔는데 초판 5천부가 바로 매진됐지. 그리고 3개월 후 판매금지 조치 당했어.

현　이제야 이해가 갑니다. 《민족경제론》은 당시 80, 90년대 학생운동, 노동운동의 이론적 자양분이 되었습니다. 오늘날에도 유효한, 민족경제론의 합리적 핵심은 한마디로 뭐라고 할 수 있을까요?

박　우선, 첫째는 국민경제의 재생산 조건을 국내에서 장악해야 한다는 거고 다른 하나는 국가가 경제 영역에 올바르게 개입해야 한다는 거라네.

현　국가의 경제 개입이라고 하면 신자유주의적 방임 따위와는 아주 거리가 먼 얘기네요?

박　그렇지. 시장과 경제 계획을 조화시킨다거나 시장과 공공영역을 공존시켜 나간다거나 하는 과제. 그리고 이 과제들을 국민 다수의 민주적 통제를 통해서 해결해나가는 건 여전히 중요해. 이것은 국가를 경유해야만 가능한 걸세.

　현　그런데 신자유주의에 대해서 비판적인 태도를 견지하는 것과는 별개로, 이제는 글로벌화랄지 세계화라는 상황에서 국민국가의 경제적 진로를 고민해야 하는 문제는 여전히 남는 것 아닌가요? 34년 전에 자립경제를 말하던 때와는 여건이 아주 달라졌으니까 말입니다. 중국이나 북한, 혹은 베트남의 경우를 놓고 얘기하더라도 자력갱생이라든가 자립경제라는 게 전일적인 자본주의 세계 체제 안에서는 환상이라는 사실이 밝혀지지 않았습니까?

　박　세계화라는 것도 각각의 국민국가 제도를 통해 실현이 되는 거야. 국민국가는 세계화시대에 있어서 국민경제가 추구하는 효율성이라든가 평등을 실현시킬 수 있는 일련의 정책 묶음을 마련하고 시행하는 장場인 것이지. 그런데 이제는 박정희의 방식으로 국가를 운영할 수는 없지 않은가? 내부적으로나 대내적으로 말이야. 여기서 특정한 정책의 묶음을 선택하는 과정으로서 민주주의가 중요하다고 얘기할 수 있는 거지. 달리 얘기하면 서로 다른 정책 세트들이 민주주의적 정치 과정을 통해 국가라는 장에서 서로 경쟁하는 것이라고 볼 수도 있고. 신자유주의 노선이라는 게 바로 하나의 정책 세트인 것이고 진보 진영의 여러 입장들도 각기 하나의 정책 세트를 이루고 있는 거라네.

　현　박정희식 공업화 전략이 상당히 성공한 측면이 있다고 생각되는

데요. 그 결과 한국은 지금 나름대로 고도로 발전한 자본주의 사회라고 할 수 있구요. 박정희에 대해서는 재평가할 필요를 느끼시나요?

박　내 민족경제론에서 경제 성장에 필요한, 결여된 자본에 대한 고민이 적었던 것은 사실이네. 하지만 한국경제의 성공을 박정희 개인의 리더십 차원에서만 이해해서는 안 된다고 보네. 1960년대와 1970년대의 국가는 경제 영역에 대해서 상당한 자율성을 확보하고 있었고, 자본을 포함해서 자원들 전체를 나름대로 합리적으로 배분하고 활용할 수 있었던 거지. 그런데 누구나 알고 있듯이 이 과정에서 엄청난 정치적, 정책적 시행착오를 겪기도 했네. 정치적 탄압과 사회적 억압을 포함해서 아주 값비싼 비용을 치루기도 했고 말이야. 무엇보다 직접 생산 담당자인 민중 전체의 고귀한 기여는 물론이고 전사회적 교육열에 바탕을 둔 양질의 노동력 덕분에 한국경제가 성장한 것이지.

현　결국 이 문제는 한국의 '제도' 들을 포함해서 한반도 전체의 역사적, 지정학적 특수성하고 연관되는 걸 텐데요.

박　그렇지. 흔히 말하는 국가경쟁력이라는 것은 국민국가 단위에서 생산요소들, 특히 의제적 상품으로서의 노동력을 결합하고 동원하고 이용하는 '방식' 의 차이에서 생겨나는 것이네. 즉 이 특수한 역사적 방식의 효과가 국가경쟁력인 셈이지. 그런데 이 특수성은 하루 아침에 생겨나거나 바뀌는 것이 아니라 국민국가의 역사적 발전과정에서 형성된 제도에 의해서 다소간에 고정적으로 결합되어 있다고 할 수 있어. 관료제, 민족주의, 가족주의, 교육열, 문화적 역동성 등이 한국의 경제 제도를 이루고 있는 요소들인데, 아무튼 이러한 방식의 차이나 제도의 역사적 특수성은 장기적, 미시적으로 보아서는 시장의 힘에 의해서 효율적으로 제거되는 것이기는 하지만 특정한 국면에서 쉽사리 해소되는 것은 아니지.

현　마찬가지 논리에서 세계화의 거센 물결에 대해서도 제도적, 역사적 특성을 감안하여 우리가 주체적으로 대응해야 한다는 것이지요? 개방적인 태도를 갖되 말이지요.

박　그럼. 성장 전략, 발전 모델, 축적 방식 등등 그 언어적 표현이 무엇이 되던 간에 이러한 방식의 수혜자 혹은 희생자가 누구인지를 제대로 잘 살펴야 하는 거야.

현　여전히 수혜자는 재벌이고 희생자는 다수 국민인 거네요. 그런데 재벌은 여전히 경쟁력 제고라든가 외국 금융자본의 지배 위험이라는 측면에서 우대를 받고 있는 반면에 다수 국민은 점점 더 경제적, 사회적 양극화로 몰리고 있는 거구요.

박　앞으로는 시장의 요구 외에 사회 전체의 요구를 적극적으로 고려하는 방향으로 나가야 하고 그러기 위해서는 시장 효율성에만 사로잡히지 말고 시장을 넘어서서 지역이라든가 공동체를 더욱 더 중시해야 하는 거야. 또 개방적이고 적극적인 태도로 세계화에 대한 전략을 짤 때에는 남한과 북한을 민족경제라는 범주 안에서 함께 사고할 수 있어야 해. 남북간 경제 분업의 문제를 포함하는 '개방적 민족경제'를 새롭게 구상해야 할 단계에 이른 거지.

현　그런 취지에서 선생님의 민족경제론은 여전히 유효한 거로군요.

전집 발간사에서 "신자유주의란 이름 아래 우애와 협동의 세상 대신 이웃을 죽이는 살벌한 경쟁과 불평등의 참혹한 현실이야말로 박현채를 필요로 한다"고들 했는데 바로 그런 이유에서겠지요.

박　나로선 매우 쑥스러운 일이라네.

현　선생님의 논문과 책들이 소위 말하는 1985년 한국사회 구성체 논쟁을 주도했다고 하는데 어떻게 생각하십니까?

박　주도했다기보다는 나도 참여를 한 거지.

현　외람된 말씀이지만 한국전쟁 당시 남로당 당원이셨을텐데 박헌영 계열이 아니었나요?

박　왜 그런 생각을?

현　《민족경제론》부터 선생님이 쓰신 글들을 보면 조국통일 없이 남한 내 사회개혁은 불가능한 걸로 말씀하셨는데 북한의 주체사상이 확립된 70년대 초반 이후 혹시 선생님은 주사파에 동조하신 거 아닌가요?

박　(소탈하게 웃으며) 나는 중용이야.

현　중용이라뇨?

박　한쪽으로만 편향된 행동은 조국의 통일운동에 도움이 되지 않는다고 생각해. 젊은 시절 광주서중 내 친구한테 《채근담》이라는 책을 선물하면서 그 책에 이런 글을 쓴 게 기억나네.

"중용을 배워라. 인생은 투쟁이며 젊음의 상징은 기대이다. 투쟁은 조직화돼야 하며 합리적이어야 한다. 이 이율배반적 사상의 예술적 통일, 이를 위해 나는 동양적 중용을 제시한다. 편중하지 마라. 그러나 전투적이어야 한다. 우리의 삶은 투쟁에 있기에……."

현 명심하겠습니다. 선생님을 그냥 편히 쉬게 해
드려야 하는데, 요즘도 이구동성으로 대안적인 전망
과 진보 진영의 혁신이 필요하다
고들 말들이 많아서요. 선생님의
신념과 열정을 되새기면서 저희들이 더 노력하겠습니다.

박 그나저나 모두들 건강에 힘쓰고 오래들 살게나. 이곳에 오게 되면
후회되는 일이 많아. 살아 있을 때 하지 못한 일들 말일세. 그러니 오래
살아남는 게 중요한 거야.

현 단순히 오래 살아남는 건 중요한 일이 아니잖아요?

박 이재현 씨! 사람 죽는 거 직접 본 적 있어요?

현 없는데요.

박 빨치산 동지들이 총에 맞아 죽는 걸 난 내 눈으로 목격했어. 난 그
때부터 죽음이란 게 두렵지 않았어. 토벌대에 살해당하기 전 빨치산 형
들이 내게 말했지. "너는 살아남아서 조국의 통일을 완수하라"고. 그런
데 박정희, 전두환 정권을 거치면서 살아남아 사명을 완수한다는 게 죽
는 것보다 너무 힘든 거야. 앞서 내가 주사파냐? 물었는데 괴테가 쓴 파
우스트에 "모든 이론은 회색이고 오직 영원한 것은 저 푸르른 소나무
다"라는 구절이 있네. 그 말처럼 오래 살아남아서 우리가 못다 이룬 일
들을 이뤄주게나.

현 네, 알겠습니다.

002

존 도우와 전국책
John Doe 戰國策
북한 핵실험

"중국 전국시대에 답을 묻다"

존 도우John Doe, 신원이 확인되지 않은 사람, 혹은 익명의 사람을 가리키는 영어 단어. 법률이나 언론 용어로는 물론이고 일상 용어로도 쓰이며, 드라마에서 신원불명의 시체를 부를 때도 쓴다. 여성형은 제인 도우Jane Doe이고 아이를 가리킬 때는 베이비 도우Baby Doe라고 한다. 반드시 그런 것은 아니지만, 법률 용어로 존 도우는 익명의 피고를 가리키며 반대로 익명의 원고는 리처드 로우Richard Roe와 제인 로우Jane Roe 등으로 부른다. 제인 로우는 미 연방대법원의 낙태 관련 판결의 사건 이름에서 쓰인 적이 있다(로우 대 웨이드) 사건. 존 도우와 리처드 로우란 이름은 본디 14세기 영국의 부동산 소송법을 둘러싼 토론에서 가공의 소송 당사자들을 가리킬 때 썼던 말들이다. 중국에서는 무명씨^{无名氏} 혹은 ^{無名氏}나 모군^{某君} 모녀^{某女} 등과 같은 말을 사용하며, 우리나라의 홍길동에 해당하는 말로 조대^大, 전이^二, 장삼^三, 이사^{李四} 등을 쓴다. 한국어의 홍길동에 해당하는 일본어는 야마다 타로^{山田太}와 야마다 하나코^{山田花子}이고, 익명의 사체에 대해서는 뚱뚱한 스모 선수 이름에서 따온 도자에몬^{土左衛門}을 사용하며, 이름이 밝혀지지 않는 사람을 가리키는 속어로 '이름 없는 곤베에^{名無しの兵衛}'라는 말이 있다고 한다. 영화의 경우, 익명의 감독 이름은 앨런 스미스^{Alan Smithe}이다. 또 히치콕 영화에서 맥거핀^{MacGuffin}이란 말은, 나중에 가서는 줄거리와는 아무런 관련이 없다는 것이 밝혀지지만 그 전까지는 관객들로 하여금 궁금증을 자아내게 만드는 플롯상의 장치를 가리킨다. 〈존 도우를 만나다^{Meet John Doe}〉는 프랭크 카프라 감독이 1941년에 만든 코미디 영화의 제목이다.

전국책^{戰國策}, 중국의 전국시대^{BC 403년~BC 221년}에 활약한 책사와 모사들의 행적이나 주장, 언설, 정책 등을 모은 일종의 역사책. 지은이와 저술 시기는 알려져 있지 않다. 전한 말 유향^{劉向}이 33편으로 정리하였다. 춘추시대란 말이 공자의 《춘추》에서 따온 것이 듯, 전국시대는 바로 이 《전국책》에서 비롯되었다. 춘추 5패의 하나인 진^晉나라가 한^韓, 조^趙, 위^魏 세 나라로 분할되는 때부터 진^秦에 의해 최초로 중국이 통일되는 때까지가 바로 전국시대이다. 《전국책》의 주인공 책사들은 종횡가라고 불리는데, 유향의 아들 유흠^{劉歆}이 지은 목록집인 《칠략^{七略}》에서 십가^{十家}의 하나로서 설명되었다. 《전국책》은 소위 경사자집經史子集 가운데 사부史部에 속하기는 했지만 정식 역사서라기보다는 잡사류雜史類로 분류되었고, 때로는 자부子部의 종횡가류縱橫家類로 분류되기도 했다고 한다. 하지만 오늘날에는 《사기》나 《한서》에서 기초 사료로 이용되었을 것이라고 추정하고 있다. 종횡가란 말은 전국시대의 국제군사외교 정책이라고 할 수 있는 합종책과 연횡책에서 나왔는데, 합종合縱이란 전국 7웅의 나라 가운데에서 초강대국인 진秦을 제외한 강소국들이 연합하여 진 나라에 대항하는 것이고 연횡連橫이란 진 나라가 다른 한 나라와 연대해서 나머지 5개국과 맞서는 것이다.

■

이재현(이하 현) 존 도우 선생님, 북한의 핵실험 이후에 전혀 다른 세상에 살게 되었습니다. 한반도를 둘러싸고 여러 나라들 사이에서 군사외교적인 공방이 치열하게 이루어지고 있는 터라 《전국책》의 저자인 선생님을 모시게 되었습니다.

존 도우 엥? '정치적으로 올바르게' 접근하려면 무명씨라든가 제인 도우를 만나야 하는 거 아냐? 아니면 소진과 장의와 같은 전국시대의 책사들이나 혹은 측천무후와 같은 세계사적인 여걸을 만나야지.

현 네, 맞는 말씀이긴 한데요. 젊은 독자들을 '낚으려면' 아무래도 영어를 쓰는 편이 더 낫거든요. 그리고 책의 저자에 관한 한, 만에 하나

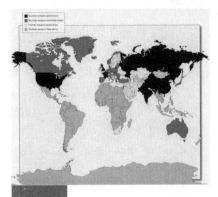

《전국책》을 쓸 만한 여성이 있었다고 하더라도 가부장제 종법사회인 고대 중국에서는 결국 젊은 나이에 일찍 미쳐 죽었겠죠. 뭐, 제 애기가 아니라 버지니아 울프의 유명한 논법입니다요.

존도우 으음, 벌써 자네가 말하는 품새로 봐서는 분명히 핵우산이라든가 대량살상무기 확산방지 구상PSI에 불만이 있는 게로군.

현 예, 우산 중에서 가장 형편없는 우산이 핵우산이거든요. 다른 우산들은 어쨌거나 비를 막아주지만 핵우산은 방사능 낙진을 제대로 막아주지 못해요. 그리고 핵우산은 남의 것을 빌려 쓰는 거라 결국에는 그 우산 주인의 노예가 되는 법이랍니다. 그리고 저는 드라마는 즐겨보고 또 아주 좋아하지만 PSI는 혐오하고 두려워한답니다. PSI를 용인하는 것은 한반도에서 전쟁이 터져도 좋다는 얘기거든요. 국지전이 곧바로 전면전으로, 그리고 마침내 핵전쟁으로까지 발전할 수 있는 거니까요. 설령 전쟁이 터질 가능성이 아무리 낮다고 할지라도 당사자인 우리는 늘 경계를 해야지요.

존도우 춘추전국시대로 치면, 미국이 진나라인 건 아주 분명하고, 그 다음에 제나라가 일본, 초나라가 중국인가? 어쨌든 대한민국은 공자님이 살던 약소국인 노나라라고 할 수 있겠군. 아무튼 자네는 원교근공遠交近攻을 주장하려는 건가? 그렇다면 멀리 있는 초강대국인 미국과 친한 척하며 지내야지.

현 아닙니다. 이미 미국은 한반도에 깊숙이 들어와 있습니다. 핵무기로 무장한 주한 미군의 존재는 말할 것도 없고 우리의 물질적 제도나 사고방식 혹은 상상력이나 감수성에 침투한 지 오래입니다. 게다가 한국 기득권층은 거의 다 친미파입니다. 그리고 친한 척하는 거랑 노예가 되는 거랑은 엄연히 서로 다른 겁니다.

존 도우 미국이 제공하는 핵우산을 쓰자고 떠드는 한국 사람들이 많다던데?

현 이미 실질적으로 우리는 미국의 핵우산을 써 오고 있었습니다. 그런데 이제 다시 구걸을 해가면서 그것을 굳이 명문화할 필요는 없는 거죠. 이미 쓰고 있었는데 뭐 하러 다시 써야 하나요? 게다가 핵전쟁이 터지면 한반도의 장삼이사는 다 죽게 되어 있답니다. 몸집이 크든 작든, 맏이든 둘째든 간에 다 죽어요. 이 때 핵우산은 아무런 역할도 못 하지요.

존 도우 그렇구면. 미국은 북한을 합리적이고 이성적이라고 보고 있는 것이 결코 아니니까 말이야. 합리적이고 이성적인 존재를 가정하는 통상적인 핵 억제 전략이 통할 수 없다는 게 되는구면. 그렇다면 핵우산 논리는 결국 자가당착인 셈이고 말이야.

현 이런 상황에서 일본이 미국에 착 달라붙고 북한과 러시아가 가까워지고 있고 남한과 중국이 이해관계를 함께하는 형국입니다. 전국시대로부터 유추해서 생각해 본다면, 남한은 어떤 군사외교 전략을 써야 할까요?

존 도우 핵 문제에 있어서 미국이 일본을 들쑤셔서 북한에 대해 연횡책을 쓰고자 할수록 한국의 기본 전략은 한반도 주변의 모든 나라와 더불어 미국에 대해 합종책을 써야 하는 거야. 특히, 광해군 이래로 구한말의 고종 때도 그러했듯이, 남한이나 한반도는 주변의 어떤 특정 강대국과 일방적인 관계를 맺으면 안 된다네. 기본적으로 모든 나라에 대해서 부즉불리不卽不離 노선을 취해야지. 일단 미국이 경제 제재와 더불어 PSI에 나선 것은 미국으로서 그 길밖에 없어서겠지. 여기서 힘없는 한국은 흔한 말로 이이제이以夷制夷나 차도살인借刀殺人의 수법을 쓸 필요가 있는 거야.

현 미국이 강요하고 있는 경제 제재는 사실상의 전쟁입니다. 이라크의 경우 1차 이라크 전쟁의 희생자는 10만 명 수준이지만 그 이후 10년에 걸친 경제 제재로 무고한 민간인이 100만 명 이상 희생되었습니다. 군사 시설을 직접 공격하는 무기보다 금융 제재가 더 사악한 것이지요.

존 도우 그럼 먼저 마카오의 방코 델타아시아에 동결되어 있는 북한 계좌를 미국이 풀어주어야 하겠구먼. 내가 듣기로는 미국이 주장하는 북한의 위조지폐 달러 유통 의혹은 설득력이 없다고 하더구먼. 게다가 북한은 이에 대해 합리적인 제안을 하기도 했지. 금융범죄에 관해서 북미 간에 정보 교환도 하고 미국은행에 북한 계좌를 개설하고 미국 금융 시스템을 통해서 북한이 무역거래를 하겠다고 했었어. 이 모든 제안을 미국 측이 악의적으로 무시하고 방치해왔던 거란 말이지.

현   으음, 그렇다면, 이명박, 박근혜 같은 분들이 삼성의 이건희, 현대의 현정은 같은 분들과 입을 모아 동결된 북한 계좌의 해제를 미국 측에 강력하게 요구하는 게 다른 사람들이 말하는 것보다 훨씬 효과적이겠네요. 한국 경제의 번영과 한반도의 평화를 위해서 말입니다.

존 도우   내가 보기엔 사태 자체가 난센스라네. 북한의 핵실험을 미국이 공식적으로 확인하기 훨씬 전에 북한에 대한 유엔 안보리 결의가 이루어졌으니까 말이야. 세상에 그런 법이 어디 있는가? 게다가 안보리 결의를 통해 제재를 할 정도라면 북한을 핵 보유국으로 공식적으로 인정해야 사리에 맞지. 핵 보유국이 아닌데 왜 제재를 하나? 또 형평에도 맞지 않아. 이미 인도나 파키스탄도 엄중한 제재를 받았어야만 공평한 법이지. 역사의 심판이 나중에 이뤄진다면 미국이 100% 패소하게 되어 있는 셈이지. 오늘은 여기서 마치세. 이란에서도 내 자문을 기다리고 있어 요즘 매우 바쁘다네.

현   네. 오늘 선생님의 말씀은 여러모로 아주 유익했습니다. 아흐마디네저드 이란 대통령께 제 안부 전해주세요.

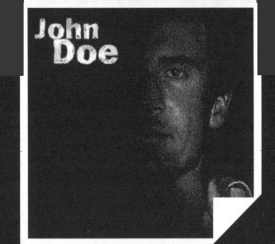

003

에키다 유키코
浴田由紀子
동아시아 반일무장전선

"테러, 그 슬픈 이중성"

에키다 유키코浴田由紀子, 1950~ , 일본 야마구치 현 태생. 동아시아 반일무
장전선 산하 '대지의 어금니' 부대 구성원으로서 미츠이 물산 건물 등
을 폭파했다. 1975년에 체포되었으나, 1977년 일본 적군파가 벌인 투쟁
이 일본 정부를 굴복시킴으로써 석방되어 해외로 나갈 수 있었다. 95년
루마니아에서 다시 체포된 후, 일본으로 연행되어 징역 20년 형을 받았
다. 2017년 3월에 출옥 예정으로 현재 토치기 형무소에 수감 중이다.
1974년에 결성된 동아시아 반일무장전선은 무정부주의에 기반을 둔 반
제국주의 및 반일 이념의 무장투쟁 조직으로, 1970년대 중반, 연속적인
기업 폭파 사건을 일으킨 바 있다. 특히 1974년 8월 30일 도쿄 시내에

있는 미츠비시 중공업 빌딩 정면 현관 앞에서 '이리' 부대가 장치한 시한폭탄이 터졌고, 10월 14일에는 '대지의 어금니' 부대에 의해서 미츠이 물산이, 12월 23일에는 '전갈' 부대에 의해서 카시마 건설 등이 폭파되었다. 동아시아 반일무장전선 '이리' 부대의 다이도지 마사시 大道寺將司 는 일본 최고재판소에서 사형 판결을 받아 현재 사형수로 복역 중인 상태이다. 동아시아 반일무장전선 측의 주장에 의하면, 폭파 대상이 된 기업들은 1970년 초반 당시 일본 제국주의의 신식민주의적 경제 침략을 수행하거나 군수 물자를 생산하고 있어서 선택되었다고 한다. 특히, 동아시아 반일무장전선의 폭파 대상에는 당시 도쿄 시내에 위치한 '한국산업경제연구소'가 포함되어 있었는데, 이 연구소는 "일본 제국주의 기업의 한국·대만·말레이시아 경제 침략에 봉사하는 활동"을 하고 있었다는 것이다.

■

이재현(이하 현)　에키다 씨는 형이 확정된 이후에 가족을 제외하고는 접촉이 일체 불가능합니다. 그래서 이렇게 가상 인터뷰를 청하게 되었습니다. 먼저 동아시아 반일무장전선의 결성 과정에 대해 말씀을 해주시지요.

에키다 유키코(이하 유키코)　1973년에 김대중 납치사건과 칠레 군사 쿠데타가 있었고 제4차 중동전쟁이 터졌지요. 그리고 그 다음 해에는 일본의 다나카 수상이 동남아 순회방문을 했는데, 현지에서 격렬한 반일 시위가 일어났어요. 일본 좌파의 직접행동 세력은 1972년 무렵부터 퇴조기를 맞이하고 있었는데, 도리어 바로 그 즈음에 우리 동아시아 반일무장전선이 결성된 거지요. 그 전에 우리 구성원들 일부는 '베트남 반전 직접행동위원회'에서 활동하기도 했지요.

현   동아시아 반일무장전선 사람들이 미츠비시 중공업 등을 폭파하려고 한 이유는 뭔가요?

유키코   태평양전쟁 이후에도 계속 자행되고 있는, 아시아에 대한 일본의 침략, 즉 경제 침략과 신식민지주의 지배를 저지하려고 했던 것이지요. 전쟁 후에도 계속되고 있던 일본 제국주의 체제를 해체하는 것이 목표였지요. 또, 우리는 히로히토 천황이야말로 침략전쟁인 태평양전쟁의 최종 책임자이며 일본 제국주의 체제의 정점에 위치한 것으로 보았어요. 그래서 '무지개작전'이란 이름으로 천황이 탄 열차를 폭파하려고 했다가 여건이 갖추어지지 않아서 결행 직전에 중지해야만 했어요.

현   오늘날 동아시아 반일무장전선의 사상과 투쟁에 대한 평가는 사람에 따라서 아주 서로 다를 수밖에 없을 텐데요. 어쨌거나 동아시아 반일무장전선의 구성원들은 말로만이 아니라 실천적 행동을 통해 자신이 제기한 문제를 풀어나가려고 했었다는 데 가장 큰 특징이 있는 거로군요. 특히, 오늘날에는 많은 사람들이 동아시아 연대에 대해서 말하고 있지만 동아시아 반일무장전선의 사상적이고도 실천적인 활동이 이미 30여 년 전에 이루어졌다는 것은 한국 사람으로서는 매우 놀라운 일입니다.

유키코 '한국 사람'이라는 말은 문제가 될 수 있는 단어로군요. '일본 사람'인 우리가 조직의 이름에 '반일'을 내세운 것은 이념적, 실천적인 필연이라고 할 수 있어요. 우리는 만주전쟁, 중일전쟁, 태평양전쟁 등일본 제국주의가 일으킨 군사적 침략전쟁이 전후에는 경제적인 침탈로이어진다고 보았던 거지요. 태평양전쟁은 일본의 군부와 재벌이 천황제아래에서 서로 결탁을 해서 벌인 것이고 미츠비시 중공업 등은 전쟁 전에는 대표적인 군수산업체였지요. 이상적으로 말한다면, '한국 사람', '일본 사람', '중국 사람'이라는 규정을 넘어서야만 아시아 전체의 참다운 평화와 발전이 성취되는 것이겠지요.

현 대개의 경우, 좌파는 여전히 국민국가라든가 민족주의라는 한계를 넘어서지 못하는 경우가 많습니다. 특히 제2차 세계대전 당시 적지않은 나라의 좌파 세력이 보여준, 자기네 나라의 제국주의적 침략전쟁에 대한 무기력한 대응을 염두에 둔다면, 동아시아 반일무장전선의 사상적, 실천적 수준은 거듭 말하건대 경이롭기조차 합니다.

유키코 경탄할 거까지는 없습니다. 우리의 문제였으니까요.

현 한국에도 '동아시아 반일무장전선'처럼 무장봉기를 주장했던 운동단체들이 있었습니다. 사노맹^{남한사회주의 노동자동맹} 인민노련^{인천지역 민주노동자연맹} 등 이었는데 사노맹은 출범선언문에서 노동자 계급의 해방을 위해군사파쇼권력의 타도와 민중공화국 수립을 목표를 밝혔습니다. 그리고인민노련 사건으로 구속된 윤철호 씨는 재판정에서 '사회주의자'임을 밝히기도 했고요.

유키코 그때 사람들이 지금 뭐하나요?

현 다들 뭐하는지 제가 자세히는 모르지만 유별나게 기억나는 사람은 인민노련 조직원 중에 신지호라는 사람인데 현재 한나라당 의원입니다.

유키코 그러면 한나라당이 노동자 계급을 대변하는 당입니까?

현 천만의 말씀입니다. 신지호라는 사람은 용산 철거 화재 사건으로 사망한 도시빈민들의 투쟁을 도심 테러라 말할 정도로 한국 지배 계급의 이해를 대변하는 국회의원입니다.

유키코 안타깝습니다. 테러가 뭔지도 잘 모르는 분 같군요. 안타깝습니다.

현 뭐가 안타까운 건가요?

유키코 사회주의 이념을 표방한 인민노련 조직원으로 활동했다면서 도시빈민, 노동자, 농민 등 사회적 약자를 위한 사회주의 사상으로부터 아무 것도 배운 게 없다는 게 안타깝습니다.

현 그렇다면 적군파 출신 일본 운동가들은 현재 어떻게 살고 있습니까?

유키코 저도 잘 모르겠지만 한국 사람들과 비슷하게 살겠죠? 참, 제가 요즘 교도소에서 읽은 일본 소설 중에 《남쪽으로 튀어》가 있는데 읽어 보셨나요?

현 네. 사춘기 소년이 학교는 국가에 필요한 사람을 만들어내는 곳이라면서 '학교에 갈 필요가 없다' 는 아나키스트 아버지가 처음엔 창피하고 미웠지만 자유로움으로 표현되는 '남쪽 섬' 으로 가서는 그런 아버지를 이해하게 되는 이야기를 재미있게 봤습니다.

유키코   그 소설에서 아버지가 아들에게 말하는 구절이 있습니다. "이 세상에는 끝까지 저항해야 비로소 서서히 변화하는 것들이 있어. 노예제도나 공민권 운동 같은 게 그렇지. 평등은 어느 선량한 권력자가 어느 날 아침에 거저 내준 것이 아니야. 민중이 한 발 한 발 나아가며 어렵사리 쟁취해낸 것이지. 누군가가 나서서 싸우지 않는 한, 사회는 변하지 않아. 아버지는 그중 한 사람이다. 알겠냐?'

현   저도 기억납니다.

유키코   그리고 나서 아버지가 아들한테 이야기를 하는데, 그 부분이 운동권 아버지들의 심리 상태를 잘 나타냈다고 생각했습니다.

현   그 이야기가 뭐죠?

유키코   아버지가 아들에게 말하죠 "하지만 너는 아버지를 따라할 거 없어. 그냥 네 생각대로 살아가면 돼. 아버지 뱃속에는 스스로도 어쩔 수 없는 벌레가 있어서 그게 날뛰기 시작하면 비위짱이 틀어져서 내가 아니게 돼. 한마디로 바보야, 바보."

현   그 당시 사회주의 사상에 동조했던 일본, 한국 학생들의 사고는 거의 비슷한 거 같습니다

유키코   그런 면에서 우리들은 일본의 우경화에 공동으로 대처해야 합니다.

현   대개의 경우, 좌파는 여전히 국민국가라든가 민족주의라는 한계를 넘어서지 못하는 경우가 많습니다. 특히 제2차 세계대전 당시 적지 않은 나라의 좌파 세력이 보여준, 자기네 나라의 제국주의적 침략전쟁에 대한 무기력한 대응을 염두에 둔다면 동아시아 반일무장전선의 사상적, 실천적 수준은 거듭 말하건대 경탄스러운 것입니다. 게다가 예전 일본 자민당 정권의 고이즈미 수상과 같은 일본의 우익 정치 세력이 노골적으로 야스쿠니 신사를 참배함으로써 침략전쟁을 부인하고 일본 제국주의 역사를 미화하고 있는 상황에서 보자면, 동아시아 반일무장전선의 활동은 경이롭기조차 합니다.

유키코   한국의 많은 언론매체들이 일본의 우경화 운운하면서 고이즈미의 신사 참배를 피상적으로 보도하고 있는 것에도 실은 문제가 있어요. 고이즈미의 신사 참배는 기본적으로 신보수주의적 정권의 불가피한 정치 전략인 거죠.

현   신보수주의란 뭐죠? 예컨대 신자유주의와는 뭐가 다른데요?

유키코   1955년에 일본에는 소위 '55년 체제' 라고 부르는 정치 시스템이 확립되었어요. 거대 보수 정당인 자민당과 좌파 정당인 사회당이라는 양당을 중심으로 해서 성립된 정치 체제죠. 정확히는 '1과 2분의 1' 정당 체제지만요. 이

223

시스템에서 정책을 주무른 것은 정부와 자민당, 재벌을 중심으로 한 경제 세력, 그리고 고위 관료층이었어요. 이 시스템 아래에 다양한 압력단체와 이익단체가 있었고, 자민당 의원들 대부분은 이런 단체들과 지저분하게 연관이 되어 있었지요. 공공사업이란 미명 아래 엄청난 정부예산을 이런 단체들을 위해 마구 쓴다든가 서로 검은 돈을 주고 받는다든가 하는 일을 통해서 자민당은 정치적 지지를 계속적으로 확보해오고 있었던 거예요. 서구의 복지 체제와 비교한다면 상당히 제한적이고 왜곡된 형태이기는 하지만, 나름대로 전후에 일본형 복지 체제가 성립해서는 55년 체제라는 정치 시스템을 밑에서 사회적으로 뒷받침하고 있었던 거예요. 그런데 이 55년 체제가 80년대 말부터 붕괴되기 시작한 거지요.

현   이미 그 이전인 80년 초반에 나카소네 정권이 등장해서 레이건 정권이나 대처 정권처럼 신자유주의적 입장을 취하지 않았나요?

유키코   하지만 나카소네 시절만 하더라도 아직 55년 체제를 유지하려는 힘이 강력했었고, 본격적으로는 고이즈미 정권에 와서야 노골적으로 신자유주의 정책을 밀어붙이게 된 거죠. 신자유주의의 핵심은, 정부의 막대한 재정 적자를 줄이고 작은 정부를 지향한다는 미명 아래, 전후에 확립된 복지 체제를 와해시키려고 하는 것이잖아요. 그런데 복지 체제가 와해되면 국민들의 정치적 지지가 현저하게 감소하게 될 테니까, 뭔가 다른 정치적 상징 조작을 통해 국민들을 동원하는 게 필요해진 거죠.

현   아, 그러니까 신보수주의란 도식적으로 말해서 '신자유주의 경제

정책 + 정치적, 문화적 내셔널리즘'인 거군요.

유키코 네, 맞아요. 고이즈미의 경우 새로운 정치를 갈망하는 국민들의 기대에 부응하기 위해서 여러 가지 정치적 깜짝 쇼를 벌인 거예요. 북한 방문도 그렇고요. 신사 참배 역시 내셔널리즘 정서를 이용해서 정치적 지지를 확보하려는 것이지요.

현 하지만 그러한 지지는 이전의 복지 체제에서 가능했던 지속적인 정치적 지지와는 달리 일시적인 것이 아닌가요?

유키코 그렇지요. 일본 사회 내부에서도 양극화의 문제는 지금 아주 심각한 상황예요. 그렇기 때문에, 다시 말해서 정치적인 지지가 사회 구조라는 면에서 극히 불안정하기 때문에, 일본의 신보수주의 정치세력은 종래 55년 체제의 낡은 보수주의 세력과 달리, 그럴수록 더욱더 매우 대외적으로 공격적인 내셔널리즘을 취하게 되는 거예요. 배외적이고 공격적 내셔널리즘을 통해서 국민들의 관심을 국내의 사회, 경제적 문제로부터 돌리려고 하는 전략이지요.

현 네, 잘 알겠습니다. 유키코 씨가 오쿠다 히데오《남쪽으로 튀어》소설을 얘기해서 제가 최근에 읽은 오쿠다 히데오 소설이 있는데…….

유키코 (말을 끊으며)《올림픽의 몸값》말씀하려는 거죠?

현 (놀라며) 어떻게 아셨어요?

유키코 교도소에 있으면 책 읽는 거 외에는 할 게 별로 없어요. 그리고 일본이 내셔널리즘을 통해서 국민들의 관심을 국내의 사회, 경제적 문제로부터 돌리려고 한다는 말을 제가 했잖아요.

현 맞습니다. 한국도 1986년 아시안게임과 1988년에 올림픽을 치루면서 그랬지만 일본도 1968년 도쿄 올림픽 개최를 앞두고 야쿠자 깡패들조차 도쿄를 떠날 정도로 국가 행사에 일체의 부정적인 의사도 허용되지 않았잖아요?

유키코 《올림픽의 몸값》에서 출세가 보장된 도쿄대 학생이 도쿄 올림픽을 '인질'로 삼아 국가에 대항하면서 폭탄 테러를 감행하잖아요.

현 도쿄대 학생의 폭탄 테러를 어떻게 보세요?

유키코 자꾸 저를 테러범으로 모는 건가요?

현 그……그건 아닙니다.

유키코 소설 속의 학생은 폭탄 테러로 올림픽 개최를 방해하겠다는 것보다 도쿄 올림픽으로 인해 고통 받는 민중들의 실상을 알리려 한 거잖아요. 그가 한 말이 좋은 예입니다 "도쿄만 부와 번영을 독차지하다니, 결단코 용서할 수 없는 일이에요. 누군가 나서서 그걸 저지해야 합니다. 내게 혁명을 일으킬 힘은 없지만, 그래도 타격을 주는 것쯤은 할 수 있어요. 올림픽 개최를 구실로 도쿄는 점점 더 특권을 독차지하려 하고 있어요. 그걸 말없이 보고만 있을 수는 없지요."

현 마지막으로, 동아시아 반일무장전선의 소위 '폭력' 투쟁에 대한 지금의 입장은 어떤 것이지요?

유키코 그 당시 우리로서는 불가피했어요. 일제 식민지 때 안중근 의사나 윤봉길 의사나 이봉창 의사의 반제 투쟁을 다른 누군가가 이제 와서 단순히 폭력이라든가 테러라고 비난한다면 과연 한국이나 북한 사람들은 어떤 기분이 들까를 상상해보시면 쉽게 이해될 거예요.

    현   감옥에 계신 유키코 씨한테 마지막 인사를 어떻게 해야할 지 잘 떠오르지 않네요.

    유키코 함께 단결합시다. 어떤가요?

    현   예. 좋습니다. 단결!

004

20세기 소년
20th Century Boy
오사카 만국박람회

"본격과학모험시대의 만박소년들은 어디에?"

'자연의 예지'를 주제로 내건 '아이치 지구 박람회'가 지난 2005년에 있었다. 별칭으로 '지구사랑 박람회愛·地求博'로 불린 이 박람회는 일본 아이치 현 나고야 시 근처의 세토에서 6개월 동안 열렸다. 우리말에서 그러하듯이 일본말에서도, 땅 사랑愛地과 아이치愛知의 한자어 발음은 똑같다.

아이치 박람회는 생태적 주제를 내걸고 시민참가형 프로그램을 주된 내용에 포함하기는 했지만, 엄격한 눈으로 보자면 무늬만 생태지향형이었다고 할 수 있다. 개최 직전에 일본자연보호협회 등 대표적 환경단체 3곳이 멸종위기 미꾸라지의 서식환경 파괴를 둘러싸고 주최 쪽과 이견

을 좁히지 못해 참가를 거부했다고 한다. 어쨌든 이번 박람회는 일본 매스컴에서 많이들 다뤄준 덕분인지 185일 간 2200만여 명의 사람들이 다녀갔다.

일본 안에서는, 가보니 좋더라, 또 좋으면 그만 아니냐는 입장도 세금 낭비라는 비판도 있었다. 이미 오키나와 해양박람회에서 드러났듯이, 이러한 초대형 이벤트는 지역 개발의 이슈와 관련해서 주민의 열렬한 기대 속에 대규모 자금이 투입되어 출발하지만 결국 과실은 외지의 기업들만이 따먹어버리고 지역 자체는 지역경제와 생태환경 양쪽 모두 황폐해져버리고 만다는 비판인 것이다. 특히 아이치 현에 거주하는 저널리스트 마에다는 《허식의 아이치 박람회》라는 책을 펴냈는데, '비공식적 가이드'를 자처한 이 책에 저자는 〈토건국가 '최후의 제전'〉이라는 부제를 붙였다.

사회 전체에 준 영향의 면에서 보자면, 아이치 박람회는 1970년 일본에서 열린 최초의 대규모 종합 만국박람회인 오사카 박람회에 분명히 미치지 못한다. 일본 고도성장의 시기에 열린 '오사카 만박'에는 6개월 동안 6400만 명이 다녀갔다. 바로 한 해 전에 인류는 최초로 달을 밟았고 세계의 모든 사람들과 더불어 일본 국민들 역시 텔레비전으로 이를 숨죽인 채 지켜본 적이 있는데, 오사카 만박에서는 바로 이 때 가져온 월석月石이 전시되었다. 물론 실제로 본 이들은 석탄처럼 별 볼 일 없이 생겼더라고 말하곤 했지만 그 당시의 흥분과 열광은 대단한 것이었으리라고 짐작된다.

오사카 만박에 열광했던 당시의 십대를 일본에서는 '만박소년'이라고 부른다. 이제 중년이 된 만박소년들로 우리가 알고 있는 이를 거론하자면, 우선 2002년 노벨 화학상 수상자인 다나카 고이치를 들 수 있다. 대학 졸업이 학력의 전부이고 평범한 샐러리맨 연구원이었던 다나카는 언론과의 인터뷰 중에도 빨리 집과 직장으로 복귀하는 게 소원이라고 말하면서 아내로부터 걸려온 핸드폰을 받는 모습을 보여줌으로써 신선한 충격을 던진 바 있다. 1959년생인 다나카가 초등학생 시절에 오사카 만박의 상징이었던 '태양의 탑' 앞에서 찍은 사진은 매우 인상적이었다. 우라사와 나오키의 만화 작품에도 이 태양의 탑이 묘사된다.

다른 만박소년으로는 비디오게임 기획사인 '가이낙스'의 창립자이고 일본 '오타쿠' 1세대의 대변인인 오카다 도시오, 《만박소년의 역습》과 《청춘의 정체》라는, 오사카 만박 관련 에세이집을 두 권이나 낸 만화가 미우라 쥰, 자유기고가이자 방송인인 야마다 고로 등을 거론할 수 있다. 이들은 모두 1958년생이다. 또 평범한, 그러나 적지 않은 만박소년들도 오사카 만박 때 직접 찍은 사진과 모은 팜플렛 등을 바탕으로 오사카 만박 인터넷 사이트들을 직접 운영하고 있다.

페미니즘 입장에서는 왜 만박 '소년' 이냐고 불만이 있을 수도 있다. 하지만 내가 과문한 탓인지는 몰라도, 책이나 인터넷에서 '만박소녀' 들을 만나기란 어렵다. 아마도, 지금 중년이 된 만박소녀들은 밖에서 술을 퍼마시고 있는 만박소년들을 기다리는 것을 포기하고 그 대신에 텔레비전과 영화 속의 '욘사마' 와 환상적 연애에 빠져있을 것이라 짐작된다. 만박 '소년' 들은 아주 귀엽지만 일본 아저씨들은 정말 매력이라고는 눈꼽만큼도 없을 테니까. 물론 영화 〈우나기〉, 〈셀 위 댄스〉, 〈붉은 다리 아래 따뜻한 물〉의 배우 야쿠쇼 코지는 빼고서 하는 얘기다.

한국에 가장 잘 알려진 만박소년은 단연 만화가 우라사와 나오키[1960년생]다. 그의 《파인애플 아미》는 해적판으로 번역된 적이 있고, 정식 번역판 《마스터 키튼》, 《몬스터》, 《야와라》도 한국에서 큰 인기를 끌었다. 우라사와 나오키는 소학교 2학년 때부터 공책에 SF장편 만화를 그리기 시작해서는 중학교 때 만화를 잡지에 투고하기도 했다. 대학 때는 음악에 빠져서 밴드 활동을 하기도 했는데, 졸업 때에는 취직이 내정되어 있던 캐릭터 상품 완구회사의 디자이너

직을 포기하고 직접 만화 잡지사를 찾아가서 자기 작품을 보여준다. 잡지사 편집부의 권고를 따라서 잡지 콘테스트에 작품을 응모해서 신인으로 데뷔한다.

우라사와가 만박소년으로서의 자신의 체험을 모조리 쏟아 부은 작품이 '본격과학모험만화'라는 부제가 붙은 《20세기 소년》이다. 본디 '20세기 소년20th Century Boy'은 1970년대 글램록 아티스트 T-렉스의 노래 제목인데, 한국에서 가위질이 많이 된 채 소개된 토드 헤인즈 감독의 영화 〈벨벳 골드마인〉에서는 저작권 문제 때문에 그랬는지는 몰라도 플레이스보Placebo의 연주 버전으로 소개되기도 했다. 우라사와는 '만박소년'이라는 말에 깃든 로컬한 느낌을 벗어던지고자 '20세기 소년'이라는 다소 글로벌한 단어로 표현한 듯하다.

만화 《20세기 소년》에서는 도처에서 오사카 만박과 관련된 에피소드가 되풀이되어 소개된다. 만화의 서사적 현재는 오사카 만박을 전후한 시기와 세기말에서 Y2K에 이르는 시기 그리고 2014년 이후의 시기를 왔다갔다 하면서 진행되고, 또 영화 언어에서 교차편집이라고 부르는 기법을 통해서 수십 명의 등장인물들의 모험 이야기를 동시다발적으로 그려내고 있다. 1950년대 후반에서 1960년대 초반에 일본에서 태어나고 자라난 세대가 갖고 있는 노스탤지어가 설득력 있게 오늘날 외국의 10대와 20대 독자들에게도 전달된다. 한마디로 말해서, 재미있다.

오사카 만박의 주제는 '인류의 진보와 조화'였다. 지금 생각해보면 터무니없이 낙관적인데, 어쨌든 그 당시의 만박소년들에게는 미래가 있었다. 이미 도쿄올림픽을 통해 전국민적 자신감을 얻기 시작한 일본 국민들이 처음으로 다수의 외국인들을 직접 만난 것, 그리고 패스트푸드가 일본에 처음 소개된 것도 다 이 오사카 만박을 통해서라고 한다.

이 글을 쓰기 위해 일본 대학에서 사회학을 가르치는 친구에게 '이멜'을 보냈더니, 개인적 기억을 몇 가지 적어 보냈다. 소련관이나 미국관같이 인기 있는 파빌리온에 들어가기 위해서는 땡볕 아래에서 아주 오랫동안 줄을 서야 했는데 그게 아무렇지도 않았다는 것, 두 번인가 세 번 오사카 만박에 갔다고 기억하고 있는데 그 중 분명히 한 번은 19세기 말에 태어난 자신의 할아버지와 함께였다는 것, 그리고 임시로 설치된 화장실의 냄새가 아주 고약했다는 것 등이다.

이 친구는 지난 봄에 DVD로 발매된 오사카 만박의 다큐영화를 보면서 옛날의 추억에 빠져 내내 눈시울이 젖어 있었다고 고백했다. 이 감정은, 박람회의 사회학이나 정치학을 학자로서 이성적으로 거론하는 것과는 약간 다른 차원에 속하는 것인 바, 오사카 만박에 몰려들어서 일본 바깥 세계의 여러 나라의 이미지와 낙관적으로 제시된 미래 과학기술의 이미지를 그저 순진무구한 동경과 호기심 속에서 즐겼던 당시 일본의 대다수 '고되게 일하던 사람'들을 생각하면 특히 그러하다는 것인데, 자신이 이러한 구닥다리 세대의 끄트머리에 속한다는 게 자랑스럽다는 말을 '네가 이해할지 모르겠지만'이라는 단서와 더불어 이메일의 마지막에 덧붙였다.

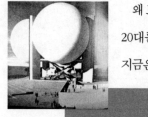 왜 모르겠는가, '58년 개띠' 인 나도 내 10대와 20대를 돌이키자면 늘 그러한 기분에 젖는데. 지금은 도서관으로 쓰이는 1960년 후반의 남산 어린이회관에서 미래의 과학기술에 감탄했던 과학소년들은 이제 다들 어디로 갔나, 혹은 70년대 후반의 고고장에서 함께 블루스를 추던 '20세기 소녀' 들은 지금은 어디서 뭐 하나며 속으로 돌이켜 묻게 되곤 한다. 그러면 묘하게도 서글프면서도 벅찬 복합적인 감동이 가슴 밑바닥으로부터 치밀어 오르기 마련인데, 그럴 때면 딥퍼플이나 신중현을 들으면서 노스탤지어를 살살 달랠 수밖에 없는 노릇이다.

005

베테랑
veteran
참다운 보수주의자의 길

"이원등 만세, 표명렬 만세, 재향군인 만세!"

내가 어렸을 때 감명 깊게 읽은 책 중에 이원등 상사의 전기가 있다. 책 이름이 뭔지, 누가 지었는지는 전혀 기억할 수 없지만, '국민' 학교 저학년 때에 몇 번이고 되풀이해서 읽었다. 이원등 상사는 1966년에 공수특전단 고공 낙하훈련 중에 시속 150마일로 하강하던 도중에 동료의 낙하산이 기능 고장을 일으킨 것을 보고는 공중이동해서 전우의 파일럿슈트를 당겨서 주낙하산을 개방시켜주고 나서 자신은 한강 얼음 위로 추락해버렸다.

그의 전우애와 희생정신을 본받기 위해서 세운 동상이 한강 노들섬 도로 한가운데 서 있는데, 추모곡 '하늘에 핀 꽃'의 가사는 이렇다. "하늘을 내 집 삼아 연마한 기술 / 공수단의 자랑은 이것이었다 / 전우의 낙하산을 펴주고 나서 / 유성처럼 사라져간 이원등 상사 / 그대는 하늘에 핀 한 떨기의 꽃 / 길이길이 향기롭게 피어 있어라." 좋은 노래다. 사고 당시 계급은 중사였는데 순직한 다음에 상사로 추서追敍되었다. 어린 '국민'이었던 내게 이원등 상사의 거룩한 희생이 준 감동은 너무 강렬해서 만약에 내 몸뚱아리 하드웨어의 '스펙', 그러니까 체격이나 체력 등과 같은 '제원'이 더 뛰어났더라면 지금 내가 직업군인이 되어있을지도 모르겠다.

하지만 더 커서 우리 현대사를 공부하면서는 군대와 군인에 대해서 전혀 다른 시각을 갖게 되었다. 극소수 정치군인들이 주도해서 저지른 온갖 악행과 만행에 관한 이야기는 어린 시절에 형성된 이 강렬한 기억의 이미지를 대체해버렸다. 군대와 군인에 관한 서로 상반된 이미지들 사이에서 아주 빠른 '디졸브'가 벌어진 것이다. 그래서 대학 강의시간에는 학생들에게 "한국 군대는 사람을 망가뜨린다, 어떻게든 군대에 가지 말고 빠져라, 그리고 일단 군대에 끌려가면 하루라도 빨리 탈영해라"는 식으로 농담을 하곤 했다.

그런데 최근에 다시 생각을 바꾸게 된 사건이 벌어졌다. 평화재향군인회약칭 평군가 만들어진 것이다. 이미 보도된 대로, 평군의 상임 공동대표로는 표명렬 예비역 준장과 한국전쟁 참전 경력의 74살 노익장이자 부산 민족자주통일중앙협의회 상임의장인 김상찬 선생육군 중사 예편이 뽑

했고, 장만준 예비역부사관협의회장 등을 포함해서 11명의 공동대표단도 구성되었다.

표명렬 대표는 수락 연설을 통해서 "우리나라에서 안보라는 것은 군사정권 세력들이 안보라는 이름으로 한 협박으로 인해 국민들에게 피해의식으로 남아 있다. 앞으로 안보하면 생명과 목숨을 바쳐서 조국과 민족을 위해 희생하는 성스럽고 아름다운 그런 것으로 국민 가슴속에 스며들도록 만들자"고 했다. 민변 대표인 이석태 변호사가 축사에서 말한 바와 같이 이제는 인권과 평화의 가치를 군에서 이뤄낼 수 있고 국가의 방위 임무에 대해 긍지와 자부심을 가질 수 있도록 하는 새로운 장정이 시작된 것이다.

정규 육사 출신으로 정훈감을 지낸 표명렬 대표는 평군을 만드는 과정에서 여러 번 제명을 당해야만 했다. 평군의 창립으로 그 정당성이 흔들리게 된 대한민국재향군인회^{약칭 향군}로부터는 물론이고, 예비역 장성 모임인 성우회와 육사 18회 동기회, 그리고 육사 총동창회와 정훈동지회 등에서도 제명을 당했다.

퇴역군인이란 말에 해당하는 영어 단어는 베테랑^{veteran}이다. 불어와 독어에도 같은 형태와 의미의 단어가 있다. 퇴역군인이란 뜻 말고도 베테랑은 어떤 특정한 분야에서 오랜 경험으로부터 우러나온 기능이나 기술을 갖고 있는 사람을 가리키기도 한다. 베테랑이란 말은 영어 'old'에 해당하는 라틴어 'veteris'에서 나온 것이고, 또 이 라틴어 단어의 어근은 고대 인도유럽어로부터 나온 것인데 그 뜻은 영어 'year'에 해당한다. 그러니까 '오랜 세월을 보내고 나이 먹은 사람'이 바로 베테랑의 어원이다.

해방 직후 국방경비대는 친일 경력을 가진 고급 장교의 도피처이자 출세의 새로운 지름길이었다. 또 군사영어학교는 반민족적 친미 사대주의 성향 장교들의 양성소였다. 그 후 육군사관학교가 만들어졌지만 박정희 체제 아래에서 육사 출신 고급장교들의 상당수는 정치군인이 되었다. 5·16, 12·12, 광주항쟁 진압에서 볼 수 있듯이, 이들 소수의 정치군인들은 현역 때에는 쿠데타나 민간인 학살의 베테랑 노릇을 했고, 또 퇴역해서는 대사라든가 국영기업체의 임원 자리에 앉고는 했다.

힘없고 연줄 없는 대다수의 국민들은 사병으로서 한국전쟁과 베트남전쟁의 일선에서 총알받이 노릇을 해야 했고, 퇴역을 해서 하는 일이라고는 자기도 알지 못하는 사이에 향군 구성원으로 이름이 올라가 있는 것뿐이었다. 한편, 더 이상 진급을 하지 못한 채 퇴역을 하게 된 비육사 출신의 장교들이나 한곳에 붙박이로 박혀 장기복무를 하다가 사회에 나온 부사관 출신의 역전 노장들은 빠르게 바뀌어가는 사회현실에 적응하기가 너무 힘들어서 대개들 아주 심하게 고생을 했다. 사업을 벌였다가는 아주 쉽게 망하기 일쑤였고 또는 사기꾼들을 만나서는 어렵게 모은 작은 재산을 금방 날리기 마련이었다. 세상이 다 아는 아주 흔해빠진 얘기다.

향군은 퇴역군인들의 사회 적응이나 복지에 전혀 힘을 쓰지도 못했고

'베테랑' 들의 경험과 기능을 활용해 서 사회에 이바지하는 일을 하지도 못했다. 그러기는커녕 오로지 향군 상층부를 구성하는 소수 퇴역 장성들 의 정치적, 경제적, 사회적 이익을 뒷 받침하는 일만을 해 왔다. 향군 등이 평군 창립과 관련해서 표명렬 대표를 제명한 것은 그 성격상 아주 당연한 일이다. 향군 측은 인신공격도 서슴

지 않고 있는데 표명렬 대표의 부친이 빨치산이었다는 게 그 요지다.

출판평론가 표정훈이 자신의 가족사를 다룬 책과 표명렬 대표의 언론 인터뷰에 의하면, 표정훈의 할아버지, 그러니까 표명렬 대표의 부친인 표문학 씨는 남로당 전남도당 주요 간부로 한국전쟁 당시 빨치산이었 다. 표문학 씨는 일제 때 중앙고보에 다니던 중 사회주의운동에 가담했 다가 일제 경찰에 붙잡혀 퇴학을 당한 적이 있고 한국전쟁이 나자 전남 지역 노동조합 책임자로 일하게 되었다. 표문학 씨는 인민군이 퇴각하 자 백두대간을 따라 월북길에 올랐다가 붙잡혀서 대전 형무소로 이감되 던 중에 영어실력을 인정받아 미군 고문관 역할을 하게 되면서 겨우 목 숨을 유지할 수 있었고 나중에는 고향에 내려와 농사지으며 살았다고 한다. 전쟁통에 기록이 제대로 관리되지 못해서 표명렬 대표가 육사를

진학하는 데에 표문학 씨의 과거가 족쇄로 작용하지 않았다는 것이다.

"아버지가 '빨갱이' 면 당연히 아들도 '빨갱이' 가 되기 마련" 이라는 비열한 인신공격 논리대로라고 한다면, 향군 측은 무엇보다 이문열 씨에 대해서도 소위 사상 검증을 철저히 해야 하며, 그러한 이문열 씨의 글을 싣는 보수 신문에 대해서 강력하게 비난을 해야 한다. 이런 논리에서는 겉으로는 보수 우익인 척 하고 있지만 실은 '빨갱이 피'를 이어받은 이문열 씨야말로 내놓고 극우세력을 비판하는 표명렬 대표보다 훨씬 더 위험한 법이다.

'건전 보수'를 자처하는 표명렬 대표의 생각은 참 독특하다. 자신이야말로 참다운 보수주의자라는 것이다. 그는 자신이 육사 출신인 것이 자랑스럽고 또 평생 가장 자랑스러운 일이 베트남전에 자원한 것이었다고 말한다. 그리고 참다운 보수주의자라면 정권이 마음에 안들어도 정부 정책에 반대하지 않아야 한다고 역설한다. 일 년에 수백 억씩의 정부 예산을 지원받는 향군은 미국 성조기가 휘날리는 반정부 시위 현장에 참가해서 반국가적 구호를 외치고 있는데, 보수주의자 표명렬 대표로서는 이러한 처사가 도저히 이해되지 않는다는 것이다.

나 같은 자유주의자로서는 매우 반가운 일이다. 세상에, 이라크 파병을 반대하는 보수주의자가 있다니. 또, 표명렬 대표의 지론은 한국군의 역사

적 전통은 광복군에서 찾아야 하고, 군 개혁은 육사교육의 개혁과 기무사의 개혁으로부터 시작해야 하며, 억압적이고 권위주의적인 군대문화를 혁파해야 하고, 단지 국방비를 늘리는 게 자주 국방이 결코 아니며, 국가 안보의 궁극적 목적은 민족과 국민의 평화라는 것이다. 이런 보수주의 세력이라고 하면 얼마든지 함께 더불어 대한민국에서 살아갈 수 있다. 게다가 이원등 상사의 거룩한 삶에 사로잡혀 있던, 순진한 어린 국민으로서 열심히 '맹호부대' 노래를 부르던 잃어버린 나를 되찾아주기까지 하니 그 반가움은 더 커지지 않을 수 없다. 만세 삼창을 해야겠다.

"이원등 만세, 표명렬 만세, 재향군인 만세!"

006

시애틀 추장
Chief Seatle
부동산

"땅에 관한 시적 정의"

시애틀 추장^{Chief Seatle. 1786년경~1866년}, 미국 워싱턴 주 지역에 살던 인디언 부족의 지도자. 워싱턴 주의 시애틀 시는 그의 이름을 따서 지었다. 젊어서 용감한 전사로 이름을 날린 그는 키가 매우 컸으며 연설할 때에는 목소리가 반 마일 넘게 울렸다고 한다. 그는 부족의 땅을 미국 정부에 넘기는 조약을 맺었는데, 유명한 그의 연설은 1854년에 부족을 모아놓고 미국의 파견 관리 앞에서 행한 것이다. 땅을 잃고 보호구역으로 쫓겨난 인디언들은 그를 겁쟁이이자 배신자로 여긴 반면에 일부 다른 사람들은 역사적으로 불가피한 어려운 결정을 한 사람으로 평가한다. 그의 장녀 프린세스 안젤린^{Princess Angeline}은 조약 체결에 따른 퇴거 명령을 무

시하고 시애틀 시에 눌러앉아 수공예 바구
니를 팔면서 가난하게 살다가 죽었다.

시애틀 추장의 연설 발췌문

미국 대통령이 우리 땅을 사고 싶다는 전
갈을 보내 왔다. [……] 우리가 땅을 팔지
않으면 백인들이 총대를 들고 와서 우리 땅
을 빼앗을 것임을 우리는 알고 있다. 그대
들은 어떻게 저 하늘이나 땅의 온기를 사고
팔 수 있는가? 우리로서는 이상한 생각이
다. 공기의 신선함과 반짝이는 물을 우리가 소유하고 있지도 않은데 어
떻게 그대들에게 팔 수 있다는 말인가? 우리에게는 이 땅의 모든 부분이
거룩하다. 빛나는 솔잎, 모래 기슭, 어두운 숲속 안개, 맑게 노래하는 온
갖 벌레들, 이 모두가 우리 기억과 경험 속에서는 신성한 것들이다.
[……] 우리는 땅의 한 부분이고 땅은 우리의 한 부분이다. 향기로운 꽃
은 우리 자매이다. 사슴, 말, 큰 독수리, 이들은 우리 형제들이다. 바위산
꼭대기, 풀의 수액, 조랑말과 인간의 체온, 모두가 한 가족이다. [……]
물결의 속삭임은 우리 아버지의 아버지가 내는 목소리이다. 강은 우리
형제이고 우리 갈증을 풀어준다. 카누를 날라주고 자식들을 길러준다.
[……] 만약 우리가 땅을 팔게 되면 그대들은 저 강들이 우리와 그대들
의 형제임을 잊지 말고 아이들에게 가르쳐야 한다. 그리고 이제부터는

형제에게 하듯 강에게도 친절을 베풀어야 할 것이다. [……] 백인은 어머니인 대지와 형제인 저 하늘을 마치 양이나 목걸이처럼 사고 약탈하고 팔 수 있는 것으로 대한다. 백인의 식욕은 땅을 삼켜버리고 오직 사막만을 남겨 놓을 것이다. [……] 그러나 만약 우리가 그대들에게 땅을 팔게 되더라도 우리에게 공기가 소중하고, 또한 공기는 그것이 지탱해 주는 온갖 생명과 영기靈氣를 나누어 갖는다는 사실을 그대들은 기억해야만 한다. [……]

생태주의적 비전을 감동적으로 보여주는 작품으로 자주 인용되는 시애틀 추장의 연설은 아름답고 시적이다. 우주 및 세계와 그 안에서 존재하는 모든 것에 대한 인디언 특유의 세계관과 자연관을 간결하면서도 함축적으로 제시하고 있다. 이 연설에는 땅을 빼앗기는 사람의 비애와 서글픔이 밑바닥에 깔려 있고 그 정서는 투박하지만 힘 있는 목소리를 통해 울리고 있다. 미국 서부영화에서 흉포한 야만인으로 왜곡되어 온 것과는 전혀 달리, 인디언들은 모두가 시인이었던 셈이다. '땅이란 것은 애당초 소유할 수 없다'는 것은 오늘날에는 '시적 정의poetic justice'에 속하는 표현으로 이해된다. 하지만 그것은 인디언들에게 아주 자연스럽고도 당연한 세계 및 현실 인식이었다.

그런데 놀랍게도, 엄밀히 말해서, 이 작품의 저자는 시애틀 추장이 아니다. 오늘날 미국에서 떠돌아다니는 시애틀 추장 연설의 판본에는 대략 4종이 있다. 최초의 판본은 시애틀 추장의 친구였던 헨리 스미스 박

247

사가 1887년 신문에 발표한 것이다. 그런데 스미스 박사는 치누크족의 말을 몰랐다_{워싱턴 주의 별칭은 치누크 주인데 이 지역에 살았던 인디언 부족의 이름을 땄다}. 그러니까 시애틀 추장의 연설 현장에 스미스 박사가 있었던 것은 오늘날 역사적 사실로 받아들여지고 있지만, 추장이 죽은 뒤 30년 이상 지난 뒤에야 세상에 나온 최초 판본의 내용과 수사적 표현은 시애틀 추장의 것이라고 볼 수 없다는 결론이다.

두 번째 판본은 1960년대에 더 모던한 영어로 편집한 것이며, 오늘날 가장 유명한 세 번째 판본은 1970년대 초에 시나리오 작가인 테드 페리가 〈고향〉이라는 TV용 영화의 시나리오를 쓰면서 다시 번안했다. 이 세 번째 판본은 1980년대에 신화학자 죠셉 캠벨이 인용함으로써, 그리고 이후에 아동용 도서를 포함한 많은 책과 TV 프로그램 및 교회에서의 설교 등을 통해서 유포됨으로써 유명해졌다. 마지막 판본은 세 번째를 더 간략하게 압축한 것이다.

문학 작품의 기원을 저자에게서 구하려 해서는 안 된다는 주장을 굳이 거론하지 않더라도, 이상의 역사적 배경 지식만으로도, 이 연설이 본디 시애틀 추장의 것은 아니었음을 잘 알 수 있다. 오히려 이 작품은 많은 구전 설화와 마찬가지로 입에서 입으로, 혹은 귀에서 귀로 전달되는 동안 살아남아 우리에게 전달되고 있는 것이다. 여기서 한 걸음 더 나간다면, 결국 작품은 저자의 것이 아니라 독자의 것이라는 평이한 진실에 이를 수도 있다. 어쨌든 간에, 그렇지만 여전히, 시애틀 추장으로 알려진 시적 화자의 수사적 질문은 여전히 우리 가슴에 시적 울림을 던진다.

"땅을 소유하고 있지도 않은데, 어떻게 사고 판다는 말인가?"

신도시의 아파트 청약이 시작되었다. 신도시의 아파트는 민간 32평형의 경우 분당에서처럼 가격이 오른다면 최저 1억 3천만 원에서 최고 3억 원까지의 시세 차익을 노릴 수 있다고 한다. 그러니 '아파트 로또'라고 부르는 게 당연하다. 한 해에 천만 원을 저축하는 게 힘든 보통 사람들 입장에서는 더욱 그러하다. 다만 로또와 다른 점은 비교적 적지 않은 사람들이 당첨되며, 또 당첨되더라도 외국으로 나가서 한 달 정도 도피하지 않아도 다른 이들이 못살게 굴지 않는다는 것이다.

여론 조사에서 서울에서 중산층 소리를 들으려면 11억 원 정도는 있어야 한다는 결과가 나왔다. 이 기준으로 중산층이 되려면 분당의 32평형 아파트 두 채 이상은 있어야 한다. 그렇다면 중산층이 아닌 사람들, 이 뜨겁고도 허망한 '로또 판'에서 재수 없게도 떨어질 사람들, 또 청약통장을 갖고 있기는 하지만 자격이 되질 않아서 청약을 하지도 못한 사람들, 그리고 하루하루 먹고사는 게 힘들어서 아예 청약통장을 갖고 있지도 못한 사람들은 대체 무슨 꿈을 갖고 살아가야 한단 말인가.

눈을 크게 뜨고 살펴보면 아파트에서만 로또 판이 벌어지는 것은 아니다. 1조4000억을 들여 헐값으로 외환은행을 인수한 미국계 펀드 론스타는 2년 만에 최소한 3조 2000억 원 이상의 이익을 챙기게 되었다. 현대·기아차 그룹은 구조조정 차원에서 매각한 계열사 회사채를 반값에 사들인 후 다시 인수·합병하면서 500억 원 이상의 채무를 털어냈다고 한다. 32평형 기준으로 론스타는 최소 10만 채에서 최대 20만 채, 현대는 170 여 채에 해당하는 시세 차익을 거두게 되었다.

이 먹이 사슬 구조는 단순하다. 결국 돈 놓고 돈 먹기 게임이다. 다만, 놓는 돈의 액수가 크면 클수록 그리고 힘이 세면 셀수록, 비자금을 조성하거나 브로커와 로비스트를 동원해서는, 불법적 내지는 편법적으로 천문학적인 돈을 따먹을 수 있다는 거다. 먹이 사슬 최상층부의 당첨 확률은 100%다. 이러한 먹이사슬의 중간 부분 어딘가에 '아파트 로또'가 자리잡고 있다. 그리고 이는 '하우스 푸어'라는 부메랑으로 다시 돌아와 또다른 부의 재분배를 강요하고 있다.

이런 상황일수록, '땅이란 것은 애당초 소유할 수 없다'는 시애틀 추장의 말이 우리 가슴을 때리고 우리 마음에서 울린다. 이 효과는 한편으로는 시적, 생태학적으로, 다른 한편으로는 정치적, 역사적으로 작동하게 되는 것이다. 게다가, 작품의 기원이 작가에게 있는 것이 아니라는 얘기는 땅과 집의 사회적 소유 형태의 문제에 대해서도 시사하는 바가 크다. 사고

THE GOLDEN POTLATCH, -- '97

A HOT TIME IN A COOL PLACE

파는 데서 생기는 부당하고도 불평등한 문제를 해결하는 길은 소유 문제에 대한 근본적인 물음을 던지는 데서 출발한다. 내 생각에, 한국 사회는 소유 문제에 대한 정치적·사회적 성찰 및 상상력에서 지금보다 훨씬 더 래디컬radical해져야 한다. 결국 그것은 '시적 정의'에 속한 것을 역사적·현실적으로 실현시키는 길이다. 특히 먹이 사슬의 아랫부분에 붙박인 채 살아가고 있다면, 더욱 그러하다.

박현채 – 민족경제론

존 도우와 전국책 – 북한 핵실험

에키다 유키코 – 동아시아 반일무장전선

20세기 소년 – 오사카 만국박람회

베테랑 – 참다운 보수주의자의 길

시애틀 추장 – 부동산

4

돌아보기

r e f l e c t i n g

MERICE

001

선재동자
善財

화엄경

"길 떠난 동양의 어린 왕자"

선재善財동자, 〈화엄경〉의 마지막 부분인 "입법계품入法界品"의 주인공인 어린 구도자. 부처님이 깨우친 것과 똑같은 깨달음을 얻고자 하는 보리심菩提心을 일으킨 선재동자는 보살의 행行을 배우고 닦으러 선지식善知識을 찾아 떠난다. 입법계품은 법계法界에 들어간 선재동자가 문수보살부터 보현보살에 이르기까지 54명의 선지식을 만나는 구도 여행을 떠나서 마침내 부처님과 똑같은 깨달음과 실천의 경지에 이른다는 순례기이다. 선재동자가 만나게 되는 이는 보살, 비구, 비구니, 여성 재가신도, 선인, 거사, 바라문, 동자, 동녀, 왕, 부자, 천신, 여신, 천녀 등 다양하며 또 여기에는 장사꾼, 뱃사공, 논다니 및 다른 종교의 수행자도 포함된다. 이 모든 선지식들이 선재동자 보살행의 스승이자 친구이자 안내자 역할을 하는 것이다. 110개의 성을 지나는 구도의 전 과정에서, 어떤 선지식을 만나는 데 12년이 걸리기도 하고, 삼매에 빠진 또 다른 선지식의 출정을 여섯 달 이상 기다리기도 한다. 이 과정에서 선재동자는 때로는 믿기 어려운 일이나 광경을 보게 되기도 하고 때로는 심하게 의심하다가는 참회한 뒤 칼산에 올라 불구덩이에 몸을 던지기도 한다. 하지만 모든 선지식은 각자가 이미 깨달은 자라는 의미에서 보살이고 나름대로 독특한 해탈의 경지에 들어가 있는 지라 늘 선재동자에게 깨달음을 주고 보살행을 제시한다. 선재동자는 재물이 아주 많은 집안에서 태어났으므로 이름을 선재라 한 것이라 한다. 또 동자라 함은 일단 나이가 어리다는 뜻을 갖고 있을 뿐만이 아니라 더 나아가 도를 구함에 있어 지극히 순수하고 정성스럽고 겸손해서 마치 순진한 어린이와 같다는 뜻을 지니기도 한다.

〈화엄경〉은 대승불교의 대표적인 경전 중의 하나이며 화엄종의 바탕이 되는 경전이다. 본래 이름은 〈대방광불화엄경大方廣佛華嚴經〉인데, 그 뜻은 '크고 넓은 부처님의 세계를 여러 가지 꽃으로 장엄하게 만드는 경'으로 풀이된다. 이 경전은 어느 한 시점에 일괄적으로 만들어진 것이 아니라 개별적인 품品들이 따로 만들어져 유통되다가 집대성된 것인데, 최종적으로 4세기 무렵에 중앙아시아에서 편집되었다. 한문으로 된 화엄경은 80권 본, 60권 본, 40권 본이 있는데 40권 본은 80권 본과 60권 본의 마지막 부분인 "입법계품"을 독립시킨 것이다. 화엄경의 세계를 주재하는 부처는 '비로자나불'로 음역되며, 밀교에서 대일여래^{大日如來}라고 불리는 데에서도 알 수 있듯이 태양의 이미지가 형상화된, 무한히 크고 넓으며, 따뜻하고 넉넉한 부처이다. 화엄사와 해인사는 각기 〈화엄경〉과 이 경전 중의 '해인 삼매'라는 구절에서 절 이름을 딴 것인데 신라 때부터 화엄 십찰로 유명한 이 절들의 주불이 바로 비로자나불이다. 화엄경은 매우 방대하지만 그 핵심 사상은 누구나 본래부터 불성, 즉 부처가 될 가능성을 갖고 있다는 것과 그 불성을 드러내기 위한 실천의 핵심은 널리 중생을 이롭게 하는 보현행^{普賢行}이라는 것이다.

■

이재현(이하 현) 선재야, 만나서 반갑다. 나는 너고 너는 나야.

선재동자(이하 선재) ???

현 내가 지금 살고 있는 동네가 북한산 바로 밑 불광동^{佛光洞}이야. 가끔 북한산에 오르는데 즐기는 코스가 세검정에서 형제봉 쪽으로 들어가서 보현봉과 문수봉을 거쳐 승가봉, 비봉으로 해서 구기동으로 빠지는 거야. 보현보살님을 먼저 만나는 거니까 너의 순례 코스와는 정반대이기는 하지만 어쨌든 간에 북한산을 밟으며 열심히 땀을 흘릴 때마다 "내가 선재동자다" 하는 생각을 하고는 했어. 게다가 내 이름이 재현^{在賢}이잖니.

선재　하기야 북한산에는 석가봉, 나한봉, 원효봉, 의상봉도 있으니까. 원효스님과 의상스님 모두 화엄경을 해설하거나 요약하는 글을 쓰기도 했지. 보현봉은 지리산에도 있고……. 또 전국에는 보현산, 보현봉, 문수봉이 적지 않아. 대개 보현봉과 문수봉 사이에는 석가봉, 세존봉, 여래봉, 비로봉 중의 하나가 있고. 다 불교적 세계관, 특히 화엄적 세계관을 산 이름을 짓는 데에 투영한 거지.

현　북한산 보현봉은 광화문 네거리에서 이순신 장군 동상 너머로 보면 북악산 뒤로 더 높이 솟아 있는 봉우리잖니. 나는 북한산 하면 백운대나 인수봉보다는 보현봉이 먼저 떠오르고는 해.

선재　그건 그렇고, 너 화엄경은 처음부터 끝까지 다 읽어보고 나서 지금 얘기하는 거냐?

현　(움찔) 으으응…… 그러니까 네 얘기만 읽어본 거지 뭐. 워낙 화엄경이 큰 경전이잖아. 동국역경원에서 간행한 게 세로쓰기 이단 조판에 500쪽이 넘는데 다 합쳐서 세 권이니까. 인터넷에 올라 있는 한문 경전 파일은 크기가 1메가가 넘고 한자 글자 수만 73만자가 넘어. 그리고 솔직히 말해서 화엄경은 워낙 '뻥' 이 세고 길게 늘어놓는 게 많잖니.

선재　불교 경전이 대부분 그렇지. 경전은 모두 나중에 문자로 옮겨진 거라 구전될 때에 암송하기에 좋게 같은 내용이 여러 번 반복이 되는 거니까.

현　그래도 화엄경은 '구라' 가 심한 것 같은데……. 예컨대

툭 하면 부처님이나 보살님이나 선지식이 털 하나를 뽑으시는데 그 털구멍 하나 안에 무한히 큰 세계가 다시 무한히 많이 열리고……. 화엄경 곳곳에서 너무 자주 지루할 정도로 그렇게 크고 넓은 세계를 쭉 나열하면서 묘사하고 있잖니.

선재 그건 화엄경이 편집될 당시 사람들의 상상력이고 취향에 따른 세계관인 거야. 그때 사람들 입장에서 보면, 오늘날 사람들이야말로 쓸데없이 엄청난 양의 이메일이나 문자 메시지를 주고받는다고 생각될걸. 또 댓글은 말할 것도 없고 인터넷 홈페이지나 블로그의 엄청난 숫자를 생각해봐라. 게다가 그것 하나하나가 독자적인 세계를 이루고 있잖니. 아니면 물리학에서 말하는 소립자의 세계를 생각해봐. 그러면 화엄경에서 말하는 세계가 허풍이나 뻥이 아니라는 것을 알 수 있어.

현 그렇긴 해. 요즘 황사가 심해서 밖에 나가서 봄볕을 즐기기는 힘들지만, 이렇듯 밝고 따사로운 햇볕이 온 세상을 비춰주니까. 온 세상에 충만한 햇살이 바로 부처님의 공덕이고 자비라고 생각하면, 그리고 햇빛이 큰 바다를 비추는 광경은 시릴 정도로 눈이 부시다는 것을 생각해보면, 화엄경의 분량이나 스케일이 이해될 법도 하네.

선재 내가 만난 선지식 중에서는 누가 젤로 기억에 남니?

현 글쎄……. 삼매에 든 해당비구의 전신을 발바닥에서 정수리까지 묘사하는 부분도 기억에 남고, 또 길거리에서 논다니로 살아가는 바수

밀다 여인을 긍정적으로 묘사하는 대목도 인상적이고, 죄를 저지른 중생을 잔인하게 폭력적으로 통치하는 '싫은 줄 모르는 왕無厭足王'이 자신의 통치 방식이 일종의 방편方便이라고 설명하는 부분도 기억에 남네.

선재 그 무염족 왕의 경우 이야기의 순서도 그럴듯하지. 모든 중생의 병을 치료하는 선지식 다음에, 그리고 모든 중생에게 인자하게 대하는 선지식 앞에 배치되어 있는 거니까, 무염족 왕의 방편적 잔인함이라는 것도 이야기의 흐름상 훨씬 완화되는 거야.

현 그래, 화엄경의 세계는 전반적으로 밝고 따뜻하고 넉넉하고 푸근해. 세상을 긍정적이고 적극적이고 역동적이고 활발하게 보는 거야. 세계와 생명을 향한 깊고 큰 관심과 애정에 바탕을 둔 작품이, 앗 미안, 경전이 바로 화엄경이라고 할 수 있어.

선재 화엄경에서 말하려는 것은 단지 어떤 식으로 세상을 그냥 보고 말라는 게 아니야. 이 세상의 모든 생명에 대한 뜨겁고도 열정적이고 헌신적인 자세와 태도가 중요하다는 거야. 우리 각자는 바로 그러한 세계의 커다란 그물망의 한 코인 거라 서로서로 연결되어 있는 거고. 그런 세계관과 생명관으로 살아가라는 거지. 화엄경에서 지혜의 상징인 문수보살님보다 실천적 덕행의 상징인 보현보살님이 더 강조되는 것도 깨달음이란 게 늘 뜨거운 실천으로 승화되어야 한다는 거야.

현 나야 아직 깨닫지 못한 중생이라 그런 경지의 깨달음이나 실천은 벅차네.

선재 그렇지 않아, 세상과 생명에 대한 최초의 뜨거운 깨달음이 중요해. 그래서 그 깨닫는 과정을 다룬 십지품^{十地品}의 첫 단계가 환희지^{歡喜地}
인 거고, '입품계' 에서도 문수보살님이 내가 보리심을 내서 보현행을
구하려는 최초의 마음가짐을 칭찬했어. 이 생명의 세계에 대한 깨우침
에서 초발심이 중요해. "아아, 내가 살아있구나" 하고 느끼는, 환희에 찬
그 순간의 깨달음에서 모든 게 출발하는 거야.

　현　북한산에서 땀을 흘리며 발걸음을 옮길 때의 기분이나 봉우리 정
상에서 시원한 바람을 쏘일 때의 바로 그 느낌으로 이 세상과 모든 생명
을 대하라는 거지?

　선재　그래, 그런 마음가짐과 몸가짐으로 세상의 모든 사람을 대하면
되는 거야. 공자님도 말했잖니. "세 사람이 길을 가면 반드시 나의 스승
이 있다"고. 세상에서 만나는 모든 사람이 다 너의 선지식이고, 또 다시
네가 다른 모든 사람의 선지식인 거야. 생명의 햇살이 너의 정수리를 쓰
다듬을 때마다 이 깨우침을 꼭 상기하거라.

　현　고맙다, 선재야.

002

토머스 제퍼슨
Thomas Jefferson
독립선언서

"대통령은 반품되지도 환불되지도 않는다"

토머스 제퍼슨Thomas Jefferson, 1743~1826, 미국의 제3대 대통령1801~1809이
자 〈독립선언서〉1776의 기초자. 13개 식민지 중의 하나였던 버지니아에
서 농장주의 아들로 태어나 대학 졸업 후 법률을 공부해서 변호사로 활
동하던 제퍼슨은 버지니아 식민지의회 의원으로 활약하다가 버지니아
의 대표로서 1775년과 1776년에 필라델피아의 대륙회의에 참가해서 독
립선언서를 기초했다. 그 후 그는 버지니아 주지사를 지내다가 다시
1783년과 1784년에 대륙회의에 참가했으며, 벤자민 프랭클린의 뒤를
이어 프랑스 주재 공사로 일을 하고, 조지 워싱턴 대통령 밑에서 국무장
관을 지내기도 했다. 1796년 대통령 선거에서 차점자로 부통령이 되었

던 그는 1880년 선거에서 승리하여 미국의 제3대 대통령이 되었다. 미국에서는 두 명의 연방파 대통령의 뒤를 이어 공화파인 제퍼슨이 당선된 것을 '1800년의 혁명'이라고 부르기도 한다. 제퍼슨식의 민주주의는 정치와 종교의 분리, 최소한의 중앙 연방정부 및 가능한 한 인민에게 가까운 지방분권적인 자치 정부, 국가 기구들 사이의 견제와 균형, 개인의 자유를 보호하는 국가의 역할 강조, 언론과 출판의 자유 강조 등으로 요약된다. 제퍼슨의 공화파와 대립했던 연방파의 중심인물은 미국의 초대 재무장관 알렉산더 해밀튼이다. 해밀튼은 강력한 중앙 연방정부의 역할을 요구하는 동북부와 중부 해안지대에 기반을 둔 기업가와 금융가들의 이해를 대변하는 경제정책을 수립, 집행하였다. 이에 대하여 제퍼슨 등의 공화파는 연방파의 정책이 소수 상공업자의 손에 부와 권력을 집중시킴으로써 국민 다수의 이익과는 대립된다고 비판하였다. 공화파는 남부와 서부의 반연방주의적이고 주권州權 중심적인 농업 세력과 채무

자들을 대변하고 있었다. 그는 독립기념일인 7월 4일에 죽었는데 그 스스로가 미리 준비한 묘비명에는 이렇게 쓰여 있다. "여기 미국 독립선언서 및 버지니아 종교 자유 법령의 저자, 그리고 버지니아 대학의 아버지 토머스 제퍼슨이 묻히다."

이재현(이하 **현**)   미스터 프레지던트, 미국 독립기념일을 축하합니다. 오늘날 세계의 유일한 초강대국인 미국이 한 때 다른 나라의 식민지였다는 게 잘 상상이 되지 않습니다. 캐나다나 호주와 같은 경로를 밟지 않고 굳이 독립전쟁을 하게 된 배경은 뭔가요?

제퍼슨   한국 사람들에게는 잘 이해되지 않는 일이겠지만, 당시 독립전쟁에 반대한 미국인들도 많았다네. 당시 미국 내의 소위 왕당파Tories는 크게는 50만 명 정도로 오늘날 추산되는데 아메리카 식민지 전체 인구의 20%를 넘는 수였어. 그 중에 2만여 명 가까이는 영국이 공급한 무기를 들고 영국 편에서 싸우기도 했지. 오늘날 표준 미국사에서 1763년에서 1789년에 이르는 시기를 '미국 혁명The American Revolution' 이라고 부르고 있네만, 결국 미국 혁명은 한편으로 독립전쟁이자 다른 한편으로는 내전이었다네. 왕당파 역시 설탕법이나 인지조례 등과 같은 영국의 강압적인 경제 정책을 비판하고는 있었지만, 폭력적 봉기는 오히려 결과적으로 평민들의 정치적 참여를 확대할 것이라고 두려워했어. 또 독립을 하게 되면 영국의 중상주의 경제 체제의 일부로서 얻을 수 있는 경제적 혜택을 상실할 것이라고 염려했지.

현   무슨 말씀을 하려고 하시는 건가요?

제퍼슨   내 말은 한편으로는 미국 독립전쟁과 관련해서 이해관계가 서로 다른 사회경제적 집단이 대립하고 있었다는 거고, 다른 한편으로는 여러 복합적인 이유가 미국혁
명의 발생과 성공에 직접적으로
작용했다는 거야.

현　미국은 식민지 시절에 이미 상당한 수준의
정치적 자치를 이룩하고 있었지요?

제퍼슨　게다가 13개의 식민지들은 서로 다른 종교적, 사회경제적 배
경을 갖고 있었지.

현　그러면 어떻게 해서 급진적인 분파가 보수적인 분파를 누르고 대
륙회의에서 주도권을 잡게 되었나요?

제퍼슨　사상적으로는 토마스 페인의 〈상식〉의 영향이 컸는데 전제군
주제를 아주 강력하게 비판하는 팸플릿이었지. 50쪽 정도에 불과한 것
이었는데 3개월 동안에 10만 부가 팔렸지.

현　저희들도 1980년대에 팸플릿을 많이 읽었지요. 팸플릿 세대의 상
당수가 정치인도 되고 사회운동이나 시민운동도 하고 있구요. 당시의
팸플릿은 요즘으로 치면 인터넷 홈페이지라든가 블로그에 해당하는 것
이라고 할 수 있을런지 모르겠습니다만.

제퍼슨　전반적으로 영국 쪽에서 취한 강압적 대응이 문제였지. 영국
쪽에서 유화적으로 나왔더라면 급진파가 헤게모니를 잡지는 못했을 텐
데…… . 필라델피아와 뉴욕의 상인들과 남부의 대농장주들은 영국과의
수출입이 중요한 경제적 활동이었기 때문에 무장 봉기를 선호하지 않았
지. 그런데 영국이 인디언과 흑인 노예들을 자기 편에 서도록 군사적으

로 선동하는 바람에 결과적으로 독립에 미온적이던 농장주들로 하여금 전쟁을 택하도록 만들었어. 게다가 영국의 팽창을 우려한 유럽의 다른 나라들도 미국 독립에 호의적이었고 말이야. 또 대륙회의 안의 보수파가 낸 타협안을 영국이 받아들였더라면 미국 혁명은 없었을 거야.

현   그렇다면 미국 혁명은 남북전쟁과 마찬가지로 양키들의 승리란 얘기입니까?

제퍼슨   그렇게 말할 수도 있겠지. 그보다 중요한 것은 13개의 식민지가 종교·문화적으로, 또 사회·경제적으로 서로 입장이 달랐다는 거야. 미합중국 정부가 1789년에 출범하기 훨씬 전인 1776년 무렵부터 각 주state는 독립 정부와 주 헌법을 갖기 시작했어. 미합중국은 1787년에 소집된 제헌의회에서 만든 헌법을 13개의 각 주가 비준해냄으로써 만들어진 연방국가야. 그러니, 'state'를 단지 '주'라고 번역하는 것은 문제가 있어. 각각의 'state'는 1789년 이전에는 엄연히 독립된 국가들이었고 지금도 다분히 그렇지. 내가 살던 버지니아는 열 번째로 헌법을 비준하게 되었는데 우리 버지니아에서는 많은 이가 연방헌법 안에 '권리장전Bill of Rights'이 없다는 걸 이유로 해서 헌법 초안의 비준에 반대하는 여론이 높았지.

현   권리장전이란 애당초 영국에서 명예혁명과 더불어 생겨난 거지요? 의회의 입법권과 과세권, 그리고 무엇보다 개인의 자유를 보장하기 위해 정부의 권한을 제한하는 내용으로 알고

있는데요.

제퍼슨 미국에서는 1776년의 버지니아 주의 권리
장전이 유명하지. 나중에 1791년에 가서야 권리장전
이 미합중국 헌법에 부가되었는데 이게 바
로 '수정 헌법'이라고 오늘날 불리는 거야.

현 연방정부와 주 정부, 혹은 연방정부와 국민의 정치적 관계는 미합
중국의 출범 때부터 문제였군요?

제퍼슨 그게 바로 소위 남북전쟁의 핵심적 사안이었어. 그에 비하면
노예 해방의 문제는 부차적이었던 거지. 표준 역사 교과서에서는 남북
전쟁을 'The Civil War', 그러니까 시민전쟁 내지는 내전이라고 부르
지만 지금도 남부 사람들 중에는 '양키 연방주의자들의 일방적인 침략'
이라고 부르는 사람이 적지 않아.

현 권리장전 문제 말고, 헌법 비준에 반대한 사람들이 문제 삼은 다
른 것이 있었나요?

제퍼슨 그건 연방의 통상 규제권이야. 연방파는 연방정부가 강력한
통상 규제력을 갖도록 요구했었는데 나 같은 반연방주의자 내지는 공화
파가 보기에 그것은 북부의 상공업자들에게만 유리한 것이었지. 뉴욕
주에서도 헌법의 비준 반대가 심했고 로드 아일랜드는 1790년에 가서
야 비준을 했지.

현 미국 연방정부는 1816년부터 미국의 유치산업 보호를 위해 35%
에서 40%에 이르는 관세를 부과하는 관세법을 제정하고 시행하기 시작

해서 적어도 1920년대까지 계속해서 강력한 보호주의 무역정책을 시행했었는데요.

제퍼슨 그러니까 자네는 미국이 주장하는 신자유주의적 자유무역주의 방침이라는 게 허구라는 걸 강조하려는 거로구먼. 또 한미 FTA 주창자들이 역사적으로 무지몽매하다는 얘기고 말이야.

현 네에…….

제퍼슨 미국 안에서도 미국의 경제적, 군사적 패권주의를 비판하는 사람이 많아.

현 한국에는 미국의 이익을 우선적으로 생각하는 사람들이 적지 않답니다. 특히 국방부, 외교통상부, 재정경제부의 고급 관료들 상당수의 사고방식이 그러하지요. 미국의 '수퍼 파워'를 현실로서 인정한다는 것과 거기에 순응해버리고 만다는 것은 서로 다른 문제인데요. 마지막으로 한말씀 해주시죠.

제퍼슨 으음…… 그러니까, 대통령이란 상품은 환불, 반품, 교환이 안 되는 거니까 처음에 정치 시장에서 고를 때 아주 신중해야 한다는 걸 한국 국민들께 꼭 당부드리고 싶구먼.

수보리
須菩提
금강경

"손오공, 삼장법사를 만나다"

수보리須菩提, 부처님 10대 제자 중의 한 사람. 코살라국 사위성 사람으로 큰 부자의 아들이며 바라문 출신이었다. 산스크리트어로는 수부티 Subhūti라고 하는데 그 어원상의 의미가 '착한 존재'라서 수보리는 선현善現, 선길善吉, 선업善業의 이름으로 의역되기도 했다. 제자들 중에서 누구보다도 공空 사상에 대한 이해가 깊어 해공제일解空第一이라 일컬어지고 공생空生이라는 별칭을 갖는다. 초기 대승경전인 〈금강경〉에서는 부처님께 깨달음과 지혜에 관해 묻고 답하는 역할을 맡고 있다. 〈금강경〉 및 그 이전의 초기 경전에서 부처님은 수보리를 '다툼이 없이 머무는 자들 가운데서 제일'이라고 칭찬했다. 다툼이 없는 이러한 실천의 최고 경지를 〈금강경〉에서는 무쟁삼매^{無諍三昧}라고 한다.

〈금강경^{金剛經}〉은 중국 당·송 시대의 선종과 한국 조계종의 바탕이 되는 경전으로, 서역에서 온 스님 구라마즙의 번역본에서는 〈금강반야바라밀경〉이라는 제목을 갖는데, 이는 "금강석과 같이 견고하여 일체를 끊어 없앨 수 있는 진리의 말씀"이라는 뜻이다. 원본은 기원전 1세기에서 기원후 1세기에 성립된 것으로 추정되고 있으며, 한문 번역본은 구라마즙과 현장의 것을 포함해서 총 6종이 있다. 특히 우리나라에서는 〈반야심경〉 다음으로 널리 읽히는 경전으로, 분량이 많지 않고 내용이 크게 어렵지 않아서 일상의 독송용이나 붓글씨를 위한 사경으로 쓰인다. 이 경전은 부처님의 발우 공양을 묘사하는 장면에서 시작해서 부처님 가르침에 대해 모든 존재들이 환희하는 장면으로 끝난다. 이 경전에 공^空이란 말은 직접 나타나지는 않지만, 무주^{無住}와 무상^{無相}은 계속 강조된다. 즉, 대상이나 형상에 머물지 않는 자가 참다운 보살이라는 게 금강경의 핵심이다. 땔나무 장사꾼이었던 육조대사 혜능이 발심하게 된 계기가 바로, 이 경의 한 구절, 즉 "응당 머무는 바 없이 그 마음을 낼 지어라^{應無所住 而生其心}"였다.

■

이재현(이하 현)   수보리님, 안녕하세요? 오랜만입니다. 〈서유기〉에서 뵙고 나서는 처음이네요.

수보리 으음, 그 소설에서는 손오공에게 온갖 도술을 가르쳐 준 이가 나로 설정되어 있지. 상당히 도교적 색채가 가미된 캐릭터였다네. 하지만 엄밀한 의미에서 부처님 제자인 나하고는 꽤 달라, 이름만 같은 거지.

현 수보리님은 어떻게 부처님의 제자가 되셨나요?

수보리 얘기하자면 긴데, 내가 부잣집 출신인 건 알고 있느냐?

현 네, 수보리님 집안으로 말할 것 같으면, 숙부님인 수달다須達多 장자가 기원정사祇園精舍를 세존께 기부할 정도로 재산이 많은 가문이었지요. 원래 기원정사 땅이 사위성의 태자 것이었는데 그 땅을 구입하기 위해 수달다 장자가 수많은 수레에 황금을 가득 실어와서 땅에 깔았다고 알고 있습니다.

수보리 그래, 내 숙부님의 산스크리트어 이름은 원래 '무의탁자에게 음식을 보시하는 자' 란 뜻인데, 한자어로는 급고독給孤獨이라 번역하기도 하지. 아무튼 기원정사는 세존께서 말년 22년 간을 보내신 곳이고, 내가 〈금강경〉의 가르침을 받았던 곳이기도 하지.

현 세존께서는 마가다어로 설법하셨는데 그 말씀이 문자로 정착될 때에는 파알리어나 산스크리트어를 통해서였다지요? 우리는 한문 불경을 읽거나 아니면 한문본을 번역해서 읽어 왔지요. 그런데 같은 불경도 중국에서 여러 사람에 의해 번역되는 과정에서 동일한 개념이나 고유명사에 해당하는 한자어 낱말이 여러 개가 있으니까 매우 헷갈려요.

수보리 그렇지. 구라마즙의 번역본
은 현장의 번역본과 비교해서 게송偈頌
이 하나 빠져 있고 마지막 부분의 비유
도 개수가 다르지.

현 게송이란 네 개의 구를 한 단위
로 하는 시 형태를 말씀하시는 거지요? 구라마즙의 번역본은 "만약 형상
으로 나를 보았거나 / 음성으로 나를 찾았다면 / 그릇되게 정진한 것이니
/ 나를 보지 못할 것이다. 그 사람들은"이라는 부분만 번역했다고 하지
요. 번역하면서 마지막 구절도 "여래를 볼 수 없음이라"로 바꾸었구요.

수보리 현장이 대본으로 삼은 산스크리트 버전에서는 바로 그 다음
에 이렇게 이어진단다. "법으로 부처님들을 보아야 한다 / 참으로 스승
들은 법을 몸으로 하기 때문에 / 그러나 법의 본성은 분별로 알게 되지
않나니 / 그것은 분별해서 알 수 없기 때문이다"라고 말이야.

현 마지막 부분의 비유도 게송으로 되어 있지요? 산스크리트 버전을
번역한 것은 "별, 눈의 가물거림, 등불 / 환영, 이슬, 물거품 / 꿈, 번개, 구
름이라고 / 이렇게 보여져야 하나니 형성된 것은"이라고 되어 있던데
요. 결국 한문 버전으로부터 우리말로 번역하는 것은 중역인 셈이네요.
애초의 부처님 말씀과는 크게 달라질 수도 있는 거구요.

수보리 구라마즙이야 역사상 가장 뛰어난 불경 번역가이기는 하지만
〈금강경〉의 경우 의역이나 축역을 많이 했지. 한국에서도 새 천 년 들어

서 산스크리트어 버전의 번역이 서너 종 이루어진 걸로 아는데 읽어보니 어떻던가? 더러는 티베트어 버전이나 유럽어 버전과도 비교해가면서 공들여 번역한 걸로 아는데.

현 우리말의 일상 어법에 가까운 문장들이라서 그런지 이해하기가 쉽더군요. 쉬운 걸 일부러 어렵게 이해할 필요는 없는 거니까요. 하지만 불교가 중국을 통해서 전해진 데다가, 한자로 된 개념이나 구절에 긴 세월 동안 익숙해져 와서 그런지 한문으로 된 경전도 좋아요. 의역이나 축역을 하면서 더 심오해진 경우도 있구요. 마지막 게송의 '형성된 것'은 구라마즙의 경우 '일체유위법一體有爲法'이라고 했잖아요? 이미 노장 사상이 녹아 들어가 있는 번역이라고 해야 하지 않을까요?

수보리 서로 꼼꼼히 비교해 가면서 음미하면 아주 좋겠지.

현 스님이나 학자들이 공들여서 번역한 만큼 그것들을 불교계나 학계에서 서로 비교도 해주고 평가도 해주고 하면서 널리 보급해야 하는데 그런 시스템이 없는 것이 문제 같아요. 고전이라는 것은 끊임없이 다시 새롭게 번역되거나 해석되어야 한다고들 말하지만, 많은 독자들이 그걸 읽어줘야 역자들도 힘이 날 텐데요.

수보리 번역하는 사람들도 오늘날 우리의 살림살이나 세계관, 혹은 젊은 세대의 감수성이나 상상력을 염두에 두면서 철저히 당대적인 번역이나 해석을 내놔야 하고 말이야. 독창적인 번역이나 해석은 그 다음의 문제겠지.

현 수보리님 그런데요, 아까 여쭈어 본 건데, 어떻게 해서 부처님 제자가 되셨어요?

수보리　기원정사에서 세존의 설법을 듣고 감동을 받아서 제자가 된 거야.

현　기대했던 것보다 싱거운 대답이네요.

수보리　대신 다른 얘길 해주마. 금시조金翅鳥라고 용을 잡아먹고 산다는 전설의 새가 있는데, 용왕들이 부처님에게 금시조로부터 모든 용들을 보호해달라고 간청하자, 부처님은 금시조에게 살생을 하면 삼악도三惡道에 떨어질 것이라고 설법해서 금시조가 삼보에 귀의했다는 거야. 그후 부처님이 열반에 드신 다음에 용들이 부처님의 사리를 차지하여 공양하겠다고들 다투자, 내가 나서서 그들에게 부처님 사리는 모든 중생들로 하여금 부처님의 위력을 알도록 하여 불도를 이루게 하는 것이라고 설득했던 적이 있다네.

현　그 얘기는 '무쟁삼매'와 연결되는 설화로군요.

수보리　그럼, 이 얘긴 어때? 내가 태어났을 때 말인데, 창고의 그릇과 상자와 바구니가 다 비어 있었다는 게야. 그래서 점쟁이를 불렀더니, 오히려 길한 징조라고 해석하면서 이름을 공생이라고 지으라고 했다는 거야. 내 이름 공생空生이 생기게 된 연유이지.

현　그건 이미 수보리님이 해공제일로 알려진 다음에야 만들어진 설화로 해석하는 게 좋을 듯한데요.

수보리　좋아, 다른 얘긴데, 내가 자라서 지혜롭고 총명하기는 했는데 성질이 아주 나빴어. 다른 사람들에게 눈을 부릅뜨고 성을 내거나 욕을

하는 버릇이 있었지. 그래서 부모님이 크게 걱정해서 나를 출가입산시켰지. 그때 부처님은 용왕들을 교화시키려고 수미산 아래에서 비구의 모습을 하고 계실 때였지. 거기서 부처님과 만나게 되고 가르침과 말씀을 듣고 참회하고 제자가 된 거야.

현 손오공도 성질이 더러웠지요. 〈서유기〉에서 손오공이란 이름을 지어주신 분이 바로 수보리님이시죠?

수보리 오공悟空이라는 이름이 공에 관해 깨우친다는 뜻이니까, 〈서유기〉에 내 이름이 나오는 것도 나름의 근거가 있는 셈이지.

현 수보리님 말씀 듣다보니 제 성질 더러운 게 갑자기 생각나네요. 못된 성질로 말하자면 저는 인간은커녕 아귀나 축생도 못 되는 거 같아요.

수보리 그럴수록 더 노력을 해야지. 노력하지 않으면 네가 사는 이곳이 바로 지옥인 게야. 노력하면 네가 곧 부처인 게고. 거창한 깨달음을 추구하기보다는 작은 것이라도 하나씩 실천하려고 노력을 해라.

현 그러면 결국 행복해진다는 말씀이신 거죠? 수보리님, 오늘 가르침 감사합니다.

004

프리모 레비
Primo Levi
이스라엘 극우파

"괴물과 싸우다 보면 괴물이 된다"

프리모 레비^{Primo Levi, 1919~1987}, 아우슈비츠의 생존자이며 현대 이탈리아 문학을 대표했던 유태계 이탈리아인. 자신이 태어난 아파트의 엘리베이터 홀에서 투신자살했다. 토리노에서 태어난 레비는 토리노 대학 화학과를 졸업했다. 대학 시절 이탈리아 파시스트 정부가 최초의 인종차별법을 공포해서 유태인들은 공립학교에 다니는 것이 법으로 금지되었지만 재학생들은 학업을 계속할 수 있었다. 그의 졸업증서에는 '유태인'이라고 기재되었다. 졸업 후 제약공장에 다니던 그는 반파시스트 저항운동을 하다가 체포되어 아우슈비츠 수용소로 보내진다. 독일의 패전 후 어렵게 복귀해서 도료 공장에 일자리를 구한 레비는 1946년《이것이

인간인가: 아우슈비츠에서의 생존》를 써서 다음 해 출판한다. 1963년에
도 수용소 체험 에세이집 《휴전》을 출판하고, 이어서 단편집 《자연스러
운 이야기》[1967], 《형식의 결함》[1971], 《주기율표》[1975], 《릴리트와 단편들》[1981],
시집 《브레마의 선술집》[1975] 및 노동자에 대한 민속지학적 이야기책 《멍
키 스패너》[1978], 에세이집 《익사한 자와 구조된 자》[1986] 등의 작품을 출간
해서 이탈리아 안팎에서 국제적 명성을 얻는다. 아우슈비츠에서 나치
가 그에게 문신했던 수인번호 174517은 그의 묘비에도 새겨져 있다.
1982년 이스라엘이 레바논을 침공했을 때 레비는 이를 비판하는 성명
을 내고 이스라엘의 '공격적 내셔널리즘'을 비판하면서 이에 '저항할
책임'을 주장했고, 또 디아스포라[Diaspora]의 국제적 체험에 깃든 관용의
사상적 전통을 지켜내야 한다고 역설했다. 팔레스타인 난민 캠프의 민
간인 학살에 대한 책임을 지고 사임했던 이스라엘 국방장관 샤론이 다
시 권력에 복귀했을 때에도 애써 낙관적으로 역사와 현실을 보려고 했
던 레비가 끝내 자살을 하게 된 것은 다큐멘터리 〈쇼아〉에 대한 보수 진
영의 반동으로 소위 '역사가 논쟁'이 독일에서 터진 탓이다. 1986년 독
일의 우파 역사가들은 학문의 외피를 쓴 채 독일 파시즘의 불가피성을
노골적으로 옹호하기 시작했던 것이다. 그래서 프리모 레비는 40년에
걸친 자신의 증언에 대해 절망적으로 회의하게 되었다. 아우슈비츠 이
후에도 계속 살아남아서 글로 증언하고 했던 정신적 계기는 바로 '기억
하는 것이 인간으로서의 의미'이며 '인간은 불행한 경험 속에서도 살아
가야 할 의무'와 '그 경험을 전해야 할 의무'가 있다고 그 자신은 믿어

왔는데, 그렇게 '증인의 의무를 갖고 지옥에서 나왔지만', 이제 우파 역사가들의 뻔뻔스러운 역사 왜곡 앞에서 '증언자로서 자신의 자격에 대한 회의'에 빠지지 않을 수 없었던 것이다. 그의 자살은 당시 유럽에 큰 충격을 주었다. 왜냐면 아우슈비츠는 결코 끝난 것이 아님을 만천하에 알려주었기 때문이다.

■

이재현(이하 현)   레비 선생님, 이스라엘의 광기가 너무 무섭습니다. 민간인 마을을 폭격해서 수십 명을 학살했습니다. 여기에는 너덧 살 된 어린이들도 포함되어 있답니다. 3주 넘게 계속된 무차별 공격으로 숨진 레바논 측 민간인 사망자가 700명이 넘는다고 합니다. 지난 7월말 현재 난민 숫자는 레바논에서만 68만 명이고 시리아, 요르단, 사이프러스 및 걸프 지역에도 22만 명이나 된다고 합니다.

프리모 레비(이하 레비)   살해된 민간인 다수는 피난민들이고 사망자 절반 가까이는 아이들이야. 공습으로 죽은 유엔 감시단원들에 대해 이스라엘 측이 고의적으로 정밀 폭격한 게 아니냐는 의혹이 제기되고 있지. 무너진 건물에 깔려 있는 시신을 포함하면 죽은 사람들 숫자는 알려진 것보다 더 많을 게야.

현   지금 이스라엘은 레바논의 거의 모든 곳을 아우슈비츠로 만들고 있습니다. 과거에는 홀로코스트^{대학살} 범죄자라고 하면 아이히만과 같은

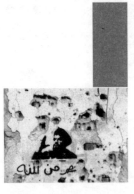

나치 파시스트 도살자들을 가리켰지만, 이제는 레바논 침공을 지지하는 이스라엘 국민들이 홀로코스트의 범죄자들로 전락해버린 셈입니다. 전 세계에서 지탄을 하고 고발을 하고 있는데도 불구하고 뻔뻔스럽게 민간인들을 대낮에 학살하는 이스라엘의 야만적 전쟁 범죄를 가만히 앉아서 지켜보기란 너무 힘들고 괴로운 일입니다. 인간의 탈을 쓰고 과연 이렇게까지 할 수 있는 건가요?

레비 니체가 이런 말을 한 적이 있지. 괴물과 싸우다 보면 괴물이 되어버린다고 말이야.

현 이스라엘은 이번 침공의 발단이 헤즈볼라에 의한 이스라엘 병사 2명의 납치 때문이라고 주장하고 있는데요.

레비 우선 '납치'란 말이 잘못된 거야. '납치'란 말은 이스라엘과 미국의 입장에서 표현한 거고, 헤즈볼라 입장에서는 1982년 창설된 이래 이스라엘과 전쟁 중이니까 이스라엘 병사들은 엄연히 전쟁 포로인 거지. 그리고 원래 이번 사건은 지난 6월 초 이스라엘이 팔레스타인 인민저항위원회PRC의 지도자 아부 삼하다나 등 4명을 살해하고 가자 지구 북부 해안을 폭격해서 팔레스타인 민간인 7명이 사망하고 30명 넘게 부상하게 된 사건이 발단이라네. 그 사건 이후 하마스는 2005년 2월에 이스라엘과 팔레스타인 자치정부 사이에 성립된 휴전의 무효를 선포하고 이스라엘과 전투를 하기 시작한 걸세. 헤즈볼라 측의 공세는 이 전투의 연장인 거야.

현　헤즈볼라는 뭐고 하마스는 뭔가요?

레비　헤즈볼라는 '신의 당' 이란 뜻을 가진 레바논의 시아파 이슬람주의 정치 조직인데 1982년 이스라엘의 레바논 침공 때 창설되었고 1992년에 처음 의회에 진출해서 현재 전체 128석의 의회에서 14석을 차지한 합법 정당을 갖고 있기도 해. 물론 산하에는 무장 조직도 있고, 평소에 의료, 교육 등의 영역에서 활발한 활동을 하고 있어. 하마스는 '이슬람 저항 운동' 이란 뜻의 팔레스타인 수니파 이슬람주의 정치 조직인데 1987년의 제1차 인디파타^{붕기} 때 '무슬림 형제당' 의 가자 지구 조직으로 출발했어. 2004년 3월에 하마스 지도자 야신이 이스라엘군에 의해 암살된 적이 있고, 올해 1월 총선에서 하마스가 압승해서 팔레스타인 의회의 다수당이 되었지. 하마스가 집권하자마자 미국은 팔레스타인 원조를 끊어버렸지.

현　헤즈볼라와 하마스는 이스라엘에 대해서는 강경하게 대응한다는 공통점을 가졌군요. '무슬림 형제당' 은 1928년과 1929년 사이에 이집트에서 창설된 최초의 '정치적 이슬람주의' 조직이고, 정치적 이슬람주의의 대표적 사례는 이란에서의 시아파 집권이지요. 그러니까 헤즈볼라

와 하마스는 단지 이슬람 율법을 전사회적으로 확산시키는 것에 그치는 것이 아니라 이슬람 국가의

창설을 통해서 이슬람화를 정치적으로 성취하려는 이념을 갖고 있는 거네요. 그들의 무장 투쟁은 미국과 이스라엘의 군사적 침탈과 지배에 대한 불가피한 대응인 거고요.

레비　국민국가마다 세부적인 사정은 다르지만 대체로 그런 거지. 그런데 문제는 헤즈볼라와 하마스가 아니라 이스라엘의 우파 강경 집단이야. 1995년에는 이스라엘의 라빈 총리가 1993년에 팔레스타인 측과 오슬로 평화협정을 맺었다는 이유로 해서 이스라엘의 극우파에 의해 암살된 적이 있지. 또 올 3월에는 이스라엘 총선에서 카디마당이 승리를 했는데 이 카디마당은 강경 우파 정당인 리쿠드당 당수로서 총리가 된 샤론이 작년에 새롭게 출범시킨 정당이야.

현　샤론은 1967년 3차 중동전쟁에서 전쟁 영웅으로 떠오른 다음에 국방장관 시절이던 1982년 메나헴 베긴 당시 총리에게 보고도 하지 않은 채 난민촌을 공격해서 많은 민간인을 학살한 적이 있지요? 이 때문에 팔레스타인 사람들로부터 '도살자'라고 불리기도 했구요.

레비　그런 샤론이 총리 취임 후에는 독자적인 제안을 만들어, 이를 기반으로 2005년 9월에 38년 간 점령했던 가자 지구를 포기했다네. 그 제안이란 1967년 제3차 중동

전쟁 이전의 점령지는 이스라엘 영토로 인정하고 그 대신 동예루살렘과 요르단 강 서안을 팔레스타인 자치정부 쪽에 돌려준다는 내용이지.

현   그런데 헤즈볼라나 하마스는 이 제안을 인정하
지 않는 거네요. 제1차 중동전쟁이 일어났던
1948년 이전을 기준으로 해서 본다면 이 제안
은 애당초 말이 안 된다는 거지요?

레비   이러한 학살과 증오와 광기의 역사에
대한 성찰과 비판 없이 잠정적인 정치 협상 기
술만으로는 절대로 참다운 평화가 만들어질 수가 없어. 게다가 아랍 내
일부 친미 권위주의 국가들의 집권층은 팔레스타인에 자치와 연대에 기
초한 자주적이고 민주적인 정부가 들어서는 것을 속으로 탐탁지 않게
생각하고 있어. 대부분의 아랍 사람들이 현재 이스라엘의 전쟁 범죄 때
문에 헤즈볼라를 지지하고 있는 것과는 정반대지.

현   그럼 이번 레바논 사태를 어떻게 해결해야 하고, 또 어떻게 힘을
보태야 하나요?

레비   나라고 해서 해답이 있는 건 아냐. 다만 단테의 《신곡》 '지옥 편
제26곡'의 오딧세이 부분에 나오는 문구를 들려주고 싶네. "너희들은
짐승 같은 야만적 삶을 살기 위해서가 아니라, 덕과 지식을 구하기 위해
서 태어난 것이로다." 아우슈비츠에서 살아남도록 내게 힘을 주었던 귀
절이라네.

현   어쨌든 일단 휴전이 이루어져서 레바논 사람들이 한숨을 돌렸으
면 좋겠네요. 협상은 그 다음에 하면 되는 거니까요. 우선 사람이 살고
봐야지요.

287

005

기시 노부스케
岸信介
세습 정치가

"피는 물보다 진하다"

기시 노부스케岸信介, 1896~1987, 일본의 56대 및 57대 수상으로 1957년 6월에서 1960년 7월까지 재임했다. 야마구치 현 태생으로 아버지는 야마구치 현의 관리였으며 양조업을 했다. 원래 성이 기시岸였던 그의 아버지는 처가의 양자로 들어가면서 성을 사토佐藤로 바꾸었다. 그런 탓에, 기시 노부스케의 친동생으로 역시 일본 수상을 지낸 사토 에이사쿠佐藤榮作와는 성이 다르다. 노부스케는 중학교 3학년 때 아버지가 태어났던 가문實家인 기시 집안의 친사촌과 결혼하고 양자로 들어가면서 다시 기시란 성을 갖게 되었다. 사토 가문 쪽 증조부는, 야마구치 현의 옛 지명이자 메이지유신 이후 번벌 정치의 양대 지역적 기반의 하나였던 쵸슈번의 번사였으며, 조부는 한학자였다. 기시 노부스케의 딸은 통산장관을 지낸 아베 신타로安倍晋太郎와 결혼했는데 이들의 둘째 아들이 바로 아베 신조安倍晋三다. 아베 신조의 친동생이자 참의원인 노부오信夫는 다시 외삼촌의 양자로 들어가서 기시 가문을 이었다. 아베 신조의 장인은 모리나가 제과 사장이며 아베 신조의 큰형의 장인은 우시오 전기 회장이다. 이렇듯 사촌과 결혼한다든가 처가나 실가의 양자로 들어가는 것은 '이에家' 의 대를 이어가기 위한 일본의 오래된 습속이며, 가문의 업을 이어받아 정치인이 되는 경우도 일본에서는 아주 흔한 일이다. 기시는 동경제대 법과를 졸업했는데, 그의 고교 및 대학 동기 히라오카 아즈사平岡梓는 1970년에 자위대 건물을 점거하고 자살한 극우 소설가 미시마 유키오의 아버지다.

기시는 당시 동경제대 법과 출신 엘리트들이 흔히 들어가던 대장성이나 내무성이 아닌 농상무성農商務省을 택했다. 이런 경력을 바탕으로 기시는 만주국 국무원 실업부 차장을 지내면서 만주국의 산업 행정을 실질적으로 총괄하고 만주산업개발 5개년계획을 실행했다. 당시 관동군에 근무하던 도조 히데키 등과 알게 된 것이 바로 이 때이며 이런 인연으로 태평양전쟁 말기 도조 내각에서 군수차관 등을 지낸다군수장관은 수상인 도조가 겸임. 기시 노부스케는 종전 직후 A급 전범 용의자로 체포되어 수감되지만 맥아더 사령부의 점령정책 전환 방침에 의해 1948년에 석방돼 불기소 처분을 받게 된다. 1953년 중의원 의원이 된 기시는 일본 재계의 요구에 따라서 이루어진 자유당과 민주당, 보수 양당의 합당을 추진하는 과정에서 주도권을 쥐게 되고, 1955년에 새롭게 결성된 자유민주당의 초대 간사장으로 취임한다. 일본의 소위 '55년 체제'의 최초 수상은 하토야마 이치로鳩山一郎였고 그 다음은 이시바시 단잔石橋湛山이었는데, 기시는 이들 다음에 자유민주당 총재 겸 수상이 되었다. 이시바시 단잔은 자유주의자였고 하토야마는 자유주의와 보수주의가 혼재된 노선이었던 반면에 기시의 노선은 명백한 우익이었다.

기시 내각이 최초에 한 일은 군비 강화였다. 자위력의 범위 안에서 자위대의 핵 무장도 가능하다는 태도로 평화헌법과 국민 대다수의 여론에 공공연하게 도전했다. 또 기시는 아시아개발기금의 구상을 수립했는데 이는 소련 및 중국의 대아시아 경제원조에 대항하기 위해 미국의 자금을 바탕으로 일본이 동남아시아를 원조하려는 계획이었다. 1958년부터 미국은 일본과의 안보조약을 개정하여 일본을 미국의 세계 군사전략 보완자 및 동북아시아에서 반공 군사체제의 강력한 보루로 삼으려는 전략을 취하게 되었는데, 이에 따라 기시 정권은, 일본 평화헌법 9조를 실질적으로 사문화시키는 안보조약 개정을 시도하였다. 이 새로운 안보조약은 미일 군사동맹을 강화하고 군비 증강을 적극적으로 도모하는 내용이었으므로 당연히 노동자, 학생, 시민 등 수백만 명이 참가하는 거센 국민적 반대투쟁을 불러일으켰다. 하지만 기시 내각은 1960년 5월 일본 국회에 경찰을 끌어들여 야당 의원을 힘으로 몰아내고 새 안보조약 비준안을 날치기 통과시켰다. 같은 해 6월 안보조약이 발효한 직후 기시는 퇴진하였는데, 그 후에도 정계와 재계의 배후에서 강력한 영향력을 행사했다. 원래 다이쇼기에서 쇼와기에 이르는 최후의 '유신 원로' 사이온지 킨모치西園寺公望의 별명이었던 '쇼와의 요괴'라는 이름을 기시가 이어받게 된 것도 다 이러한 사정 때문이다.

■

이재현(이하 현)　이재현이라고 합니다. 먼저 잘 부탁드립니다. 외손자인 아베 신조까지 총리를 지내셨으니 대단한 집안이십니다.

기시 노부스케(이하 기시)　우리 일본에 2세, 3세 정치인이 많아. 그 중에서 유독 우리 아베 신조가 뜬 것은 사실 그리 오래된 일은 아니지. 대북 강경노선 덕분에 인기를 얻은 거니까. 직전에 북한이 미사일만 발사하지 않았더라도 경쟁자였던 후쿠다 의원이 총재 경선에 불참하게 되지는 않았을 거야.

현　종전 직후 극동국제군사재판에서 도조는 처형당했는데요.

기시　나는 만주사변에서 태평양전쟁에 이르는 15년 동안, 우리 대일본제국이 잘못했다고는 결코 여기지 않아. 나 자신도 일본의 법률을 위반했다고 생각해본 적이 전혀 없어. 그 재판은 승자에 의해 일방적으로 단죄가 이루어진 것에 불과해.

현　견해가 다르기는 하지만 저도 잘못된 재판이라는 점에는 동의합니다. 한마디로, 천황 히로히토야말로 트리플A 전범으로 처형됐어야 했지요. 반면에 처형된 A급 전범 중에는 책임이 극히 적은 사람도 있었구

요. 아무튼 전 고이즈미 수상의 아버지 고이즈미 준야小泉純也와
의 관계부터 설명을 해주시죠.

기시 준야 군도 익찬翼贊정치가 출신으로 나를 따르던 후배
들 중 하나였지. 준야 군의 별명이 안보남安保
男이었지, 아마? 공직 추방을 당했었는데 내
후광에 힘입어 정계에 복귀하고 의원이 된
친구지. 미쓰야三矢 계획이 폭로되어 시끄러
웠을 때 방위청 장관을 지낸 방위족 의원이었어.

현 미쓰야 계획이 폭로되는 바람에 1965년은 아주 시끄러웠지요? 그
계획은 한반도에서의 전쟁 발발을 가상한 일본 자위대의 작전을 다룬
극비 계획으로 알고 있는데요. 말하자면, 일본판 '작계 5027' 전쟁 발발 상황
에서 대한민국 국군의 단계별 군사작전계획 이라고 할 수 있는 거지요.

기시 정치인의 가문을 따져서 그 정치인의 성향을 얘기하는 건 재미
있는 얘깃거리를 만들어낼 수는 있지만 사태를 제대로 못 보게 할 수도
있어. 모든 정치인은 기본적으로 리얼리스트니까 말이야.

현 고이즈미와 아베의 차이는 뭡니까?

기시 고이즈미는 낭만적이랄까 감상주의적인 데가 있는 반면에 아베
는 논리를 갖춘 확신범이라고 할 수 있어. 또 고이즈미는 신사 참배를 감
행할지언정 태평양전쟁이 침략전쟁이라는 것을 부인하지는 않지. 하지
만 아베는 달라. 아베는 2002년 북일 정상회담에서 납치 문제가 불거졌
을 때 당시 관방차관으로 강경 대응을 내세웠고 지난 번 북한 미사일 건

때는 유엔 안보리 결의안 작성을 주도했지. 아베는 위안부의 존재조차 인정하지 않는 쪽이야. 거슬러 올라가서 1995년에 당시 무라야마 총리가 종전 50주년 반성 결의안을 국회에서 채택하려고 했을 때 우리 아베는 '결의반대 의원연맹' 사무국 차장을 지내기도 했지.

현   고이즈미가 예전에 자기를 요시다 쇼인吉田松陰에 비교하고 아베를 다카스기 신사쿠高杉晋作에 비교한 적이 있는데요. 그게 무슨 뜻이지요?

기시   요시다 쇼인은 사상가고 다카스기 신사쿠는 행동가라고 할 수 있지. 나이 차는 아홉 살밖에 나지 않지만, 다카스기는 요시다 쇼인이 주재하고 강의하던 사설 학교인 쇼카손주쿠松下村塾의 졸업생이야. 다른 졸업생으로 이토오 히로부미 등이 있지. 다카스기는 메이지유신 전에는 교토에서 테러 활동을 하기도 했는데 아무튼 쵸슈번 출신의 대표적인 '유신 지사' 중의 한 명이지. 죽어서는 야스쿠니 신사에 묻혔고 말이야. 아베 신조의 '신晋' 자는 아버지로부터 물려받은 건데 아베 신타로는 다카스기 신사쿠로부터 신자를 따와서 이름을 지은 거라네.

현   하지만 아베의 정치 이미지는 부드럽지 않습니까? 베스트드레서로 뽑힌 적도 있구요, 부인은 한류 아줌마를 자처하기도 하고 있고요. 여성 유권자 상당수는 아베가 잘 생겨서 찍었다고 하던데요.

기시   그야 현대 정치는 이미지니까 당연한 거야. 하지만 아베는 속으로는 아주 강성이지. 게다가 정책통을 자처하고 있을 정도로 나름의 논리를 갖고 있다네.

현   마지막으로, 김정일과 박근혜 중에서 누가 더 낫다고 생각하세요?

기시 그걸 어떻게 내 입으로 말하겠나. 다만 내 눈에는 분명히 한반도의 2세들이 국가나 국민들보다는 자기 가문만을 더 신경 쓰는 것처럼 보인다네. 그래서는 우리 일본을 영원히 따라잡을 수 없어. 아베와 같은 모리파에 속했던 후쿠다 의원이 총재 경선을 포기한 이유는 아베에 비해 상대적으로 열세이기도 했지만 다른 한편으로는 '반 고이즈미, 비 아베' 세력 앞에서 분열하지 않기 위해서였어. 반면에, 작통권 환수 문제에 대한 한나라당의 바보 같은 태도를 보면 한국 보수 내지는 우익 정치인들의 수준을 알 수 있는 거지.

현 네에, 정말 '짱나는' 일이죠.

006

유스티치아
Justitia
무죄 추정 원칙

"정의를 배신하는 두 가지 방식"

정의의 여신^{Lady Justice}, 로마 신화에서의 이름은 유스티치아^{Justitia}이고 이로부터 정의^{justice}란 말이 생겨났다. 조각이나 그림에서 유스티치아는 전통적으로 흔히 가슴을 드러내고 안대를 하고 있으며 오른손에 양날의 칼을, 왼손에는 천칭을 들고 있는 모습이었다. 유스티치아가 볼 수 없다는 것은 정의와 불의를 판정하는 데 있어서 사사로움을 떠나서 맹목적일 정도로 공평함을 유지한다는 것으로 해석된다. 천칭은 영혼의 무게 또는 죄의 값을 재는 도구 내지는 기준을 상징하며, 칼은 판정의 결과에 따라서 정의를 실현하는 국가 권력을 상징하는 것으로 알려져 있다. 근대에 와서 유스티치아의 아이콘은 정의와 관련된 그리스의 여신들 및 안대를 한 로마의 여신 포르투나^{Fortuna}를 합성해 놓은 형태로 법정 안팎을 장식해 왔다. 그리스 신화에서 정의의 여신으로 설정된 신격에는 아스트라이아^{Astraea}와 디케^{Dike}가 있다. 아스트라이아는 제우스와 테미스의 딸로서 황금의 시대로부터 철의 시대 최후까지 인간의 곁에 남아 있던 여신으로 하늘에 올라가서는 처녀좌가 됐고 그녀가 갖고 다니던 정의의 저울은 천칭좌가 되었다. 처녀좌 다음에 혹은 가까이에 천칭좌가 오거나 놓여 있는 것, 그리고 밤과 낮을 정확히 반으로 가르는 추분점이 2000년 전에는 천칭좌의 자리 혹은 시기에 끼여 있다는 것도 다 이러한 신화 내용과 관련이 있는 것이다. 디케 역시 제우스와 테미스의 딸이며 계절의 여신인 호라이^{Horae} 세 자매 중의 하나로 설정되어 있다. 제우스가 디케에게 땅에서 인간을 공평하게 만드는 역할을 맡겨서, 어머니인 테미스가 신들의 정의를 주관할 때 디케는 인간의 정의를 주관했다. 하지만 제우스는 곧바로 이것이 불가능함을 깨닫고 디케로 하여금 올림푸스 산 자기의 옆자리로 옮겨오게 했다는 것이다. 운명의 여신 포르투나는 세 가지 상징물, 즉 번영을 상징하는 풍요의 뿔

피리, 인간의 운명을 결정하는 방향타, 그리고 운명의 부침과 영고성쇠를 상징하는 수레바퀴로 표상되기도 했다. 포르투나는 요행과 우연과 불확실성의 화신으로서, 마키야벨리의 경우 〈군주론〉에서 남성적이고 정치지도자적인 덕 내지는 전사적 자질을 뜻하는 비르투와 지속적으로 대조시켜

논의했다. 유스티치아 조각의 뒷면에
는 흔히 "fiat justitia, ruat coelum"라
는 글귀가 새겨지곤 하는데, 이 말 뜻은
"설령 하늘이 무너지더라도 정의가 구
현되게끔 하라"이다. 고대 로마의 정치
가이자 율리우스 시저의 장인이었던
피소^{Piso}가 한 말이라고 한다. 한편, 오
늘날 실증적 연구에 의하면, 로마 시대
티베리우스 집정기에 발행된 동전 초상에서 유스티치아는 안대를 하고
있지 않았다고 한다. 즉 그 당시에는 정의의 여신이 눈으로 직접 볼 수
있는 증거에 바탕을 둔 판단능력을 부여받고 있었다는 해석이다. 그러
다가 15세기 말에 이르러 정의의 여신에게 안대가 씌어지게 되었는데,
이것은 한편으로 정의가 사물을 바로잡을 수 있는 능력을 상실했다는
것을 함축하며, 다른 한편으로 근대에 이르러 정의가 실증적, 추상적 법
으로 축소된 것에 상응하는 것으로 해석되고 있다. 한편, 고대 중국의 경
우, 천칭의 저울대를 가리키는 말은 형衡이었으며, 천칭의 저울추를 권權
이라고 불렀다. 균형均衡, 평형平衡, 형평衡平이라는 말은 천칭을 사용하여
양쪽의 무게를 서로 똑같게 한다는 취지에서 생겨났고, 형량衡量이라는
말은 천칭을 이용하여 양쪽을 비교해가면서 무게를 잰다는 뜻을 갖고
있다. 반면에, 저울추는 균형점을 변화시키는 힘을 갖고 있는 것이어서
권權은 나중에 권세權勢의 의미를 갖게 되었다.

■

이재현(이하 현) 　유스티치아님 어서 오세요.

유스티치아 　얼마 전 한국에서는 내가 눈뜨고 있다는 게 문제가 됐다지요? 어떤 게 좋아요? 내가 눈 뜨고 있는 것와 감고 있는 것 중에서요.

현 　유스티치아님이 눈을 뜨고 있으면 '넘' 무섭고, 눈을 감고 있으면 저의 억울한 사정을 제대로 알아주지 않을 것 같아 불안하겠지요. 그러니, 한 눈은 감고 한 눈은 떠 주세요.

유스티치아 　그거야말로 전관예우받는 변호사 같은 느낌이 나지 않을까요? 내 역할은 변호사가 아니라 재판관인데요.

현 　그래도 만약 제가 형사 피의자라고 한다면 무엇보다 '무죄 추정 presumption of innocence' 의 권리가 중요하니까, 유스티치아님이 재판관석에 앉아서 제게 윙크를 해주셨으면 해요. 무죄 추정의 원칙을 라틴어로 'in dubio pro reo' 라고 하잖아요? 모든 절차와 증거 등을 '피의자의 편에 유리하도록 의심' 해야 한다는 뜻이니까요.

유스티치아 　법정에서 최종적으로 유죄가 판결나기 전까지는 누구든지 무죄로 간주된다는 무죄 추정의 원칙이야말로 형사 절차에서 근대와 전근대를 가르는 절대적인 기준 중의 하나이지요. 근대 이전에는 무조건 유죄로 추정해서 영장 없이 잡다가 일단 고문부터 하고는 했으니까요. 지금이야 유죄 입증의 부담이 검사에게 있지만 옛날에는 죄가 없다는 것을 밝힐 부담이 일방적으로 피의자에게 있었지요. 그런데 왜 갑자기 무죄 추정의 원칙이 한국에서……?

현　네. 전에 국정원장이란 분이 수사 중인 사건에 대해 특정 보수 언론에다가 미리 시시콜콜 자기의 의견을 밝히면서 법원의 최종판단 없이 제멋대로 피의자들을 '간첩단'으로 규정하는 일이 벌어졌습니다. 그래서 피의자 쪽에서는 피의 사실 공표 등의 혐의로 그 분을 고소했지요.

유스티치아　국정원이라는 데는 뭐하는 데인가요?

현　흔히들 음지에서 일하면서 양지를 지향한다고 말하는 곳인데요, 그런 만큼 과거에는 소위 간첩단 사건의 경우 수사에 지장을 초래하지 않도록 하기 위해 정보를 사전에 결코 공개하지 않았거든요. 그래서 모두들 경악하게 되었습니다.

유스티치아　아항, 무죄 추정의 원칙을 깨뜨린 것이로군요. 국정원장이라는 분이 법을 잘 모르시는 분이신가요?

현　그렇지는 않습니다.

유스티치아　간첩이라는 게 뭐지요?

현　때때로 한국에서는 별칭으로 쓰이고 있습니다. 전에 한 한나라당 의원이 통일부 장관을 '세작'이라고 불렀는데, 세작이란 간첩의 옛말이지요.

유스티치아　아항, 그러니까 웃자고 할 때 쓰는 말인가 보군요.

현　정반대입니다. 지금 상황이 심각합니다. 보수 언론도 무죄 추정의 원칙에 아랑곳하지 않고 피의자들을 간첩단으로 몰아가고 있습니다.

유스티치아　보수 언론은 근대 형법의 정신에 무지한 거로군요.

현　아닙니다. 지난 X파일 사건의 경우, 엄청난 불법 사실이 X파일에 담겨 있었지만, 그 X파일이 적법하게 얻어진 게 아니라는 핑계로 공개되는 것을 결사적으로 막았지요. 통신의 비밀을 보호해야 한다거나, 또 위법하게 수집된 증거는 배제해야 한다거나 하면서 마구 떠들었어요. '그랬던' 보수 언론이 이번에는 신문 한 면 전체를 도배를 해가면서 무죄 추정의 원칙을 짓밟고 나섰답니다.

유스티치아　아항, 나도 그 기사는 인터넷으로 보았어요. '전향한 운동권 386이 본 일심회'라는 제목의 기사였지요, 아마. 그 기사 보도에 의하면, '전향 386' 중에 한 명이 "증거 없애 처벌 면했지만 나 자신이 간첩이었다"고 고백했다던데, 왜 한국의 국정원에서는 간첩을 자인하는 사람은 그냥 놔두고, 간첩이 아니라는 사람들을 간첩단으로 몰아가는 건가요?

현　'전향 386'으로서는 필사적으로 나서지 않으면 안 되는 정치적 상황에 놓여 있으니까, 굳이 좋게 보자면 그 자백은 임의성이 없는 거라서 그랬나 봅니다.

유스티치아　아항, 그 경우는 '자기 부죄自己負罪, self-incrimination' 금지의 특권자신에게 형사상 불리한 진술은 하지 않을 권리을 포기해가면서 간첩임을 자백할 정도이니까 정치적, 심리적으로 엄청난 내적 강제 아래에서 그 자백이 이루어진 거네요. 그 동안 저는 한국 사회가 정치적으로나 사법적으로 볼 때 동아시아에서 가장 민주화가

잘 이루어진 나라로 알고 있었어요. 그런데, 왜 이렇게 갑자기 '개판'이 된 거죠?

현　보수 언론에 대해서는 따로 보탤 말이 없구요. 가장 큰 문제는 '전향 386'에게 있습니다. '전향 386'의 주장은 설령 증거가 없다고 하더라도 자신들의 체험에 의거해볼 때 소위 일심회 관련 피의자들은 "간첩단이 맞다"는 것이고, 또 묵비권의 행사는 '좌익운동 투쟁수칙'을 따르는 거랍니다. 과거에 독재정권이 전향하기 전의 그 386들을 불법 연행해서 고문할 때 사용했던 어거지 논법을 이제 그들 스스로가 사용하고 있는 거지요.

유스티치아　아, 그렇군요. 절차적 민주주의를 사법적 차원에서 이해한다면, 무죄 추정의 원칙이라든가 적법 절차의 원칙, 불법 수집 증거 배제의 원칙, 자기 부죄 금지의 원칙 등이 가장 기본적인 것인데, 지금 '전향 386'은 이 모든 것을 무시하고 유린하고 있는 거네요. 오늘날 한국의 절차적 민주주의가 바로 그 '전향 386'을 포함한 386세대 전체, 그리고 민주주의를 갈망하던 많은 국민들에 의해 이루어졌다는 것을 생각하면 국민들 모두가 정말 화를 낼만도 하겠네요.

현　'전향 386'은 단순한 전향을 넘어서 자신이 속했던 세대가 성취해 낸 위대한 역사적 과업을 깡그리 부인하고 있는 겁니다. 민주주의를 유린하면서 단지 집권에만 '올인'하려는 집단은 말 그대로 '공공의 적'이자 '역사의 배신자'라고 부를 수 있겠지요.

007

리어왕
King Lear

통치권

"고령화 사회에 대한 셰익스피어의 물음"

리어왕^{King Lear}, 셰익스피어 비극 〈리어왕〉의 주인공. 우리 같으면 보통 사후에 자식들에게 물려줄 유산을 생전에 미리 나눠주는 잘못을 저지름으로써 결국 자식들을 다 잃게 되고 자신도 비통한 나머지 숨을 거두게 된다. 그 자신이 왕이므로 리어는 상속세 따위를 걱정할 필요가 없었다. 그렇기 때문에 미리 왕국을 셋으로 쪼개놓고 딸들에게 자신에 대한 애정의 크기와 깊이를 말해보라고 시키지 않았어도 충분했던 것이다. 리어의 두 번째 잘못은 공자의 가르침을 몰랐다는 것이다. 〈논어〉를 시작해서 100자를 넘기지 않은 곳에서 공자는 "교언영색에는 인이 적도다^{巧言令色, 鮮矣仁}"라고 했고, 또 그 앞 대목에서는 "남이 나를 알아주지 않

더라도 노여워하지 않는다면 역시 군자답지 않겠는가人不知而不慍, 不亦君子
乎?"라고 말했다. 여기에서 우리가 얻는 교훈은, 돈 많은 부모를 향한 애
정 표현에는 적극적이어야 한다는 것이다. 노인들은 체내의 변화된 물
리화학적인 성분 때문에 쉽게 격분하거나 성급한 결정을 하는 경우가
종종 있다. 늙은 부모에게 애정을 표현할 때 과묵하거나 평범한 언행을
취하게 되면, 특히 부모가 돈이 아주 많은 경우에는 쓸데없이 자만심pride
을 드러내는 것으로 간주된다는 것이다. 리어의 세 번째 잘못은 경제력
도 없는 주제에 계속해서 100명의 시종을 거느리는 식의 과소비 생활을
원했다는 것이다. 자식에게 얹혀사는 주제에 시종을 100명씩이나 거느
리려고 했던 것은 누가 봐도 잘못된 일이다. 비록 '돌림빵'을 놓기는 했
지만, 시종들만 없다면 어쨌거나 자기 아버지를 모시려고는 했으니 두
큰딸들은 요즘 기준으로 엄연히 효녀들이다. 이에 반해 리어는 100명의
시종이 없는 삶은 '짐승과 마찬가지로 전혀 가치 없는 삶'이라고 생각
했다. 오늘날 작품 〈리어왕〉은 정체성에 관한 희곡, 혹은 시극時劇으로
이해될 수 있다. 리어가 계속해서 던지는 물음은 "내가 누구인지 나에게
말해줄 수 있는 자는 누구인가?"1막 4장라거나 "인간이 고작 이것밖에 되
지 않느냐?"3막 4장라는 것이다. 정체성이란 나란 혹은 우리란 누구인가
혹은 무엇인가, 라는 물음에 대한 답이다. 물론 정체성에 관한 물음은 결
국 "삶이란 무엇인가" 혹은 "어떻게 살아야 하는가"라는 물음과 맥을
같이 한다. 〈리어왕〉에서 셰익스피어가 내린 결론은, 인생에서 치명적
인 잘못을 여러 번 저지른 경우에는 "이 터프한 세상의 고문대the rack of

this tough world 위에서 오래도록 지체하지 않는 것"이 더 낫다는 것이다[5막 3장]. 셰익스피어의 결론을 사회학적으로 번역하면 이렇다. 고령화 사회에서 경제력 없는 노인들을 위한 사회 안전망을 구축하지 않는다면 우리 사회는 '고문대'가 되고 만다는 것이다. 이런 식의 번역은 매우 피상적이고 통속적인 것이지만, 〈리어왕〉의 교훈이 '가족의 화합'이라는 식의 유치원생 수준의 작품 이해나 감상보다는 훨씬 더 낫다.

■

이재현(이하 현) 안녕하세요? 제가 어려서 읽은 다이제스트 판은 해피엔딩으로 끝나는 것이었는데요.

리어왕(이하 리어) 아, 그건 한국 사람들이 고친 게 아니라 이미 17세기 중·후반 신고전주의 시대에 테이트라는 친구가 내 막내딸 코딜리아와 눈을 뽑힌 글로스터의 큰아들 에드가가 행복하게 결혼하는 희극으로 고쳐 놓았지. 1838년에 원형이 복구되기 전까지 무려 150여년 간이나 해피엔딩 버전이 무대에서 공연되었다네. 그 버전은 숭고의 미학을 알지 못하는 사람들의 '쌈마이' 멜로드라마라고 할 수 있지.

현 앗, '삼마이메[三枚目]'란 말을 알고 계시네요?

리어   그건 일본 전통극 가부키 등의 출연자 일람표에서 첫 번째 관록 있는 주연 배우와 두 번째 여자 역할을 하는 미남 배우에 이어서 세 번째 등장하는 익살꾼 역할을 하는 싸구려 조연 배우를 가리키는 말 아닌가. 일본의 '쌈마이 배우'는 영국의 르네상스 연극에 자주 나오던 '바보fool, 광대'와 비슷한 역할을 했던 거야. 내가 주연이었던 〈리어왕〉에서 '바보'는 때로는 날 조롱하기도 하고 때로는 수수께끼 같은 시나 대사를 내뱉는다네. 물론 'fool'이란 말은 연극의 마지막 장면에서 목이 졸려 죽은 내 불쌍한 딸 코딜리아를 부를 때 내가 쓰기도 했지만 말이야. 그리고 보니 〈리어왕〉은, 보기에 따라서는, 주인공인 내가 스스로 바보임을 깨닫게 되는 과정을 그린 작품이라고 할 수도 있겠네 그려.

현   네에. 그런 식으로 하자면, 인간은 누구나 다 바보지요. 그런데 오늘 모신 이유는 작품 얘길 하자는 게 아니라 요즘 한국의 정치 현실에 관해서 대화해보자는 겁니다.

리어   수신修身이나 제가齊家에 실패한 내가 어찌 치국治國을 논하겠나? 난 초장부터 오만하고 완고했던 탓에 마음의 눈이 멀어 비극적 결말에 도달했던 사람일세.

현   낭만주의 시대에 콜리지도 이미 '트릭'이라고 지적한 바도 있지만요, 딸들의 애정 고백을 듣기도 전에 이미 구체적으로 나라를 셋으로 나눠놓은 것부터가 문제의 출발이지요. 그랬다가 결국 큰 두 딸에게 코딜리아 몫으로 배정되었던 나머지 세 번째 땅도 나누어주게 되었던 것이고요.

리어 그게 한국의 정치 현실이랑 뭔 상관인가?

현 지난 대선과 총선 때 한나라당에 다수의 표를 나누어주었던 한국의 유권자의 처지와 비슷하다는 거죠.

리어 주권자인 국민들이 정치적 교언영색에 속아서 주권을 허망하게 양도해버렸다는 얘기를 하려는 거로구먼, 자네는.

현 제 인터넷 검색에 의하면, 〈리어왕〉에는 주권 내지는 통치권 sovereign과 관련된 말이 딱 두 번 나오는데요. 한번은 1막 4장에서 "내가 누구인지……"라고 리어왕이 묻자 바로 광대가 "리어의 그림자"라고 받아치는 대목에서 광대의 대사와 관계없이 리어왕이 자신이 하던 말을 계속 이어서 "나는 그것을 깨우쳤어야 해. 왜냐하면, 통치권sovereignty과 지식과 이성의 표지에 의해서, 내가 딸들을 갖고 있다고 그릇되게 내가 설득당해야만 했었으니까 말이야"라고 할 때 하구요, 그리고 다음은 4막 3장에서 코딜리아

를 만나기 거부하는 리어왕의 심리 상태를 켄트 백작이 설명하면서, "최고의sovereign 부끄러움이 그를 그토록 팔꿈치로 밀쳐낸답니다"라고 할 때입니다.

리어 두 번째의 sovereign은 '주권자의'란 뜻도 가지니까 중의법인 셈이지. 그나저나, 자네는 자네 식으로만 해석

하고 있는데 말이야. 우선 'sovereign'이란 말은 17세기 초 영국의 어법과 용례에 따라서 이해를 해야 할 것이고, 또 다수의 셰익스피어 연구자들이 강조해 왔듯이 당시의 연극 실상 이나 관행을 충분히 알고 난 다음에 작품 해석 에 나서야지.

현 예, 아무튼요, 지금 한국 정치판이 너무 답답해서 하는 얘기지요. 한쪽에서는 선거를 통해 책임을 지는 정당정치의 원리를 외면하고 조잡한 정계 개편 따위로 권력 연장만 노리고 있구요.

리어 다른 쪽에서는?

현 잘록한 허리 치수를 자랑하거나 아니면 쓸데없이 운하 파는 것 따위로 대통령 자격을 내세우고 있지요.

리어 한국 정당 중에 막내딸 코딜리아에 비교될 만한 게 있는가?

현 이건 딴 얘긴데요, 일설에 의하면, 코딜리아Cordelia의 어원은 '사자의 심장' 혹은 '사자의 마음'이라고 합니다. 아마 매우 용기 있다는 뜻이겠지요.

리어 확실한 설은 아니지만, 웨일즈 말로 '바다의 보석' 혹은 '바다의 숙녀'란 뜻을 갖고 있다고도 하던 걸. 또 보이저 2호가 1986년에 발견한 천왕성의 위성 이름이기도 해.

현 천왕성의 위성들은 셰익스피어와 알렉산더 포프 작품에 나오는 등장인물들 이름을 따서 지은 것이지요? 오필리어, 데스데모나, 줄리엣,

미란다, 오베론 등은 셰익스피어의 것이고, 엄브리엘, 에어리얼 등은 포프의 것이네요. 코딜리아가 천왕성에 가장 가까운 위성이라는 게 매우 함축적이지요. 지난번에 퇴출당한 명왕성에 비하면 코딜리아가 가장 가깝게 붙어서는 주위를 돌아주고 있는 천왕성이야말로 아주 행복한 행성이 아닐까요?

리어 자네 명왕성 얘기를 꺼낸 것은 천체들도 퇴출당하는 마당이니 정당이나 정치인들도 마땅히 퇴출시켜야 한다고 주장하고 싶은 게지?

현 …….

리어 그나저나, 작품 〈리어왕〉에서 가장 감동적인 대목은 무엇이던가, 자네는? 광야에서 미친 내가 부르짖는 장면, 내가 코딜리아 시체를 안고 등장하는 장면 등 유명한 게 많은데.

현 글로스터의 눈을 둘째 딸 리건과 그 남편 콘월이 파내는 장면에서 제 취향에 맞는 대사가 나오지요. "한쪽 눈만 빠지면 나머지 한쪽이 보고 놀릴 테니, 다른 쪽 눈마저 파내버리세요"라고 리건이 말하는 게 맘에 들어요. 악녀이기는 하지만 유머 감각이 돋보여요. '쌈마이 정당' 들은 모두 현실 정치판에서 파내버리자는 얘깁니다, 제 말은.

리어 〈리아왕〉의 마지막 대사에 '이 비통한 시대의 무게the weight of this sad time' 라는 말이 나온다네.

현 예. 당당하게 '시대 정신'을 말하던 게 바로 엊그제 같은데, 이제는 '시대의 무게'를 비통하게 여겨야 하는 게 아쉽지만요. 그럼, 오늘 인터뷰는 여기서 막을 내리지요. 살펴 돌아가세요.

008

애덤 스미스
Adam Smith
자유시장 경제

"보이지 않는 손과 보이는 발"

애덤 스미스Adam Smith, 1723~1790, 고전파 경제학의 주요 저작인《국부론》을 지은 경제학자. 스코틀랜드 애든버러 근처 커콜디에서 세관 관리의 유복자로 태어났다. 글래스고 대학과 옥스퍼드 대학에서 공부한 뒤, 1851년에 글래스고 대학의 논리학 담당 교수로 취임해서 다음 해는 도덕철학 담당 자리로 옮겼다.

당시 도덕철학은 자연신학, 윤리학, 법학, 경제학 등을 포괄했다. 1759년에는 윤리학 저서인《도덕감정론》을 출간했고 1760년대에는 법학, 수사학, 문학 등을 강의하다가 1760년대 중반에는 잠시 프랑스에 체류하기도 했다.《국부론》이 출간된 것은 1776년이었고, 그 다음 해에 그는 스코틀랜드 관세청장을 지냈다. 그의 다른 저작의 상당수는 유고 및 학생들의 강의 필기 노트를 바탕으로 해서 1970년대 중반 이후부터 1980년대 초·중반에 걸쳐 간행되었는데,《철학 논문집》,《법학 강의》,《수사학 강의》등이 그것이다. 경제학의 과제가 인민과 국가 쌍방을 부유하게 하는 것이라고 주장한 그는 본디 경제적인 자유주의자여서 국가가 해야 할 일이 단 세 가지라고 보았다.

하나는 국방의 의무이고 다른 하나는 국내에서의 사법적 정의 구현의 의무, 나머지는 공공 토목사업 및 공공시설을 건설, 유지하는 의무라는 것이다. 또 그는 국가에 의해 수행되는 중상주의적 및 중농주의적 특권 및 제약 부여 등을 비판하면서 이런 국가의 개입이 철폐되면, '자연적 자유의 자명하고도 단순한 체계'가 저절로 확립된다고 주장했다. 한국 고등학교 졸업생 수준의 상식으로 애덤 스미스 하면, 쉽게 떠오르는 말이 '보이지 않는 손'이라는 표현이다.

그는《국부론》에서 딱 한 번, 크게 보아서는 중상주의를 비판하는 맥락에서 이 표현을 썼는데^{제4편 2장}, 그 요지는 시장에서 개인이 자신의 이익만을 추구하더라도 바로 이 '보이지 않는 손'에 이끌려 결과적으로 사회의 이익을 증진시킨다는 것이다. 그러나 애덤 스미스의 이러한 '나이브naive'한 생각은 한편으로는 때때로 공황 등과 같은 파국을 맞이하거나 자주 광란의

투기장으로 변모하는 시장의 한계를 간과한 것이고, 다른 한편으로는 일상적으로도 독점 및 외부성과 같은 다양한 이유에서 발생하는 '시장의 실패'를 제대로 다루지 못한 것이라고 볼 수 있다.

《국부론》은 김수행의 번역본^{동아출판사, 1992}이 있고, 《도덕감정론》은 박세일 외의 번역본^{비봉출판사, 1996}이 있다. 스미스 연구와 관련하여 한국에서 단행본 저서를 낸 연구자로는 이근식, 박순성, 김광수 등을 꼽을 수 있다.

■

이재현(이하 **현**) 스미스 선생님, 만나서 반갑습니다. 《국부론》이란 책 제목은 영어로 "An Inquiry into the Nature and Causes of the Wealth of Nations"라는 긴 제목을 갖고 있습니다. 제대로 번역하자면, 〈국가의 부의 본성과 원인들에 대한 탐구〉 정도가 될 텐데요. 일본 사람들이 〈국부론〉이라고 간결하게 번역한 걸 우리도 그대로 가져다가 쓰고 있는 듯합니다.

스미스 그거야 〈자본론〉도 마찬가지 아닌가. 그저 〈자본^{Das Kapital}〉이라고 해야 맞는 거니까. 그런데, 자네는 경제학자도 아니면서 날 왜 보자고 한 건가?

현 네에. 최근 여론 조사에 의하면 다수의 한국 국민들이 대선 후보

선택에서 가장 중요한 기준을 경제로 꼽고 있는 데다가요, 저야 뭐, 경제학은 잘 모르지만…… (멈칫거리다가) 솔직히 말씀드리자면, 경제학도 일종의 담론이니까요. 하나의 담론으로 구성된 것이 사회에서 어떤 의미작용을 하는 한에서 저는 그 방면의 전문가입니다. 문화비평가라는 건 기본적으로 담론에 관한 전문가여야 하거든요. 물론 문학적 혹은 예술적 담론과 과학적 혹은 이론적 담론은 서로 차원이 다르지만요.

스미스 그래? 그럼 오늘 나랑 입으로 '맞짱' 뜨자는 거로구먼.

현 선생님이 한국말을 쓰신다면야 저는 자신 있지요, 크크크. 물론, 농담입니다. 아무튼 '보이지 않는 손'에서부터 얘기를 풀어나갔으면 합니다마는요.

스미스 나는 《도덕감정론》에서도 그 말을 다시 딱 한 번 쓴 적이 있네만, 내 당대의 경제학 수준에서는 자유 경쟁의 시장 경제에서 가격 기구에 관한 문제를 이론적으로 명쾌하게 설명할 수는 없었다네. 내가 죽고 나서 한참 뒤에 가서 왈라스Walras 등에 의해서 소위 정태적 균형이라는 개념 수준에서 해명되었던 거야.

현 ???

스미스 균형이란 쉽게 말해서 수요와 공급의 일치라고 생각하면 돼. 이 문제를 일반 균형의 수준에서 수학적으로 총괄적으로 해명해서 사회적 선택이론으로 연결시킨 친구가 케네스 애로우인데 그 공로로 1972년에 노벨 경제학상을 받았지, 아마?

현 선생님, 전문적인 경제학 얘기는요(약한 모습을 보이며~), 경제학을 전공한 제 친구들을 보낼 테니까, 걔네들이랑 해주세요. 저랑은 수사학 차원에서 말씀 나눠주시죠.

스미스 허허, 나랑 맞짱 뜨자던 말의 입김이 식기도 전에 금방 꼬리를 내리는구먼, 자네.

현 앗, 보이지 않는 꼬리를 보셨습니까? 아무튼, 제 얘기는 수사학적인 언어 게임을 하자면, 보이는 손이라든가 보이지 않는 발, 보이는 발 등이라는 표현이 가능하다는 얘깁니다.

스미스 그야 그렇겠지.

현 사실, 제가 만들어낸 말은 아니구요. 경제사상가인 헌트가 개론서에서 썼던 말들입니다. 보이지 않는 발이라든가 보이는 주먹 등에 관해서 얘기했었지요. 예컨대, "정부라고 하는 보이는 주먹"이라든가 "자유 시장 자체가 자동적으로 인간의 불행을 극대화시키는 '보이지 않는 발'이 되고 있다"든가 "시장 경제, 즉 시장의 보이지 않는 손과 정부의 보이는 주먹의 혼합물" 등과 같은 설명을 하고는 했지요. 또 그에 앞서, 오늘날 근대 주류경제학이 '외부 비경제'라는 이상한 표현으로 보통 사람들을 현혹시키는 바의 문제에 대해서 '보이지 않는 발'이라는 딱지를 붙여가면서 여러 페이지에 걸쳐서 비판했던 것을 읽은 기억이 납니다.

스미스 헌트라는 친구 패러디 솜씨는 상당하구먼. 어쨌든, 보이지 않는 손이란 개념은 내 이론 체계 전체에서 가장 '약한 고리'라고 할 수 있네.

현 한국 실정에서는 보이는 발이라는 게 경제 정책과 관련된 정부의 역할을 가리킨다고만은 볼 수 없습니다. 대추리 주민을 짓밟은 전투 경

찰의 군홧발 같은 게 바로 한국에서의 보이는 발의 대표적 사례지요. 요
컨대, 그 발은 경제적인 게 아니라 아직 정치·군사적인 것이라고 할 수
있습니다.

스미스   나는 한국 실정은 잘 모른다네.

현   보이지 않는 손도 마찬가지입니다. 그 말로 시장의 수급 조절 기
능을 가리키는 것은 한국에서는 수사학적 사치입니다. 예컨대, 재벌이
팔아치우는 자동차나 핸드폰은 해외 가격에 비해서 국내 가격이 더 비
쌉니다. 대개는 질도 낮구요. 그런데도 한국의 순진한 소비자들은 본의
아니게 '얼리 어댑터'가 되어서 일정하게 재벌을 위한, 국내 시장에서
의 유효 수요를 울며 겨자 먹기로 창출시켜주고 있는 것이죠. 노골적으
로 표현하자면, 더러운 손이라고 해야 하겠지만요.

스미스   앗, 지금 자네 유효 수요라고 했는가? 그 말은 케인스보다도
내가 먼저 《국부론》 1편 7장에서 쓴 거야. 물론 나보다 스튜어트가 먼저
정확하게 사용하기는 했지만.

현   (상대방 말은 듣지도 않고 흥분해서) 서로 호환이 되지 않는 핸드
폰 배터리 충전기들을 볼 때마다 '야마'가 돕니다.

스미스   대화하거나 토론할 때 흥분하는 것은 산출량에 비해서 투입
량이 엄청나게 비효율적으로
들어가는 거라서 가급적 하지
말라고 권하고 싶네. 오히려 담론적 실
천 과정에서 때때로 한계 효용이 매우

큰 침묵을 차라리 추천하겠네, 나라면.

현 푸홋. 제가 경제학자들을 좋아하는 건 바로 방금 선생님께서 하신 말투 때문입니다. 물론, 싫어하는 이유도 바로 또 똑같은 그런 말투나 사고방식 때문이지만요.

스미스 자네에게 내가 연말연시 선물을 하나 줌세. 모든 추상적 경제 이론이나 구체적 경제 담론은 경제학자들이 처한 사회적 현실이나 그가 이상적이라고 생각하고 있는 다소 간에 순수한 경제 모델에 바탕을 둔 이데올로기적 성격을 불가피하게 갖는다네. 그런 점에서, 내 이론은 막 산업혁명 초기 단계에 들어선 국민국가 영국의 현실 경제에 바탕을 둔 것이고 말이야. 소위 자유시장 경제를 무조건적으로 신봉하는 헛똑똑이들은 내 책을 처음부터 제대로 꼼꼼하게 읽어야 할 것이네.

현 선생님은 자유무역 신봉자 아니셨어요?

스미스 그야 그 시절에는 영국이 가장 발전한 자본주의 국가였으니까 그런 얘기를 한 것일 뿐이네. 국민국가의 경제, 다시 말해 국가경제 혹은 국민경제에 관해 말하려면, 내 이론보다는 후발 자본주의 국가에서 경제학적 사유를 했던 독일 친구들의 사상적, 이론적 고민을 염두에 두는 게 한국 국민들과 한국 경제에는 더 유리해.

현 네. 조만간에 제 친구인 경제학자 정태인을 선생님께 보낼 테니까, 경제학에 관한 전문적인 얘기는 그 친구랑 해주세요. 한미 FTA를 저지시키고 나면 그 친구도 시간이 날 테니까요. 그럼, 새해에 복 많이 받으세요.

선재동자 – 화엄경

토머스 제퍼슨 – 독립선언서

수보리 – 금강경

프리모 레비 – 이스라엘 극우파

기시 노부스케 – 세습 정치가

유스타치아 – 무죄 추정 원칙

리어왕 – 통치권

애덤 스미스 – 자유시장 경제

5

상상하기

just a

m
a
g
i
n

MERCE
Y

001

파블로 피카소
Pablo Picasso
혁명적 예술

"예술은 예술이고 정치는 정치다"

피카소$^{Pablo\ Picasso,\ 1881~1973}$, 20세기 최고의 화가, 조각가. 브라크와 더불어 입체파의 창시자로 알려져 있다. 스페인의 말라가에서 아버지 호세 루이즈 블라스코$^{Jose\ Ruiz\ y\ Blasco}$와 어머니 마리아 피카소 로페즈^{Maria} $^{Picasso\ y\ Lopez}$ 사이에서 태어났다. 그의 아버지는 화가이자 미술학교 교사이자 지방 미술관의 큐레이터였다. 아들의 재능을 일찍부터 간파한 아버지로부터 전통 아카데미 방식의 미술 수업 기초를 교육받았지만 이름은 어머니의 것을 썼다. 그의 출세작은 입체파의 탄생을 알린 〈아비뇽의 처녀들〉^{1907}. 정치적 의미를 갖는 작품으로, 스페인 내전 당시 독일군의 만행을 폭로한 〈게르니카〉^{1937}, 한국전쟁을 소재로 한 〈한국에서의 학살)¹⁹⁵¹이 있다. '분석적 큐비즘' 다음의 본격적인 입체파 단계인 '종합적 큐비즘' 시기에는 종이 및 기타 다른 재료를 화면에 붙이는 혁명적 발상을 회화에 도입하기도 했다. 1943년의 아상블라쥬 작품 〈황소머리〉는 피카소가 고물상에 있던 자전거의 안장과 핸들을 떼어서 만든 것이라고 하는데, 방법론상으로 2차원 콜라주를 3차원으로 확장한 이 작품은 피카소의 유머러스한 시각적 상상력을 보여준다. 1967년에 시카고 시내 광장에는 피카소의 작품을 모델로 제작된 옥외 강철 조각높이 50피트, 무게 162톤이 설치되었는데 일종의 공공미술에 속하는 이 작품은 시카고의 랜드마크가 되었다. 기네스북의 기록에 의하면 피카소는 평생 동안 유화 1만3,500점, 판화 10만점, 북 일러스트 3만4,000점, 조각 300점을 만들었다. 그의 연인 도라 마르를 입체파풍으로 그린 초상화 작품은 뉴욕 소더비 경매에서 9,520만 달러약 885억 원에 익명의 소장가에게 낙찰되었다. 최고가 경매기록은 지난 2004년 소더비에서 1억400만 달러에 팔린 피카소의 다른 작품 〈파이프를 든 소년〉이다(물론, 오늘날 싯가로 환산한 최고 기록은 반 고흐의 〈가쉐 박사의 초상〉이 갖고 있는데, 1990년 당시 8,250만 달러, 오늘날 싯가로는 약 1억1170만 달러). 그는 1944년 공산당에 가입했으며 1950년과 1962년에 레닌평화상을 받기도 했다.

■

이재현(이하 **현**) 피카소 선생님, 한국 의 미술학원 중에 피카소라는 이름의 미술학원이 많은 거 아시나요?

피카소 뭐라구? 내 허락 없이는 피카 소를 쓸 수 없어. 성명권^{이름에 대한 저작권}

은 내가 죽은 후 50년 동안 보호된다는 걸 한국 사람들은 모르나? 한국 에서도 OECD 가입 후, 저작권 보호에 신경쓴다는 말을 들었는데…….

현 1973년에 선생님이 돌아가셨으니깐, 적어도 2020년까지는 저작 권이 보호되겠지만 그래도 살아계실 때도 돈 많이 버셨고 지금은 유족 들이 떼돈을 벌고 있는데 그 정도는 예술을 위해 그냥 넘어가주시죠?

피카소 이 사람아! 예술은 예술이고 돈은 돈이야.

현 살아서 달랑 40프랑 번, 빈센트 반 고흐도 있는데요.

피카소 (약간 기가 죽어서) 평생 동안 고흐 형님은 죽기 6개월 전에 유화 한 점 달랑 팔았지. (다시 목소리를 높이며) 하지만 고흐는 고흐고 피카소는 피카소야! 그리고 말이 나와서 하는 말이지만 돈으로 치자면, 다빈치나 미켈란젤로의 작품을 내가 어떻게 당하겠냐? 그 작품들이 경 매장에 나오지 않아서 그럴 뿐이지. 난 젊어서부터 뜨기 시작했으니까 내 그림 값이 비싼 거고…….

현 그림 값 때문에 첫 번째 부인이 이혼을 안 해준 거 아닌가요? 올가 코크로바가 1955년에 죽을 때까지 법적으로는 부부였다고 들었어요. 1927년에 네 번째 연인 마리 테레즈 발테르를 만났고, 1930년대 중반부터는 올가와는 별거 상태였던 걸로 알고 있는데요.

피카소 (움찔하며) 그야 당시 프랑스 법률로는 이혼하면 재산을 반을 뚝 잘라줘야 했으니까 그랬지.

현 예술하시는 분이 돈에 신경 많이 쓰셨네요.

피카소 돈 문제보다도 흔히 말하는 '성격 차이'의 문제라고 할 수 있어. 어쨌든 나로서는 그때가 아주 힘든 시기였지.

현 사실 연예인 생활에 관심이 많은 한국 사람들은 피카소 선생님의 예술 세계보다는 사생활이 더 궁금하다고요.

피카소 (묵묵부답)

현 선생님은 92세까지 살고, 알려진 것만 해도 일곱 명의 연인과 번 갈아가며 연애를 하고. 그래서 피카소 하면 떠오르는 게 바로 명성, 돈, 정력이지요. 제 '초딩이' 시절의 신문 해외토픽에 선생님의 소식이 드 문드문 실리고는 했지요. 종종 사진에는 선생님이 '웃짱'을 깐 상태로 나오곤 해서, 역시 아티스트가 되려면 먼저 정력이 센 일류 양아치가 되어야 하는 게 아닌가 하는 어처구니없는 생각이 들기도 했답니다, 어린 마음에 말예요.

피카소 양아치라는 게 뭐지?

현 한국에서 돈을 많이 번 아티스트를 '양아치'라고 부릅니다.

피카소 한국에선 양아치가 되려고 미술학원에 다니는구먼?

현 꼭 그런 건 아닙니다.

피카소 한국에서는 미대는 어떻게 하면 진학하나?

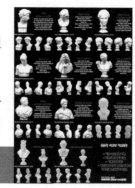

현 대학입시 당일 날 앞에 놓여 있는 헤르메스, 아그리파 같은 석고상 소묘를 누가 더 잘 그리냐에 따라 당락이 결정되죠.

피카소 나처럼 입체로 그리면 당연히 합격하겠구먼?

현 불합격할 겁니다. 말이 좋아 그리는 거지 누가 더 똑같이 베끼냐죠.

피카소 베끼는 게 무슨 미술이고 예술이야? 미술은 창의성이 제일 중요해.

현 창의성이요? 미술 입시학원에서 공포영화에나 나올만한 베토벤 흉상 같은 석고상을 앞에 놔두고 획일화된 입시패턴으로 잘 베끼는 학생들이 대학엘 가는데 창의성은 뒤로 물러나야죠.

피카소 창의성 발현이 왜 안 되는데?

현 한국에서는 남들과 다르게 행동하는 사람은 창의성 있다고 하기보다는 '별난 놈', '튀는 놈'으로 찍혀서 학교나 직장에서 안 좋아해요. 안 좋아하는 게 아니라 왕따 당해요.

피카소 왕따면 빈센트 반 고흐인데. 빈센트 반 고흐나 나 같은 화가는 한국 미술대학 들어가기 힘들겠구먼?

이재현 그렇죠. 한국에서 태어나셨다면 선생님도 빈센트 반 고흐처럼 사셨을 겁니다. 한쪽 귀도 자르고…….

피카소 (자기 귀를 감싼다.)

현 그래도 선생님의 입체파는 요즘으로 치면 3D 입체 영환데요?

피카소 자네 뭘 좀 아는구먼. (의기양양해하며) 내 그림은 3D 입체라 할 수 있지. 입체파 화가인 내가 사람을 그릴 때 한 화면에 얼굴은 정면을 보게 하고 코는 옆모습으로, 입은 정면, 눈은 측면으로 그려서 시점을 여러 곳에 두고 한 장에 종합적으로 나타내지.

현 〈마징가 Z〉 만화에 나오는 아수라 백작 같은 거죠?

피카소 그렇지. 아수라 백작. 그런데 일본 녀석들도 〈마징가 Z〉 만들면서 나한테 허락도 안 받고 돈도 안 내고…….

현 선생님! '돈' Don't 워리 하세요! 암튼 피카소 선생님이 요즘 태어나셨으면 3D 입체영화 감독으로 돈 좀 버셨을 겁니다

피카소 (좋아서) 그래? 돈 좀 벌었겠지? 그러고 보니 내가 그린 〈한국에서의 학살〉이라는 그림을 소재로 한국에서 영화가 제작됐다고 하던데…….

현 〈작은 연못〉이라는 영화입니다. 예전 신문보도에 의하면 한국전쟁 때 미국 정부가 미군들로 하여금 한국의 피난민을 향해 총격하도록 허용했다는 당시 무초 주한 미국대사의 편지가 발견되었다고 합니다.

그 편지는 노근리 학살 당일 작성된 거랍니다.

피카소　이런 '쥑일' 놈들.

현　선생님은 파시즘에는 결단코 반대하시는 건가요?

피카소　〈게르니카〉가 보여주는 세계도 바로 그런 거지. 난 스페인 내전 당시 반파시즘 인민전선 편이었단다. 전후에 공산당에 가입한 것도 다 그런 연장선에서였고.

현　선생님은, 알버트 아인슈타인 박사와 헬렌 켈러 여사와 더불어 20세기의 대표적인 사회주의자로 알고 있는데요. 맞습니까?

피카소　그야, 그렇지. 과학 쪽과 사회활동 쪽에는 그 두 양반이고, 예술계 하면 나지.

현　위대한 예술과 혁명적 정치가 양립가능하다는 말씀이신가요?

피카소　야, 너는 정말 구제불능 '올드 보이'로구나. 꼭 그런 식으로 물어봐야 직성이 풀리겠니? 예술은 예술이고 정치는 정치인 거지. 아까도 말했지만 '돈은 돈이고 법은 법이다'라고. 암튼 정치를 떠나서 내 작품들은 그때그때마다 미술사적으로 '혁명'적인 의의를 가졌었단다. 현대미술이 입체파부터 시작한다는 것은 초딩이라면 다 아는 얘기 아니냐?

현　하지만 현대미술은 어려워요, 저 같은 속물에게는요. 솔직히 말씀 드려서 선생님의 작품이 왜 위대한 것인지 '느껴지지' 않아요.

피카소　그건 네가 그림에 대해 갖고 있는 인식의 틀이 기본적으로 사실주의적인 거라 그런 거야. 그리고 무엇보다 네가 정말로 좋은 그림을 많이 보지 못해서 그런 거고. 그리고 대다수 현대미술 작품은 '느끼는'

것이라고는 말할 수 없지.

현　그 얘기는 현대미술사에 얽힌 '담론', 그러니까 '구라'를 많이 알아야 한다는 거잖아요? 보통 사람으로서는 어려운 얘기네요.

피카소　그럼 이렇게 설명하면 어떻겠니…… 으음, 너 내 초기 그림 봤지?

현　예. 그것들은 한눈에 봐도 잘 그린 작품들이라고 느껴져요.

피카소　그럼 입체파나 초현실주의로 분류되는 내 작품은 일부러 못 그린 그림이라고 설명하면 되겠니?

현　일부러 못 그린 그림요? 하지만 그걸 위대하다고들 하는 거잖아요?

피카소　그러니까, 얘기가 되는 거지. 일부러 못 그린 그림 혹은 다르게 그린 못 그린 그림이야. '그린'이란 말의 뜻이 앞뒤에서 서로 다르게 쓰인 거란다. 차원이 달라지는 거지. 또, 그 이전에 아무도 하지 않은 방식으로 내가 한 거고 말이야. 아까도 말했지, 창의성!

현　알 듯하면서도 모르겠네요. 우리나라 학생들도 피카소 선생님처럼 창의성 있게 커야하는데 석고상 베껴서는 복사기 수준밖에 안 되겠네요.

피카소　그건 자네가 걱정하게. 마지막으로 퀴즈 하나 내겠네. 비둘기가 왜 평화의 상징이 됐는지 아나?

현　그야 성경에 노아의 방주에서 육지를 찾아 처음으로 날려보낸 새가 비둘기라서 그런 거 아닌가요?

피카소　아니야. 1949년 공산당이 나한테 평화운동을 상징하는 포스터를 그려달라고 해서 내가 그 포스터 한 중앙에 앉아 있는 비둘기 한 마리를 그렸어. 그 때부터 비둘기가 평화의 상징이 된 거네.

현　믿어도 될까요?

피카소　믿어. 믿는 자에게 복이 있다고 성경에서 말했잖아.

현　공산당 포스터는 얼마 받고 그려줬어요?

피카소　그때 돈으로…… 이 사람아! 예술과 이념 앞에서 돈 얘기를 왜 꺼내는 거야?

현　죄송합니다. 대화를 나누다 보니 입체파 미술세계만큼이나 선생님 성격도 입체파라는 생각이 듭니다. 인터뷰료도 없이 장시간 인터뷰 해주셔서 감사합니다.

002

로버트 알트만
Robert Altman
시대와 작가

"산다는 것은 바로 그런 세상에서 버티어내는 거야"

로버트 알트만^{Robert Bernard Altman, 1925~2006}, 미국의 영화 감독. 그의 최후
작 〈프레리 홈 컴패니언〉이 한국에서 개봉한 지 약 한 달 뒤에 백혈병으
로 인한 합병증으로 사망했다. 알트만은 미국 미주리 주 캔사스 시에서
보험 중개인이자 도박사인 아버지와 메이플라워호 이주민의 직계 후손
인 어머니 사이의 부유한 집에서 태어났다. 그의 가계에는 영국, 아일랜
드, 독일계의 피가 섞여 있다. 보석상이었던 그의 할아버지가 가게 간판
을 만들면서 돈을 아끼려고 원래 성인 'Altmann' 에서 'n' 자를 하나 떼
어냈다고 한다. 알트만은 어려서 엄격한 가톨릭 교육을 받았고 고등학
교를 거쳐 군사학교를 다녔던 그는 18세인 1943년에 입대하여 2차 대

전 동안에 B-24 폭격기의 파일럿 생활을 했다. 미주리
대학교 컬럼비아 캠퍼스에서 공학 전공을 거친 알트만
은 1950년 무렵부터 캔사스 시의 산업영화 회사에 취직
하여 60편 이상의 단편 산업영화를 만들었다. 그의 최
초 영화는 2주 만에 찍은 저예산 영화 〈비행 소년들〉[1955]
이었는데 이 영화로 인해 당시 TV 시리즈를 제작하고
있던 히치콕의 눈에 띄어서 TV물을 연출하게 된다. 한
국에도 방영된 〈보난자〉와 〈컴뱃!〉 시리즈의 일부 에피
소드를 포함하여 수많은 TV 시리즈물을 1960년대 후반
까지 만들었다. 〈컴뱃!〉 제작 중에는 반전 대본을 썼다
가 해고되었으며 〈버스 정류장〉 시리즈의 한 에피소드
에서는 등장인물인 살인자가 극중에서 끝내 처벌당하
지 않는 바람에 미 의회에서 청문회가 열리는 등의 소동
을 겪다가 그 시리즈 자체가 취소되기도 했다. 알트만의
출세작은 한국전쟁이 무대인 미군 야전병원 이야기를
다룬 〈매쉬〉[1970]라고 할 수 있다. 익살맞으면서도 신랄
한 시각에서 만들어진 이 작품에서 그가 택한 즉흥적 연
출 기법은 출연 배우들을 크게 당황시켰다고 한다. 〈매
쉬〉에서부터 그의 흥행 패턴이 시작되는데, 한 작품의
성공으로 인해 높은 평판과 갈채를 받은 다음에 한참 동안은
흥행에서 실패하는 작품들을 주로 저예산과 짧은 제작 기간

동안 만들어나가는 게 바로 그것이다. 〈내쉬빌〉 1975, 〈플레이어〉 1992, 〈숏컷〉 1993, 〈고스포드 파크〉 2001 등 대표작을 포함해서 대부분의 영화에서 그는 많은 인물들을 등장시키면서, 대충 준비된 각본을 가지고 배우들의 자발적이고 창조적인 연기에 의존하는 방식으로 즉흥적으로 연출했다. 그래서 그의 연출 스타일에는 '앙상블 영화', '인물 파노라마', '에피소우드식 구성' 등과 같은 말들이 붙으며, 〈내쉬빌〉에서는 출연 배우들이 자기가 부를 노래를 직접 작곡하기도 했다.

그는 엔터테인먼트 산업 및 쇼 비즈니스의 여러 면모를 주로 비판적인 시각을 통해 보여주었는데, 〈내쉬빌〉 컨트리 뮤직, 〈버팔로 빌과 인디언들〉 1976, 미국 19세기의 와일드 웨스턴 쇼, 〈플레이어〉 할리우드 영화산업, 〈프레타 포르테〉 1994, 파리 패션산업, 〈캔사스 시티〉 1996, 재즈, 〈프레리 홈 컴패니언〉 2006, 컨트리 뮤직의 라디오 생방송 쇼가 그것이다. 그밖에도 그는 우주비행 조종사들의 이야기인 〈카운트다운〉 1968, 종래와는 전혀 다른 서부극인 〈맥케이브와 밀러부인〉 1971, 유명한 만화를 각색한 〈포파이〉 1980, 고흐의 삶을 비틀어서 풍자한 〈빈센트와 테오〉 1990 등 다양한 장르 영화를 통해 자신의 세계관과 스타일을 펼쳐냈다. 그에게 영향을 받은 감독으로서는 폴 토마스 앤더슨〈매그놀리아〉과 알레한드로 곤잘레스 이냐리투〈21그램〉 등이 있다. 알트만이 1988년에 연출한 TV 미니시리즈 〈태너 '88〉의 다큐멘타리적 스타일은 나중에 TV 시리즈〈ER(응급실)〉 등에 영향을 주었다고 한다. 그는 다섯 번에 걸쳐 오스카 감독상에 지명되었지만 정작 상을 타지는 못했고, 단지 2005년에 공로상을 받았다. 한마디로, 그는 할리우드 주류영화의 관습과 권력에 타협하지 않고 평생 동안 그에 맞서서 자기만의 영화를 계속해서 만들어온 우상파괴적인 반역자인 것이다. 바로 그런 덕에, 그의 거의 모든 작품들은 현대 미국에 대한 알레고리가 될 수 있었다.

■

이재현(이하 **현**) 〈매쉬〉를 십 몇 년 전쯤에 비디오로 처음 보았을 때 매우 분개했습니다. 한국 사람들이 베트남 사람처럼 묘사되었더군요. 한국과 베트남을 구분하지 못하다니 진보적인 감독이 겨우 이 정도인가 하는 생각이 들었지요.

알트만 지금은?

현 베트남전쟁에 대한 반전 메시지가 선구적으로 들어가 있는 작품이라고 생각해보면 그 정도는 참을 만하지요, 이제.

알트만 내 마지막 작품은 어떻게 보았는가?

현 밋밋하다고 하는 사람들도 있지만 저는 재미있게 보았습니다. 그것도 감독님 평소 지론대로 두 번씩이나요. 두 번째 보기 전에 자료를 찾아보았더니 〈위대한 개츠비〉의 작가 스콧 피츠제럴드가 미네소타의 주도 세인트폴 출신이더군요. 장소가 좁아서 나중에 다른 데로 옮겼지만 이 작품의 최초 로케는 세인트폴의 피츠제럴드 극장이라고 하더군요.

알트만 포크록 가수 밥 딜런과 영화 〈피셔킹〉과 〈브라질〉을 만든 '몬티 파이돈 그룹' 영국의 유명한 코미디 그룹의 테리 길리엄 감독도 미네소타

출신이지. 화가 그랜트 우드가 아이오와 출신이고, 미주리 출신으로 가장 유명한 사람으로는 마크 트웨인이 있다네. 미시시피 강 서쪽으로 캐나다와의 국경 아래로 미네소타 주, 아이오와 주, 미주리 주가 차례로 있네. 험하기로 소문난 미주리 강은 노스다코다 주와 사우스다코다 주를 꿰뚫고 두 주의 주도인 비스마크와 피어를 지나서는, 네브래스카 주와 캔사스 주의 동쪽 주경계선을 따라서 오마하와 캔사스 시를 지나서 남하하다가 미주리의 주도인 제퍼슨 시티를 지나서 세인트루이스에서 미시시피 강과 만난다네. 이 지역이 미국의 심장부인 '대평원지대' 라네. 노예해방 뒤에 아프로아메리칸들이 미시시피 강을 따라서 하류의 델타 삼각지로부터 먹고 살기 위해 북쪽으로, 즉 미국의 중부와 오대호 부근, 그리고 중동부의 대도시들로 진출하게 되었지. 그 진출의 역사가 바로 시골 음악 장르였던 재즈와 블루스가 분화하고 발전하는 역사야. 이 작품 말고도 내 영화 〈내쉬빌〉, 〈버팔로 빌과 인디언들〉, 〈캔사스 시티〉는 바로 이러한 미국의 역사지리적이고 문화적인 배경이 깔린 작품들이지. 영화를 여러 번 보게 되면 자연스레 이런 배경이 이해될 거야.

현　네에, 그렇군요. 감독님의 최초 영화 〈비행 소년들〉은 2주

만에 찍은 저예산 영화죠?

알트만 1955년에 그걸 찍을 때 사람들이 다들 놀랬지. 어떻게 영화를 2주 만에 찍을 수 있냐고.

현 요즘이야 촬영, 편집 장비가 디지털화되면서 제작기간을 많이 단축시킬 수 있지만 그 당시에 어떻게 그런 짧은 시간 안에 찍을 생각을 하셨어요?

알트만 1955년에 〈에덴의 동쪽〉이 개봉됐는데 물론 그런 영화를 2주 만에 제작하라면 말도 안 되는 거지. 2주 만에 찍을 수 있는 영화는 특별해야 해.

현 무슨 말씀인지요?

알트만 1950년대 당시 할리우드 영화는 기승전결 스토리 전개를 따르는 게 당연시 됐지만 나는 그런 고전적 관습을 따르지 않은 거지.

현 실험정신이 돋보이네요?

알트만 내가 생각해도 진보적이었어. 그리고 저예산 영화는 당연히 실험적이라야지.

현 실험영화는 대체적으로 대중이 이해하기 어려운 거 아닌가요?

알트만 대중이 이해하기 어려운 걸 왜 돈 들여서 만드나? 내가 말하는 실험영화는 기존 할리우드 제작방식과 문법에서 벗어난 독특한 기획력과 창의성이 있는 영화라네.

현 그러다보니 저예산 영화들은 폭력적이고 변태성을 띠는 게 아닐까요?

알트만 폭력과 변태 자체가 문제가 아니야! 얼마나 완성도 있는 영화냐가 문제인 거지. 저예산 영화라고 돈 없다고 대충대충 찍어놓으니깐 폭력적이다, 변태적이다 욕을 먹는 거 아닌가?

현 저예산 독립영화라고 못찍은 영화를 용서해줘서는 안되겠네요?

알트만 (단호하게) 그렇지!

현 한국에서도 감독님만큼 영화를 빨리 찍는 감독으로 김기덕 감독이 있는데 아세요?

알트만 여기 있으면서 뭘 모르겠나. 1년에 3작품도 찍었다는데 김기덕은 대중성보다 작가주의 경향이 너무 강해. 만드는 영화 장르 자체가 너무 무겁잖아? 영화는 대중과 호흡하려고 찍는 거야. 대중의 호흡을 무시해서는 안 돼

현 그렇다면 대중의 호흡에 밀착한 한국의 독립영화 〈워낭 소리〉 보셨어요?

알트만 봤지. 한국의 소와 미국 소 개념이 틀려서 감동은 없었어. 그 영화 촬영기간이 3년이 넘었다면서?

현 네. 한국 독립영화의 특징 중에 하나가 촬영기간이 길다는 거예요.

알트만 쉽게 말하면 제작비, 돈은 없으니깐 몸으로 때우는 거네. 좋은 장면 나올 때까지?

현 그런 셈이죠. 〈워낭 소리〉의 소가 죽는 바람에 감동이 '따따블' 이

된 셈이죠.

알트만 감나무 밑에서 입 벌리고 감 떨어지기를 기다리는 꼴인데 나는 그런 방식은 찬성하지 않아.

현 그럼 어떤 감독이 좋으세요?

알트만 영화는 감독의 의식이 중요해. 그런 면에서는 한국의 홍상수가 괜찮아. 연출에 신선함이 있잖아.

현 홍상수 감독이 출연 배우들한테 시나리오도 미리 주지 않고 촬영 당일 날 시나리오 나눠주고 현장에서 연기시켜 찍는데 그런 방식을 홍상수식 영화라고 합니다.

알트만 홍상수식이 아니라 알트만식이구먼. 내가 영화〈내쉬빌〉에서

출연 배우들이 부를 노래는 직접 작곡해오라고 시켰지. 할리우드의 미리 짜여진 상업적 틀이 아닌 배우들의 자발적이고 창조적인 연기를 뽑아내기 위해선 즉흥적으로 가야하네. 미리 정해져 있고, 이미 알고 있는 걸 찍는 건 상업영화 방식이야. 영화를 찍는 '과정'에서 새로운 걸 발견해내고 싶었던 거야.

현 홍상수도 촬영하면서 발견했잖아요. 오죽하면 홍상수 감독 영화 중에 '생활의 발견'이라는 제목도 있어요.

알트만 어째 홍상수가 내 맘에 든다 했어(흐뭇한 표정).

현　〈프레리 홈 컴패니언〉의 마지막 장면에서 출연자들이 공개 라디오 방송 쇼를 마치면서 미국 민요인 'Red River Valley'를 부르더군요. 한국 사람들에게도 잘 알려진 노래라서 반가웠지요. 원래는 캐나다 민요라면서요? 아무튼 미국 '뽕짝'인 컨트리 뮤직을 그렇게 영화에서 정겹게 다룰 수 있다는 게 놀라운 일입니다. 그런데 〈프레리 홈 컴패니언〉에는 저승사자 역할을 하는 천사가 나오는데요, 감독님께서는 이 작품이 마지막이 될 거라고 예감하셨는지요?

알트만　그래서 그 작품을 찍을 때 백업 감독으로 폴 토마스 앤더슨을 세워두기도 했었네. 다행히도 내가 다 마칠 수 있었지만 말이야. 지금 돌이켜보면 말이야, 나는 B-24 폭격기 조종사 훈련을 캘리포니아에서 받았는데 밤의 상공을 날면서 할리우드의 밝은 불빛을 보며 할리우드를 그리워하곤 했지. 제대한 직후에는 로스앤젤레스에서 연기, 각본 집필, 연출 등을 시작했어. 캔사스 시의 산업영화 회사에 취직하기 바로 전이니까 까마득한 옛날 일이라네.

현　하지만 할리우드는 감독님을 계속 내쳐오지 않았습니까?

알트만　예술가는 작품을 통해 세상에 복수하는 법이니까, 예컨대 〈플레이어〉 말일세. 또 〈숏컷〉으로 L.A. 사람들의 허망하고도 황폐한 삶을 보여주기도 했으니까, 나로서는 충분히 반격을 했다고 할 수 있다네.

현　감독님께서는 부시가 재선되면 미국을 떠날 거라고 공공연하게 말씀하신 적도 있었는데요…….

알트만　아무튼 지금은 부시가 망했으니까 다행이야.

현　이건 사적인 질문인데요. 감독님은 알코올 중독자였다는 소문이 있던데요?

알트만　어쨌거나 나는 일할 때는 마시지 않는다네. 다만 마실 때 일하는 경우는 종종 있었지.

현　(푸훗) 저희 한국 사람은 그런 미국식 유머에는 약하답니다. 그런데 장수하신 비결이 뭐지요? 게다가 단지 오래 사신 것만이 아니라 계속해서 작품을 찍어 오셨는데요.

알트만　자기가 좋아하는 일, 또 하고 싶은 일을 계속하려는 의지가 중요해. 그리고 터무니없이 짧고 굵게 살려고 하기보다는 가늘고 길게 살려고 해야 해. 그러기 위해서는 남이 뭐라 하든 거기에 연연해 하지 말고 자기만의 길을 가려는 투지가 필요하지. 〈프레리 홈 컴패니언〉에는 텍사스 출신의 냉정하고도 탐욕스러운 사나이 역으로 토미 리 존스가 나오지 않나? 세상에는 바로 토미 리 존스 같은 사람이 많아. 그런데, 산다는 것은 바로 이러한 세상에서 버티어내는 거야.

현　토미 리 존스의 과묵하고 미니멀한 연기는 아주 좋았죠. 마지막으로 한국의 관객을 위해서 한말씀 해주시죠.

알트만　정부에서 보호해주지는 못할망정 한국의 영진위라는 국가단체에서 저예산 독립영화들의 기를 꺾고 있다고 들었어. 양심적인 한국 영화인들의 영웅적인 투쟁은 이곳에도 잘 알려져 있으니 계속 열심히들 싸워주시고 너무 '대박' 영화만 즐기지 말고 저예산 독립영화와 예술영화에도 애정을 쏟아주기 바라네. 감독과 배우와 스탭은 관객의 사랑을 먹고 살아가는 사람들이거든.

　현　감독님, 이 세상일랑 저희들에게 맡겨주시고 이제는 편히 쉬세요,
그럼.

003

그랜트 우드
Grant Wood
아메리칸 고딕

"미국적 정경, 백인 프로테스탄트 자작농의 뿌리"

그랜트 우드Grant Wood, 1891~1942, 미국 와이오와 주 출신의 화가. 미국 중서부 시골의 풍경과 사람들을 주로 그렸다. 그는 미국 현대 회화사에서 지역주의regionalism에 속하는 화가인데, 지역주의란 도시 및 급격하게 발전하는 기술적 진보를 의도적으로 멀리하고 당시 유럽과 미국에서 유행하던 추상주의 화풍에 대해 공격적으로 반대하면서, 시골 생활의 정경에 초점을 맞추어 작품 활동을 해나간 미국 미술운동 유파를 가리킨다. 지역주의 스타일은 1930년에서 1935년 사이에 절정에 달했는데 우드와 벤튼Thomas Hart Benton과 커리John Steurt Curry가 그 대표 작가다. 아이오와 주 애너모서에서 출생한 그랜트 우드는 열 살 때 아버지가 죽자 가족

이 시더래피즈로 이사한다. 그는 어려서는 시골의 금속 공예점에서 도제 생활을 했고 미네아폴리스의 미술학교와 시카고 아트 인스티튜트에서 공부를 했다. 그는 군대에서 위장물을 그리는 작업을 했고 제대 후에는 중학교에서 미술을 가르쳤다. 1920년대에 네 번에 걸쳐 유럽 여행을 하면서 북유럽 르네상스 미술과 인상파 미술에 대한 안목을 키우기도 했고 1934년부터는 와이오와 대학 미술학교에서 교편을 잡았다. 대표작으로는 〈개척자 터너〉[1929], 자기 어머니를 모델로 했다는 〈식물을 든 여인〉[1929], 〈아메리칸 고딕〉[1930] 등이 있다. 미국 회화사에서 가장 유명한 작품들 중의 하나인 〈아메리칸 고딕〉이 처음 전시되자마자 그는 이 작품 덕에 많은 상을 타게 되었고, 미국의 신문들이 이 작품에 관한 기사를 전국적으로 내보냄으로써 큰 명성을 얻게 된다.

이 작품의 배경에 있는 건물의 모델은 아이오와 남부의 작은 마을인 엘든이란 곳에서 그가 발견한 시골집인데 그는 이 집에 아주 매혹되어 버렸다. 뾰족한 지붕 모양과 지붕 바로 아래의 창은 중세 유럽 고딕 스타일을 모방한 것이며, 작품 제목은 바로 이것을 나타낸다. 이 작품에 등장하는 인물들의 모델이 된 사람은 그의 치과 의사와 그의 여동생 낸(Nan)인데, 흔히 부부로 오해되고 있는 것과는 달리, 작가의 의도에서는 시골 농부와 그의 딸로 설정돼 있다. 이 작품의 시각적 특성은 딱딱할 정도로 정면에서 인물들을 묘사한 수법이라든가 매우 꼼꼼한 디테일의 처리 등으로 요약되는데, 일부 미술사가들은 그랜트 우드가 북유럽 르네상스 작품들로부터 영감을 얻은 것으로 이해한다. 그림에서만 아니라 그는 글을 통해서도 미국 중서부 시골의 역사적, 문화적 전통에 대해서 강조했다. 〈아메리칸 고딕〉에 묘사된, 미국 중서부 시골 문화 특유의 편협됨과 억압이라는 주제에 관해서는 크게 두 가지의 해석이 대립적으로 제시되어 있는데, 하나는 그랜트 우드가 이것들을 풍자적으로 그렸다는 것이고 다른 하나는 그와 반대로 도리어 이것들을 상찬하는 관점에서 그렸다는 것이다. 오늘날 〈아메리칸 고딕〉은 미국 문화의 대표적인 아이콘 역할을 하면서 계속해서 다양하게 패러디되고 있는데, 얼마 전에는 TV 드라마 〈위기의 주부들〉 시리즈 1의 타이틀시퀀스에 사용되었다.

■

이재현(이하 현)　우드 선생님, 안녕하세요. 뉴올리언즈의 허리케인 카트리나 참사나 9·11 이후 느껴진 미국적 정서, 미국 지역주의 정서 등에 대해 선생님을 모시고 이야기를 나누고 싶어 이렇게 찾아 뵙게 되었습니다.

그랜트 우드(이하 우드)　뉴올리언즈는 아직 복구가 다 안 되었지. 복구된 곳은 시내 중심가와 백인들이 사는 지역뿐이라네. 너무 슬픈 이야기야. 근데 9·11이 나

하고 무슨 상관인가?

현 그게 얘기가 길다면 긴데요, 부시의 집권이라는 게 미국 내셔널리즘의 대두라는 것을 빼놓고는 잘 설명이 안 되는 거라고 생각하거든요. 그런데 집권 이후 부시 정권의 군사, 외교전략은 완전히 실패한 거잖아요? 많은 민간인을 학살하면서 혼란만 가중시키는데 그친 아프가니스탄 침공과 이라크 침공, 그리고 이라크와 북한에 대한 미국의 일방적인 협박에 대해 전 세계 사람들이 분노하고 규탄하고 있는데, 정작 미국 사람들 상당수는 그렇게 생각하고 있는 것 같지 않아서요. 정치인이나 학자들의 '구라'를 듣기보다는 선생님 그림을 보면서 얘기하는 게 더 나을 것 같아요.

우드 난 2차 대전도 끝나기 전에 죽어서 설명해 줄 게 별로 없어.

현 그럼, 미국 중부라든가 지역주의 미술 얘기부터 해주세요. 선생님 그림에 대한 배경 지식이 필요하니까요.

우드 내가 살던 와이오와 주는 대평원지대라고 부르는 지역에 속해 있어. 미국 지역을 구분하는 기준은 여러 가지가 있을 텐데, 대표적인 것으로 미국 국세청의 분류가 있고 또 언어학자들의 분류가 있고 말이야. 아무튼 미국의 지리적 심장부라고 해야 할 이 중부 대평원지대는 서쪽으로는 로키 산맥 서부의 여러 주들, 그리고 동쪽으로는 5대호 주변의 여러 주들 사이에 끼여 있는 셈이지. 그리고 남쪽에는 남부의 몇 개 주가 있어. 만약 미국의 역사, 문화적 뿌리를 백인 프로테스탄트 자작농에 둔다고 하면 대평원지대가 나름대로 미국적 정서를 대표한다고 할 만하지. 19세기 초에 백인 이주민들이 미시시피 강을 건너서 만나게 된 광막한 대초원이 바로 이 중부 대평원 지역이야. 주민들 대부분이 농업으로 먹고 산다고 생각하면 돼.

현   1930년대 대공황시대에 지역주의가 대두했는데요, 선생님의 '개념'은 어떤 것이었죠?

우드   그건 아주 단순한 거야. 내 생각에 화가들은 그들이 가장 잘 알고 있는 것을 그려야 한다는 거였어. 화가들 주변에 있는 거, 화가들이 잘 알고 있고 쭉 보고 있는 거를 그리자는 거였지.

현   중부 대평원지대에서 태어나고 자란 선생님의 경우에는 그 주장이 지역주의라는 걸로 귀결이 되겠지만 대도시에 사는 사람들은 다르지 않을까요?

우드   그 사람들 역시 그들이 잘 알고 있는 것들을 그리면 되는 거지. 미국 현대 미술사에서 '미국적 정경American Scene'이라는 슬로건이 있다

네. 대도시 사람들은 대도시의 정경을 그리면 되는 거야. 자네 호퍼Edward Hopper라고 들어 봤나? 크게 봐서, 나와 더불어 리얼리즘 유파에 속한다고 할 수 있는 친군데, 그는 대도시의 풍경과 인물들을 그렸어. 호퍼가 그린 그림에 작은 소도시나 시골의 풍경들도 있지만, 시골을 그릴 때에도 어디까지나 호퍼는 도시 특유의

적막함이랄까 외로움 따위에 초점을 맞춰서 그렸던 거야.

현 같은 지역주의 작가들 중에 선생님의 친구 분인 벤튼은 상대적으로 더 전국적인 분위기랄까, 그런 것을 묘사했고, 커리는 1930년대 대공황시대의 일반적인 경제적 궁핍을 강조한 반면, 선생님은 더욱 더 중부지방 특유의 시골다움을 강조했던 것으로 여겨지는 데요.

우드 그거야 작가들의 개성적 차이일 수 있는 거고. 나로서는 19세기적인 미국에 더 끌렸지. 내 그림에 나오는 인물들의 옷차림새라든가 산업화한 풍경들이 거의 없다든가 하는 식으로 말야. 그러다 보니, 관점에 따라서는 상대적으로 퇴행적으로 보일 수 있는 풍경이나 인물을 더 많이 그리게 된 거야.

현 선생님이 표현하신 세계가 어떤 점에서는 미국 문화의 풀뿌리를 이루고 있다는 게 제 생각입니다만, 특히 아들 부시가 대통령으로 당선되었을 때 강력한 정치적 지지를 몰아주었던 미국 각 지역의 보수주의

기독교 세력의 정치적, 역사적, 문화적 기반이 되는 세계가 바로 선생님의 그림에서 묘사되고 있다고 저는 봅니다.

우드 메이비maybe.

현 뭐라고 해야 할까요? 완고함, 아둔함, 편벽됨. 이런 것들을 선생님의 그림에서 읽어낼 수 있었습니다만.

우드 〈아메리칸 고딕〉에 그런 게 없다고는 할 수 없겠지.

현 대공황 때에도 그랬고 9.11 이
후에도 그랬는데요, 미국은 어려울
때면, 내셔널리즘이 강력한 힘을 갖게 되는
듯합니다. 그게 내적으로는 지역주의로 나타
는가 하면, 외적으로는 고립주의로 나타나구요. 그런데 이 고립주의라
는 게 의외로 군사적으로는 매우 공격적인 형태를 띠고 있는 게 바로 현
재 미국의 외교군사 전략인데요.

우드 자네가 하려는 말이 도대체 뭔가?

현 식민지 경험을 가진 나라, 그래서 근대 국민국가를 만든 지 5-60
년이 채 되지 않은 나라의 내셔널리즘과 비교해 볼 때, 미국과 같은 '제
국'의 내셔널리즘이라는 건 매우 위험하다는 거지요.

우드 제3세계에 속했던 나라라고 해서 내셔널리즘이 위험하지 않은
것은 아닐세.

현 그야 그렇습니다만, 어쨌든 상대적으로는 분명히 그렇다는 거죠.
또 더 큰 문제는 미국의 중서부의 백인 '보통 사람'들, 혹은 뉴올리언즈
의 집 잃은 흑인들이 내적으로는 식민지적 상황에 놓여 있으면서도, 결
국에는 소위 자유 국가 미국, 위대한 나라 미국, 신이 축복해주신 나라
미국에 흡수, 통합되어 있다는 거죠, 바보 같이요.

우드 메이비. 그런데 자네가 살고 있는 남한은 어디에 붙어 있는 나
라인가? 가만 있자, 그러니까 남한이 베트남 옆에 있는 거 맞지?

현 옛?(벌러덩)

004

수전 손택
Susan Sontag
예술가와 액티비스트

"작가라면 모든 것에 관심을 가져야 한다"

   수전 손택^{Susan Sontag, 1933~2004}, 미국의 에세이스트, 소설가, 액티비스트, 문화비평가. 에세이집으로는 《해석에 반대한다》¹⁹⁶⁶, 《사진에 관하여》¹⁹⁷⁷ 등이 있고, 소설로는 《미국에서》¹⁹⁹⁹ 등이 있다. 친아버지는 중국에서 모피상을 했었는데 손택이 다섯 살 때 죽었다. 손택의 원래 성은 로젠블라트^{Rosenblatt}였고, 손택이란 이름은 법적으로 자신을 입양하지는 않은 의붓아버지의 성을 딴 것이다. 대학 생활의 출발은 버클리 대학이었고, 시카고 대학으로 옮겨 가서 문학비평가 케네스 버크와 보수주의 정치학자 레오 쉬트라우스 등에게서 배우며 석사를 마친 뒤, 하바드 대학, 옥스퍼드 대학, 소르본느 대학 등에서 문학과 철학 등을 공부했다.

17살 때, 열 살 연상의 대학 선생과 만난 지 열 며칠 만에 결혼을 해서 아들을 하나 두었으며, 8년 뒤에는 '다른 사람이 되기 위해서' 남편과 이혼하고 그때부터 아들을 홀로 키웠다. 1963년부터 서평 등을 쓰기 시작한 손택이 최초로 이름을 날리게 된 것은, 게이 감수성에 관한 에세이인 〈캠프camp에 관하여〉1964였다. 나중에 이 글은 정치적 관점을 강조하는 동성애 진영, 즉 '퀴어queer 정치학' 쪽으로부터 비판을 받게 되지만, 당시에는 대중문화와 관련해서 대안적 감수성과 상상력을 모색하고 제시하는 선구적이고 충격적인 글이었다.

손택은 발터 벤야민, 롤랑 바르트 등 20세기 유럽의 대표적인 지식인들과 이오네스크, 아르토, 브레송, 고다르 등 유럽의 아방가르드 예술가들을 1960년대의 뉴욕 지식인 사회 및 문화예술계에, 그리고 결과적으로 미국에 열정적으로 소개했다. 1967년 〈파르티잔 리뷰〉에 쓴 글에서 "백인종은 인류 역사의 암이다"라는 충격적인 발언을 해서 물의를 일으켰고 나중에 가서 자신의 발언이 암 환자들의 고통을 무시한 것이라는 점을 들어 사과를 하기도 했다.

1968년에는 베트남전 반대 행동을 위해 하노이를 방문하기도 했고 1993년에는 내전 중에 포위된 사라예보에 대한 전 세계의 관심을 촉구하기 위해 사라예보에서 연극 〈고도를 기다리며〉를 공연한 바 있다. 2001년 9·11 사태가 터진 직후 발표한 글에서 손택은 당시 미국

주류의 정치적 견해와 정면으로 충돌하면서, "그
렇지만, 미국은 강하다", "모든 게 잘 되어 가고 있
다"고 허풍을 떨던 부시를 '로봇과 같은 대통령'
이라고 지칭하며 대놓고 반박함으로써 또 다시 충
격을 준 바 있다.

손택의 사인은 백혈병으로 인한 합병증이었는
데 이 백혈병은 30대 중반에 생긴 유방암과 60대에 생긴 자
궁암을 치료하는 과정에서 생긴 것이었다. 에세이 〈은유로
서의 질병〉[1978]과 〈타인의 고통에 관하여〉[2003]는 바로 자신의 병 체험에
바탕을 두고 저술된 것들이다. 죽기 몇 년 전 영국 〈가디언〉지와의 인터
뷰에서 손택은 자신이 양성애자임을 밝혔는데, 평생 "실제로 아홉 번,
다섯 명의 여자와 네 명의 남자"와 사랑을 했다고 고백한 바 있다.

손택의 좌우명은 "늙은이처럼 행동하지 마라, 바로 그 순간부터 늙기
시작한다", "우정이란 다른 사람들 안에서 기뻐하기 위한 욕망이다",
"작가라면 모든 것에 관심을 가져야 한다", "당신을 당신 안에 가두지
마라", "변화는 나의 장기이다" 등이다.

■

이재현(이하 현)　선생님, 무덤 안은 어떠세요? 죽으면 원하는 대로 자유
롭게 변신할 수 있나요?

수전 손택(이하 수전) 그냥 수전이라고 불러, 동업자끼린데 뭘. 죽어서 좋은 점은 다른 사람들이 내 사생활에 간섭하지 않는다는 거야.

현 선생님은 평소에 "난 시골에서 살지 못한다, 도시가 좋다"고 말씀하신 전형적인 뉴요커인데다 워낙 명망가이셨으니 다른 뉴요커들이 커피숍이나 술집에서 선생님의 사생활을 가십 거리로 삼았던 걸로 알고 있습니다. 먼저 가장 궁금한 건데요, 성을 왜 스스로 바꾸셨지요?

수전 '장미꽃잎^Rosenblatt'이란 말이 간지러워서 그랬어. 손택이란 이름이 더 단순한 게 맘에 들었지. 내 의붓아버지는 장교 출신의 참전 영웅이었지만 사춘기의 내가 보기에 지적으로는 정말 바보 같았거든.

현 독일어의 일요일^Sonntag은 n이 두 개인데요. 손택이란 이름과는 어떤 관계인가요?

수전 난 그런 데 관심 없어. 이번 기회에 분명히 말하건대, 한국 페미니스트들 중에는 아버지 성과 어머니 성을 둘 다 붙여 쓰는 경우가 있다고 들었어. 하지만 그건 머저리 같은 짓이야. 정확히 따지자면, 어머니 성이 아니라 외할아버지 성이잖아. 페미니스트가 그렇게 의식이 없어서 뭐가 되겠니? 차라리 성, 그러니까 '아버지의 이름'을 없애자고 해야지.

현 역시, 선생님은 거침이 없으시군요. 하지만 한국에서는 그렇게 할수 없답니다. 한국의 지적, 문화적 분위기는 미국으로 치자면, 작가 잭 케루악이라든가 윌리엄 버로스 등과 같은 비

트 제너레이션이 활약하던 때인 1950년대 수준도 될까말까지요. 아직 정치적·문화적 검열에 관한 문제라든가 '드럭' drug·마약 문제에 관한 지식인과 문화예술인들의 인식이 아직 형편없어요. 다들 앵무새처럼 말할 뿐이지요.

수전 미국이라고 해서 크게 다른 건 아니야. 다만 나에 대해서는 미국의 주류 사회가 속으로 '저 년은 원래 저런 년이지'라고 생각하면서 약간 봐준 정도일 뿐이지. 또 내가 뉴욕 토박이가 아니었더라면, 9·11 이후 미국의 파쇼적이고 제국주의적인 대외 군사 정책에 대한 나의 비판적인 목소리는 실제 내가 당했던 것보다도 아주 더 심한 박해와 핍박을 받았을 거야.

현 선생님에 대한 평가 중에 일찍부터 '아마도 미국에서 가장 지적인 여성'이라는 표현이 있었는데 선생님께서는 어떻게 생각하세요?

수전 나는 그게 일종의 욕이라고 생각해. '아마도'란 말도 그렇고 '여성'이란 말도 그렇고 말이야. 그 말에는 여성이란 본디 지적이지 못하다는 전제가 들어 있는 것이고, '아마도'란 여성이라는 존재는 기본적으로 이해할 수 없다는 뜻이 들어 있잖아?

현 으음, 듣고 보니 그렇군요. 선생님은 1960년대부터 사회적, 정치적 이슈와 관련해서 쭈욱 계속해서 나름대로 직접 행동을 취해오셨습니다. 1980년대의 한국에는 일본어 한자말에서 빌어온 '활동가'란 말이 쓰이곤 했습니다. 지금 그 활동가들 중 일부는 죽고, 일부는 먹고살면서 애 키우느라 바쁘고, 일부는 국회의원이 되고, 또 일부는 아직도 사회운동 및 시민운동을 하고 있습니다만. 미국의 양심을 대표하는 '액티비스트'로서 선생님께서는 한국의 엑스ex—활동가들의 현재 모습은 어떻게 평가하고 계시는지요?

수전 야, 그런 걸 왜 내게 묻냐? 너희 일은 너희가 가장 잘 아는 거지. 세상이 바뀌면 바뀌는 만큼 변화를 해나가되, 최초의 그 곧고 아름다운 마음가짐과 '합리적 핵심'에 해당하는 관점을 지켜나가면 되는 거잖아.

현 물론이지요. 하지만, 자기 일에 파묻혀 살다보면 자신이 지금 어느 위치에 있는가를 놓치는 경우가 왕왕 있거든요. 또 한 해가 저무는데 세상이 더 나아진 것 같지도 않고요. 그래서 그런 거지요.

수전 그래도 바로 위에서 네가 날 소개하면서 "작가라면 모든 것에

관심을 가져야 한다"고 하지 않았니? 그렇다면 한 수 가르쳐 주지. 말도 안 되는 경우에 쓰라고 화염병이 있는 거야.

현 켁. 선생님, 지금 농담할 때가 아닙니다.

수전 그러니까 내 말은 연말에 망년회 대신 '몰로토프 칵테일' 파티를 하라는 얘기야. 너희 한국에 활동가가 그렇게 많았다면서.

현 네에(푸훗)~. 아무튼 선생님, 한국 상황에 관심을 가져 주셔서 고맙습니다. 그리고,

대충 50년쯤 뒤에 선생님 계시는 나라로 저도 살러 가겠습니다. 그럼,
다시 뵐 그때까지…….

005

임성남
林聖男
탈식민주의 예술가의 초상
"그 늙은 예술가는 왜 그렇게 울었던가?"

아버지 제사가 있어 휴가를 겸해 어머니가 계시는 시골엘 다녀왔다. 내려가는 기차 안에서는 늦여름 들판으로의 산책을 꿈꾸었지만 비가 계속 내리는 바람에 옛 기와집 마루에 엎드려서 빗소리를 들으며 책만 읽다가 돌아왔다.

이번 독서 휴가의 수확은 뭐니뭐니해도 임성남 회고록 《하늘 높이 춤추며》이다. 임성남1929~2002은 한국 발레에 주춧돌을 놓은 선구자다. 책에서 가장 인상적인 대목은 그가 죽기 한두 해 전에 그의 제자들이 스승의 날에 그를 대접할 때 벌어진 일이다. 그 자리에서 그는 제자들에게는 "예술가로서의 자존심을 지켜라, 한국적인 것을 살린 좋은 창작품을 만들어라"하는 가르침을 주었다고 한다. 그러다가 가족들로 얘기가 번지자 임성남은 10분 이상을 '엉엉 엉엉' 울었다. 남들이 잘 알아주지 않는 길을 수십 년 간 걸어온 늙은 예술가의 내면세계가 잠깐 열렸다 닫히는 순간이었다.

임성남은 전주사범학교 4학년 때 한동인 발레단의 공연을 보고 한동인의 연습실을 찾아 문하생이 된다. 임성남은 한동인이 해방 직후 만든 서울발레단의 공연에 출연하기도 하다가 한국전쟁이 터지자 피난지 부산에서 일본으로 건너간다.

임성남 자신의 회고에 의하면 원래 어렸을 때 꿈은 오케스트라 지휘자 및 작곡자였다고 한다. 그래서 일본에서 음악을 공부하고 싶었다는 것이다. 해방 직후 임성남의 큰 누나가 용돈을 모아 철수하는 일본인으로부터 피아노를 구입한 적이 있는데 임성남은 아버지 몰래 피아노를 치다가는 들켜서 야단을 맞고 결국 피아노는 지방의 작은 학교에 기증하게 되었다고 한다.

임성남이 발레로 진로를 바꾸게 된 것은 '핫토리-시마다 발레단'의 로맨틱 발레 〈레 실피드〉를 보고 나서다. 최승희가 이시이 바쿠의 공연을 보고 그랬던 것처럼 말이다. 핫토리 치에코는 블라디보스톡 출생의 러시아계 혼혈이고 시마다 히로시^{한국명 백성규}는 연희전문 출신인데 둘 다 엘리아나 파블로바의 문하생으로 당시 일본에서 발레 연구소를 운영하고 있었다고 한다. 핫토리-시마다 발레단은 고마키 발레단과 더불어

1950년대 일본 발레계의 양대 산맥을 이루고 있었다는 것이다. 임성남은 미군부대 자동차 운전으로 생계를 해결하면서 핫토리-시마다 발레단에서 수업을 받게 된다.

정식 수업이 끝난 뒤에도 텅 빈 연구소에서 연습을 하면서, 스승의 눈에 띄어 레슨비를 내지 않고도 가장 비싼 개인 레슨을 받던 임성남은 곧 두각을 나타내게 되고 젊은 발레인들과 더불어 동경청년발레단을 창립한다. 1953년 임성남은 고전 발레의 대표적 레퍼토리인 〈백조의 호수〉에서 왕자 역을 받아 급부상하게 된다. 나중에 일본에 유학을 간 임성남 제자의 확인에 의하면 이미 그 때 임성남은 일본 발레계에서 '전설적인 인물' 이었다는 것이다. 그런데 그는 '성공이 보장된 스타의 삶' 을 버리고 한국으로 돌아온다.

한국전쟁 직후 무용계에서 임성남은 정통 발레를 체계적으로 배운 유일한 사람이었던 셈인데, 그는 귀국하자마자 자신의 이름을 딴 발레연구소를 설립하고 〈백조의 호수〉 2막을 공연하는 등 개척자의 길을 걷기 시작한다. 1962년에 국립무용단이 창단되자 단장을 맡았고 1972년에 국립발레단이 국립무용단으로부터 분리되자 30년간 계속해서 단장을 맡아 후진을 양성하면서 400여 편의 작품을 안무하게 된다.

임성남의 안무로 국립발레단이 〈백조의 호수〉 전막을 공연한 것은 1977년이었는데 이것이 순전히 한국 사람에 의해 안무, 연출된 최초의 대작이었다. 임성남은 1960년 파리에서의 〈춘향전〉 공연을 안무하기도 하고 1964년 〈허도령〉, 1967년 〈까치의 죽음〉, 1974년 〈지귀의 꿈〉

등을 통해서 한국적인 발레와 창작 발레를 추구하기도 한다.

임성남은 1960년 후반에 미국에 한 달 간 연수를 가게 되는데 싼 호텔에서 싼 밥을 먹으며 돈을 모으고, 장학금을 받아 체류 기간을 연장해서 무용 기법을 새로이 배우고 연구하게 된다. 이때 장학금의 일부를 국내 가족에게 생활비로 송금하기도 했다고 한다. 이 시절 사진을 보면 그는 이미 상당히 머리가 벗겨져 있었는데, 제자의 회상에 의하면 공연에 출연할 때 머리에 바르는 크림을 '구두약'이라고 불렀다고 한다.

선구자는 외롭기 마련이다. 그는 늘 "외국에서 무용가가 무대에 설 때 아무리 나이가 들어도 코치 선생이 있어서 늘 도와주는데 나는 선생님이 없어서 쓸쓸하다"고 제자들에게 말하곤 했다는 것이다. 평소 그의 소신 중의 하나는 발레를 제대로 하려면 결혼해서는 안 된다는 것이었다. 발레는 춤에 몰두해야 한다는 것이었다. 그래서 결혼 소식을 그에게 알리려던 제자가 "하라는 발레는 안하고 어디서 연애질이야"는 호통을 들을까 봐 전전긍긍했다는 대목에서 나는 웃음을 참지 못했다. 임성남 자신은 결혼을 했거니와, 그것도 그가 미망인을 만나게 된 것은 젊은 시절의 미망인이 동생을 그의 발레 연구소에 데리고 왔었기 때문이었다.

평생에 걸친 그의 또 다른 소신은 발레 전문학교의 건립과 직업 발레단 단원의 처우 개선이었다. 다른 춤 장르도 그러하겠지만 특히 발레는 어려서부터 시작해야 하므로 한 학년에 50-60명 정원으로 훈련기간 9년 정도의 발레학교를 세워야 한다고 계속해서 역설했다. 우리나라 최초의 직업 발레단이라고 할 수 있는 국립발레단의 경우에 단원들이 계속해서 대학으로 빠져나가려고 하는 것도 결국 생계 문제 때문인데, 이 문제는 아직까지도 제대로 해결되고 있지 않다.

무엇보다 나는 임성남에게서 '탈식민주의' 예술가의 초상을 본다. 한국 사회는 정치·군사적 식민주의로부터는 해방이 되었지만 그 '식민지 효과'가 사회 제도의 모든 부문에 뿌리 깊이, 특히 기억과 언어를 둘러싼 일상의 문화적 체험 영역과 무의식의 영역에까지 남아 있었는데, 무용계라고 해서 예외는 아니었던 것이다. 식민지 시절의 무용계는 최승희와 조택원이 대표하는데 이 두 사람은 일본인 이시이 바쿠의 제자였고 그 이래로 우리 무용계는 일본에서 정립된 '신무용'이란 개념 아래에서 발전을 해왔다. 신무용이란 과거의 전통적 춤과는 다르다는 의미를 강조하는 것이다. 임성남은 전쟁 전에는 일본에 가서 그리고 60년대에는 잠깐 미국에 가서 무용을 배우고 연구했다.

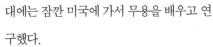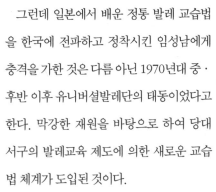

그런데 일본에서 배운 정통 발레 교습법을 한국에 전파하고 정착시킨 임성남에게 충격을 가한 것은 다름 아닌 1970년대 중·후반 이후 유니버설발레단의 태동이었다고 한다. 막강한 재원을 바탕으로 하여 당대 서구의 발레교육 제도에 의한 새로운 교습법 체계가 도입된 것이다.

신무용 이전에 춤은 궁중의 정재무나 광대, 재인, 무당, 기생의 민속적인 춤, 혹은 농촌 공동체에서 노동 및 생활과 결합되어 있는 춤으로서 존재했다. 신무용이란 개념을 바탕으로 해서 춤이 근대적인 의미에서의 창작 예술이 되어야만 한다는 것, 그리고 한국전쟁 이후 분단된 현실에서 '한국'이라는 이름으로 세계 무대에 나가야 한다는 것을 중심축으로 해서 우리 춤은 무용예술로서 제도화되어 왔다. '한국' 무용, '창작' 무용, '현대' 무용 등을 둘러싼 상당히 혼돈스럽고 고통스러운 노력은 이러한 제도적 환경에서의 예술적 분투인 것이다.

다 알다시피, 물적인 토대가 약하므로 이 땅의 무용 예술가들은 대학의 무용과 교수가 되거나 무형문화재로 지정되지 않으면 살아남을 수 없었으며, 그래서 대학 입시나 대학교수 개인이 이끄는 무용단을 둘러싸고 많은 비리들이 생겨났고 무형문화재로 선정받기 위해서 치열한 다툼을 해야만 했다. 바로 이런 점에서 대학에 적을 두지 않은 채 무용단을 이끌어온 임성남이라든가 그와 같은 세대이자 부산시립무용단장을 지낸 황무봉과 같은 분들의 존재는 빛을 발한다. 그들에게는 제자들이 자산의 전부였다.

칠십 넘은, 그러나 분명히 상대적으로 성공한 예술가조차도 가족을 생각하면서 엉엉 울었다는 에피소드에서 우리가 마주치게 되는 고통과 비애는 탈식민주의 예술가 임성남 개인이나 발레 장르에만 제한되는 것은 아닐 것이다. 그것은 한국무용, 혹은 전통무용이나 현대무용의 경우에도 마찬가지였을 거라고 나는 생각한다. 더 나아가 연극이나 음악과 같은 다른 예술에서도 마찬가지일 것이다. 특히 임성남과 같은 세대 혹은 바로 그 아래 세대에 있어서 이 땅에서 예술을 한다는 것은 다 그런 것이었다. 하지만 고통과 비애가 깊으면 깊은 만큼 바로 그곳에서 자부심과 영광도 우러나게 되는 것이 아니겠는가.

006

두더지
mole

현대적 혁명가의 초상

"잘 팠다, 노련한 두더지여!"

두더지mole, 식충목食蟲目, 두더지과에 속하는 포유류 동물. 땅 속에 굴을 파는 삽 역할을 하는 앞다리가 특히 발달돼 있고 발은 폭이 넓으며 발톱이 길다. 강한 근육을 가진 목은 몸통과 거의 같은 두께이고 외관상 머리와 가슴 사이에 뚜렷한 구분이 없으며, 머리 생김새는 원통 모양이고 사지는 매우 짧다. 눈은 퇴화했고 털은 빽빽이 곧바로 세워져 우단같이 부드러운 감촉이 있다. 두더지는 주로 식물 뿌리가 미치는 범위의 토양층을 생활권으로 삼아 터널 망을 구축한다. 터널 망은 통로이면서 동시에 땅 속의 먹이를 얻어내는 일종의 덫 기능을 가지고 있다. 두더지는 밤낮을 가리지 않고 4시간 잠자고 4시간 활동하는 리듬으로 터널 망을 돌아서 지렁이, 지네, 벌레의 유충 등을 잡아먹는다.

셰익스피어의 비극 〈햄릿〉의 앞 부분에서 햄릿은 자기 아버지의 망령을 만나 아버지의 죽음을 둘러싼 비밀에 관해 듣게 된다. 뒤이어 나타난 호레이쇼 등에게 햄릿이 "맹세하라" 며 함구령을 요구할 때, 땅 밑에 있던 망령도 햄릿을 따라 "맹세하라!"라고 말한다. 그러자 햄릿은 "말 잘했다, 노련한 두더지여!Well said, old mole!" 라고 한다(1막 5장). 칼 마르크스는 나폴레옹의 조카인 루이 보나파르트가 벌인 정치 쿠데타를 분석한 저작 《루이 보나파르트의 브뤼메르 18일》1852년에서, 1848년 이후 프랑스의 혁명의 진행과 좌절을 서술하는 과정에서 〈햄릿〉의 해당 대목을 약간 비틀어 인용한다 "잘 팠다, 노련한 두더지여 Brav gewuhlt, alter Maulwurf!"

프랑스 68혁명 주역 중 한 명이었고 파리8대학 교수였다가 얼마 전 작고한 다니엘 벤사이드 1946~2010는 그의 저서 《저항: 일반 두더지학에 대한 시론》이란 책에서 두더지를 둘러싼 은유의 역사를 검토했다. 셰익스피

어의 그 대사를 독일에서는 헤겔이 "잘 노동했다, 용감한 두더지여!"라고 번역한 바 있는데, 마르크스는 두더지를 단순한 노동으로 본 헤겔의 시각에 전복적 의미를 부가했다는 것이다. 과거에 단선적인 진보주의적 역사관에서는 혁명적 동력을 "기관차"로 비유해 왔다. 예컨대, "혁명은 역사의 기관

차이다"칼 마르크스, 〈프랑스에서의 계급투쟁〉.

이렇듯 혁명에 대한 과거의 표상이 선형적이고 동질적인 근대적 시간관을 바탕으로 해서 미래를 향해 질주하는 진보의 기관차를 내세우는 것이었다고 한다면, 이제 혁명은 지하와 지상을 들락거리며 당대의 흐름을 거슬러가다가 돌연히 출현하여 새로운 가능성들을 돌발적으로 제시한다는 것이 벤사이드의 주장이다. 마르크스의 두더지는 이미 죽었지만, 현재 속에 희망의 원리로서 잠복해 있는 두더지는 여전히 땅을 판다는 것이다. 이런 점에서 벤사이드의 두더지는 근대적인 동시에 탈근대적인 저항과 전복의 존재라고 할 수 있다.

■

이재현(이하 현)　두더지야, 넌 요즘 계절과 날씨에 관계없이 참 바쁘구나.

두더지　응. 2006년에는 한미 FTA를 반대하느라고 열심히 싸웠고 2008년에는 광우병 쇠고기 수입을 막느라고 엄청나게 바빴지.

현　그래, 한미 FTA가 체결되면 맹장수술에 1,000만 원, 아이 낳는데 700만 원이 들 거라는 얘기는 나도 예전부터 알고 있어. 그런데 최근 오바마 행정부는 자기네에 더욱 유리하게끔 한국 정부에 재협상을 요구하는 분위기라고 하던데, 원래 2006년 당시 협상을 담당하던 한국 관리들은 재협상은 불가능하다고 '뻥'을 쳤었잖아.

두더지   정치인이나 관료들은 문제가 생기면 그 순간만을 모면하려고 온갖 거짓말을 아무렇지 않게 하는 사람들이니까. 얼마 전 천안함 사태 때에도 국방부의 고위 관료들이 얼굴색 하나 변하지 않고 거짓말을 했었던 거 너도 잘 알잖아? 곧 탄로날 거짓말을 뻔뻔스럽게 잘해야만 정치인이나 고급 관료가 되는 건가 봐.

현   2009년 1월의 용산 얘기 좀 들려줘. 사고 당시 용역 직원을 동원한 폭력 문제, 안전대책 없는 무리한 과잉진압 여부 등이 논란이 되었었지? 세입자 2명과 경찰특공대 대원 1명을 포함해서 5명이나 사망했던 큰 사건인데.

두더지   고 김대중 대통령도 일기에다가 '용산구의 건물 철거 과정에서 단속 경찰의 난폭 진압으로 5인이 죽고 10여 명이 부상, 입원했다. 참으로 야만적인 처사다. 이 추운 겨울에 쫓겨나는 빈민들의 처지가 너무 눈물겹다'고 썼지. 사람들이 죽은 것은 결국 경찰 지휘부의 무리한 진압 지시 결정 때문인 거지.

현   경찰특공대는 2009년 늦여름과 초가을의 쌍룡자동차 파업 진압 때에도 투입된 걸로 기억하는데……그때 방송에서는 파업 투쟁 중인 노동자들의 폭력성만을 일방적으로 부각시킨 뉴스를 내보내서 TV를 보던 나는 TV 수상기를 내던지고 싶었단다.

두더지   노동자들의 투쟁에 대한 국가 권력의 폭력적 진압은 이미 1980년대부터 군사 작전을 방불케 하는 것이니까 뭐 새삼스러울 것도 없어. 문제는 공중파 방송이 공정하게 보도하지 않는 게 더 문제야. 그렇게 되면 최근처럼 정작 방송 노동자들이 파업할 때도 다른 사람들이 별로 관심을 갖지 않게 된다는 거지. 평소에 자본과 권력에 붙어먹던 방송을 누가 구하려고 하겠니?

현   뭐, 요즘은 인터넷이나 모바일 커뮤니케이션이 발달해서 어떤 사안이나 시사적 문제에 대한 홍보나 토론을 공중파 방송에만 의지하지는 않으니까 상황은 많이 달라졌지.

두더지   그래도 공중파 방송이 자본과 권력의 눈치를 보지 않고 나름대로 공정하고 민주적으로, 제도 안에서 제 역할을 하는 것은 여전히 중요해. 그래서 방송사들이 파업할 때마다 내가 촛불을 들고나서는 거야.

현   촛불 얘기가 나와서 하는 얘긴데, 무슨 무슨 반대 투쟁에 관해서만 대화를 하면 독자들이 널 너무 폭력적으로 볼 테니까 이제 촛불이라든가 월드컵 얘기도 해보자.

두더지   야, 잠깐만. 노동자들이나 서민들의 투쟁이 폭력적이라는 것은 본디 지배계층의 오래된 프레임인 거야. 거기에 빠진 채 생각이나 말을 진행시키는 것 자체가 이미 지고 들어가는 거라구.

현   그래 그래, 네 말이 맞아. 암튼 2008년 이후 촛불 집회에서 나타난 것은 모순이나 억압, 사회적 이슈에 대한 싸움이 딱히 비장하거나 비극적인 것만은 아니라는 점인 것 같아. 즐기면서 싸우고 웃으면서 항의하고 조롱하면서 버티고, 뭐 그런 것 말이야. 싸움의 방식이 무엇보다 자발적이고 능동적이고 창의적인 것도 내가 대학 다니면서 삐라를 뿌리고 화염병을 던질 때하고는 아주 다르더라. 뭐랄까, 싸움과 놀이의 통일이라고 해야 하나? 뭐, 그런 건데…….

두더지 그것은 이미 2002년도 월드컵 때부터 나타난 현상이지. 광장과 길거리가 단지 투쟁의 장소인 것만이 아니라 축제와 놀이의 장소이기도 하니까. 그리고 이런 공적 공간에서 좀 더 자신감 있게 자기를 드러내고, 또 이렇게 드러내는 것을 즐기는 새로운 세대가 탄생한 거지. 이러한 새로운 세대의 상상력과 감수성이 인터넷이라든가 모바일 커뮤니케이션의 급격한 환경 변화와 맞물린 것이기도 하고.

현 2008년도 촛불 집회 때에는 정말 다양한 사람들이 모였었지. '중딩이', '고딩이', 직장인, 공무원 등은 물론이고 유모차 아줌마들까지. 또 아이들이 부모와 함께 참가하기도 하고, 연인이나 친구들끼리 참여한 경우도 많고.

두더지 그렇듯 인적 구성이 다양해지는 것은 일단 좋은 일이지. 반면에 많은 사람들이 관심을 갖는 문제들이 아직 한국 사회에 남아 있다는 것은 우울한 일이지만.

현 요즘 네가 관심을 갖는 일은 뭐니?

두더지 4대강 난개발 반대하는 것하고 비정규직 문제 해결이야.

현 그거 둘 다 해결이 쉽지 않은 문제로구나. 4대강 문제는 이명박 정부가 사활을 걸고 진행하는 것이고, 비정규직 문제는 워낙 구조적인 문제라서 말이야.

두더지 하지만 4대강 난개발 반대는 이미 환경운동 단체들과 종교계에서는 전부가 공감하고 있어. 토건 사업을 통해 경기를 단기간 활성화

시키는 것이 이명박 정부의 목표일 테지만 경제적으로 봐도 사업 타당성이 전혀 없고, 무엇보다 환경 파괴라는 점에서 회복할 수 없을 정도로 너무 치명적이라서 말이야. 그래서 환경운동, 종교계뿐만이 아니라 심지어는 합리적이고 양심적인 보수주의자들까지 내놓고 반대하고 있어.

현   나는 개인적으로 비정규직 문제에 관심이 많아. 나 자신이 실업자에 가까운 비정규직 노동자니까 말이야. 요즘은 대학에 시간 강사 나가는 것조차 예전보다 더 어려워졌어.

두더지   요즘 비정규직 노동자는 대략 전체 고용된 사람의 반을 넘고 있고, 받는 임금은 정규직 노동자의 절반 정도라고 봐야지. 또 비정규직 문제는 소위 청년실업 문제하고도 관련이 있는 거야.

현   ……?

두더지   본디 자본가들을 포함한 지배계층은 비정규직 노동자와 실업자들을 통해서 정규직 노동자들을 견제하는 거야. 또 정규직이다 비정규직이다, 하는 분리와 분열을 통해 노동자 전체를 통치하는 것이기도 하고. 실업자나 영세 자영업자들도 전체 시스템에서 희생양 노릇을 하는 것은 마찬가지고 말이야. 남녀 간의 성차나 지역 간의 차이와 같은 갖가지 차이를 늘 교묘하게 이용하는 것도 지배 권력과 자본가들이지.

현　그런 갖가지 차이들 중에서 이제 나는 '디지털 디바이드Digital divide' 를 자주 실감하곤 해. 스마트 폰이 없으니 '디지털 루저' 가 되었다는 느낌이야. 나도 멋있게 스마트 폰에 촛불 이미지를 담아서 다니고 싶은데.

두더지　오늘날의 운동이나 투쟁에는 선험적으로 보장되었거나 결정된 그 어떤 것도 존재하지 않아. 노동 해방이라는 이념만 가지고 모든 문제가 해결되는 것은 아니야. 현실에는 갖가지 모순들과 차이들이 있지. 그때그때의 상황에 따라서, 오늘은 이러저러한 사람들, 내일은 또 다른 사람들이 모여서 싸우는 거야. 아니, 싸우면서 즐기고, 즐기면서 싸우는 거야.

현　그 말을 들으니 한참 전에 박정희가 유행시킨 일하면서 싸우고 싸우면서 일한다는 말이 생각나는구나. 아무튼 네 말은 그런 많은 차이들을 가로지르면서 전선이 만들어진다는 거구나.

두더지　그래, 오늘날의 연대는 기본적으로 무지갯빛인 거야. 무지개 안에서만 빨강은 빨강, 초록은 초록, 노랑은 노랑인 거지. 그 어떤 한 가지 색의 눈으로만 현실을 볼 수는 없는 거고.

현   으음……아무튼 최근에 야간 집회의 합헌 결정이 실행되었잖아!
밤에도 바쁠 텐데 밥은 꼭 챙겨먹고 싸워라.

두더지   고마워, 너도 집에만 박혀있지 말고 밖에 자주 나와.

가짜 인터뷰로 현실 넘나들며
희망을 외치는 '좌빠 두더지'

인터뷰는, 저널리즘에서 좁은 의미로 쓰일 땐, 인터뷰어interviewer · 주로 직업 저널리스트가 인터뷰이interviewee · 특정 영역의 취재원의 의견을 들어 옮기는 취재형식이나 기사형식을 가리킨다. 그러나 문화비평가 이재현이 실천한 것은 '가상'의 인터뷰이므로, 일종의 거짓 취재이자 거짓 기사다.

실은 인터뷰라는 것 자체가 미국인 역사학자 대니얼 부어스틴1914~2004이 40여 년 전에 명명한 바 '의사사건擬似事件 · pseudo-events', 곧 가짜 사건에 속한다. 의사사건이란 오직 미디어에 노출되기 위해 존재할 뿐 실제 삶에서 그 밖의 기능이나 구실을 하지 않는 사건이나 행위를 뜻한다.

그 자체의 내재적 의미가 (거의) 없으므로, 의사사건은 미디어를 통해서야 '현실' 속에서 의미를 얻는다. 기자들을 초대해놓고 벌이는 이런 저런 행사들이 대체로 의사사건이다. 인터뷰도, 그것이 미디어에 실리지 않으면 (거의) 아무런 의미가 없으므로, 의사사건이다. 여느 의사사건과 달리, 인터뷰는 미디어 스스로 만들어내는 의사사건이다. 미디어가 전하는 것은 인터뷰이의 의견이지만, 누구와 인터뷰할 것인가, 무엇에 대해 물을 것인가를 결정하는 것은 인터뷰어^{미디어}이기 때문이다. 인터뷰 자체가 의사사건, 곧 가짜사건이므로, 가상인터뷰는 두 겹으로 가짜 사건이다. 그것은 포스트모더니스트들이 좋아하는 하이퍼-리얼리티의 세계다.

가상인터뷰집 〈두더지 지식 클럽〉에서 실존인물은 인터뷰어, 곧 이재현뿐이다. 인터뷰이는, 설령 특정한 역사적 인물과 포개져 있다 하더라도, 인터뷰어의 머릿속에서 가공^{加工}된 가공^{架空}의 인물에 가깝다. 〈두더지 지식 클럽〉의 인터뷰이 가운데는 리어왕이나 시마 고오사쿠^{일본 만화 〈시마 과장〉의 주인공}처럼 널리 알려진 픽션 속 인물도 있고, 된장녀 같은 관념적 전형도 있고, 에버원 같은 인간형 로봇도 있다. 더 나아가, 축구공이나 여론 조사처럼 날것의 사물이나 관념도 있다.

이런 가공의 인터뷰이가 늘어놓는 말이 저널리즘일 수는 없다. 그러니까, 이재현의 가상인터뷰는 가짜 저널리즘이다. 거기서, 불려나온 인터뷰이는 인터뷰어 이재현의 꼭두각시라 할 수 있다. 여기서 인터뷰이가 꼭두각시라는 것은 그가 인터뷰어의 의견을 고스란히 복제해낸다는 뜻이 아니다. 다시 말해, 이재현이 복화술사 노릇을 하고 있다는 뜻이 아니다. 어느 땐, 인터뷰어는 혐오스러운 몰골과 제스처로 인터뷰어와 맞섬으로써 독자들로 하여금 인터뷰어의 의견에 동조하게 만들기도 한다.

그렇다면 '가상'이 붙지 않는 인터뷰는 '진짜' 저널리즘인가? 다시 말해 실재를 온전히 반영하는가? 그렇지 않다. 언어가 지닌 현실재현 능력의 한계나 기자의 편견^{욕망} 때문에 기사라는 것 자체가 ^{사실은 모든 장르의 글이} 현실을 일그러뜨리게 마련이지만, 인터뷰라는 형식은 특히 그렇다. 인터뷰는 취재형식 가운데 전형적인 의사사건인 데다가, 그것을 기사화하는 데는 거의 어김없이 재구성과 편집이 따르기 때문이다.

인터뷰 기사는, 흔히, 인터뷰이의 입을 빌려 인터뷰어의 의견을 드러낸다. 다시 말해, '가상'이 아닌 인터뷰에서도 인터뷰이는 인터뷰어의 꼭두각시가 되기 십상이다. 가상인터뷰에서와 마찬가지로, 실제의 인터뷰에서도 인터뷰이의 꼭두각시 노릇은 인터뷰어의 의견에 꼭 동조함으로써 이뤄지는 것은 아니다. 그는 독자들에게 불쾌감을 자아내는 방식으로 인터뷰어와 대결함으로써 자신을 고립시키고 인터뷰어의 견해에 설득력을 부여하기도 한다.

가상인터뷰는 인터뷰라는 장르가 인터뷰어에게 베푸는 이런 상황통제의 권능을 극대화한 형식이다. 그러니까 거기서 주목해야 할 것은 인터뷰이가 인터뷰어의 꼭두각시라는 사실 자체가 아니다. 주목해야 할 것은, 인터뷰어가 인터뷰이의 그 꼭두각시 노릇을 얼마나 자연스럽게 보이도록 만들었느냐다.

다시 말해, 인터뷰의 플롯을 짜내고 인터뷰이의 성격을 창조하는 인터뷰어의 '솜씨'다. 소설의 등장인물들은 근원적으로 작가의 꼭두각시이지만, 뛰어난 작품 속에서는 그들이 자율적 인간으로 보인다. 그와 마찬가지로, 인터뷰든 가상인터뷰든, 독자(나 시청자)를 설득하고자 하는 인터뷰어는 자신의 인터뷰이에게서 꼭두각시 냄새를 말끔히 지워내려 애쓸 것이다.

이재현은 이 일에 성공했는가? 다시 말해 자신의 인터뷰이들을 자율적으로 (보이도록) 만드는 데 성공했는가? 서른아홉 편의 '대화'^{한국일} ^{보 연재 당시 제목} 모두에서 그가 이 일에 성공한 것 같진 않다. 인터뷰어의 자기 주장은, 이따금, 그가 공들여 두른 겸손의 너울을 찢고 튀어나와 인터뷰이를 꼭두각시로 보이게 만들었고, 그럼으로써 대화를 드라마의 공간이라기보다 논설의 마당으로 만들기도 했다. 그럴 때, 우리의 인터뷰어는 고전적 의미의 저널리스트라기보다 이데올로그로 보인다.

그런데도 이 가상인터뷰는 술술 읽혔고, 재미나게 읽혔다. 나만이 아니라 많은 독자들이 이 가상의 대화가 활자를 입었던 날들을 기다렸으리라. 그 이유는 크게 둘일 것이다. 첫째는 언어의 부력^{浮力}. 이재현은 무거운 주제를 가볍게, 경쾌하게 실어 나를 줄 안다. 이런 언어실천은 재주이기도 하고 취향이기도 할 것이다. 그것은 상황에 따라 미덕일 수도 있고, 악덕일 수도 있다. 이 인터뷰에서, 그 재주와 취향은 대체로 미덕 노

룻을 한 듯하다.

그의 더듬이가 향하는 쟁점들은 흔히 너무 무거워, 그의 언어가 그리 경쾌하지 않았다면 쉽게 들여다보게 되지 않았을 것이다. 신세대 독자들에게도 넉넉한 소구력을 발휘할 이재현 언어의 부력에 떠밀려, '대화'는 지표면의 논리적 윤리적 구성물을 넘어서 대기권의 여러 고도를 오르내리는 미적 구성물이 되었다. 그러니까 '대화'의 미학을 낳은 것은 (무거운) 내용과 (가벼운) 형식 사이의 긴장 또는 어긋남이다.

둘째는 시의성. 장기長期 연재물의 필자는 체계의 유혹에 휘둘려 저널리즘어원적으로 '나날의 기록'의 현실구속에서 일탈하기 쉽다. 그러나 이재현은 이 글을 연재하면서 자신이 성실하고 유능한 저널리스트임을 입증했다. 그가 역사와 텍스트와 현실로부터 불러낸 사람과 사물과 관념들은 너무나 다양해 설핏 난데없어 보이기도 했지만, 그가 그(것)들과 나누는 대화는 거의 어김없이 나날의 쟁점들과 밀착해 있었다.

(그러니, 나는 그가 저널리스트라기보다 이데올로그로 보일 때도 있었다는 말을 매우 조심스럽게 했어야 하리라. 또 가상인터뷰는 가짜 저널리즘이라는 말도 거둬들여야 하리라.) 이를테면 그는 한국에서 미국이 지닌 의미를 캐기 위해 박정희, 밴 플리트, 박현채, 피카소, 래리 킹 등 수많은 사람을 불러냈다. 그가 미국의 의미를 이렇게 거듭 묻지 않을 수 없었던 것은 한-미 자유무역 협정, 평택시 대추리의 미군기지, 전시작전통제권 환수, 한국전쟁 당시 미군의 민간인 학살, 이라크 주둔 한국군, 북한 핵, 영어 조기교육 같은 '미국 문제'들이 줄곧 한국을 옭아맸기 때

문이다.

　이재현이 수행한 '대화'는 지금 이 곳의 문제를 두고 벌인 대화였다. 그는 비정규직 노동자 문제를 엿보기 위해 프랑스 공화국의 상징 마리안느를 불러왔고, 일본의 우경화를 살피기 위해 일본제국 군대 장교 이시와라 간지와 좌익 테러리스트 에키다 유키코를 불러들였다.

　그는 시애틀 추장을 초대해 부동산 광풍을 입에 올렸고, '도박 도시' 라스베거스의 초석을 놓은 전설적 갱 벅시를 불러 '바다 이야기'를 이야기했으며, 축구공을 모셔서는 월드컵의 그늘을 함께 훔쳐보았다. 그래서, 한 편의 '대화'를 다 읽고 나면, 그 날 그가 초대한 게스트가 바로 그 즈음의 '시사'를 실속 있게 체현하고 있음을 인정하지 않을 수 없다. '대화'는 그러므로 골계와 기지와 반성의 언어로 쓰여진 시사연감이기도 하다.

　이제 다시, 저널리스트 이재현이 아닌 이데올로그 이재현으로 돌아가자. 가상인터뷰에 임하는 이재현의 '정치적' 입장은 뭐였을까? 한 글에서 그는 "저는 '좌빠'에 불과해요. 진짜 좌파는 아니고 좌파를 좋아하는 쪽이지요. 거의 맹목적일 정도로요"라고 털어놓는다. 물론 이것은 별 뜻 없는 말놀이일 수도 있겠다. 그러나 '좌파'가 못되는 '좌빠'의 자임에선 조직적 실천에서 발을 뺀 독립지식인(고립지식인?)의 자의식과 겸연쩍음이 어슴푸레하게 읽힌다.

그 자신 마르크스주의 문예이론에 사로잡혔던 1980년대라면, 이재현은 이 물음에 떳떳이 그렇다고 대답했을 테다. 현실사회주의의 역사적 퇴각이 강요한 '반성'이 그를 '좌파'에서 '좌빠'로 '전향'시켰을 것이다. 그러니까 그의 '전향'은 한 쪽 진영에서 다른 쪽 진영으로 넘어간 '진영 간' 전향이 아니라(이 '좌빠'는 좌파를 '맹목적일 정도로' 좋아한다!), '운동'에서 '논평'으로 건너간 '층위 간' 전향이었다. 그 '좌빠'는 그가 다른 자리에서 다소 자조적으로 들먹인 '인디 좌파'와도 맥이 닿아 있을 테다.

이 '좌빠'는 이제 더 이상 노동계급을 보편계급으로 여기진 않는 듯하지만, 여전히 소수파의 옹호자다. 정통 좌파라면 무심하거나 백안시했을 수도 있을 동성애자나 된장녀에게 그가 내보이는 '우애'는 '좌빠'의 계급감수성이 중층적이고 개방적이라는 것을 뜻한다. 이 '좌빠'는 화려하지만 무모한 혁명의 기관차에서 내려, "지하와 지상을 들락거리며 당대의 흐름을 거슬러가다가 돌연히 출현하여 새로운 가능성들을 돌발적으로 제시하는"^{다니엘 벤사이드} '두더지'에게 자신을 투영하며 잠재적 희망의 원리를, 저항과 전복의 전술을 모색(이 아니라면 몽상?)하는 듯하다.

고종석(작가)